Collection dirigée par

Giovanni Bogliolo

*Doyen de la Faculté
de Langues et Littératures Étrangères*

Université d'Urbino

Marcel Proust par Jacques-Émile Blanche.

PROUST

UN AMOUR DE SWANN

Édition présentée, annotée et analysée par

Daniela De Agostini

Professeur à l'Université d'Urbino

CIDEB

© 1995 Cideb Editrice, Genova, pour la présente édition

Rédaction : Patricia Ghezzi

Première édition : mars 1995

10 9 8 7 6 5 4 3

Illustrations : Bibliothèque Nationale, Paris ;
              Bulloz ;
              © Collection Viollet ;
              Musées de La Ville de Paris, Musée Carnavalet /SPADEM ;
              Paul Nadar/© Arch. Phot. Paris/SPADEM.

Couverture : « La Soirée » par Jean Béraud
            Musées de la Ville de Paris,
            Musée Carnavalet, Lauros-Giraudon

ISBN 88-7754-165 2

Imprimé en Italie par
Istituto Grafico Bertello, Borgo San Dalmazzo

INTRODUCTION

Une édition séparée d'*Un amour de Swann* ne fut conçue qu'après la mort de son auteur et, par conséquent, seulement après qu'*À la recherche du temps perdu* fut publiée dans son ensemble : il fallut en effet attendre 1930 pour que Gallimard propose cette partie de l'œuvre accompagnée d'illustrations de Laprade. Après cette date plusieurs éditions suivirent en France et à l'étranger, où l'œuvre de Proust fut traduite. Pourtant, ce livre, qui constitue la deuxième partie de *Du côté de chez Swann*, qui n'est lui-même que la première partie d'un roman, peut être considéré comme un épisode détaché, un *récit* à part, qui se présente pour l'ensemble auquel il appartient et qui le contient comme une mise en abyme.

Récit dans un roman, et d'une certaine façon roman dans un roman, *Un amour de Swann* est l'histoire de la passion amoureuse d'un des personnages les plus importants de la *Recherche*, Charles Swann, pour celle qui deviendra sa femme : Odette de Crécy (que le lecteur a déjà connue dans la première partie du roman, *Combray*). La voix narrative, qui tout au long de l'ouverture de la *Recherche* est présente et cachée dans un « je » anonyme qui se confond avec le héros du récit, est, dans ce « fragment » narratif, presque toujours absente, sauf à deux reprises, lorsqu'il s'agit d'annoncer les affinités qui lient le héros de la *Recherche* Marcel à son alter ego Swann dont on narre les amours, les ambitions mondaines, et les velléités artistiques. À l'angoisse éprouvée par Marcel qui, enfant, redoute que sa mère ne puisse venir l'embrasser le soir, avant qu'il ne s'endorme — quand Swann rendait visite à sa famille — répond, dans *Un amour de Swann*, l'angoisse ressentie par Charles, « qui fut le tourment de longues années de sa

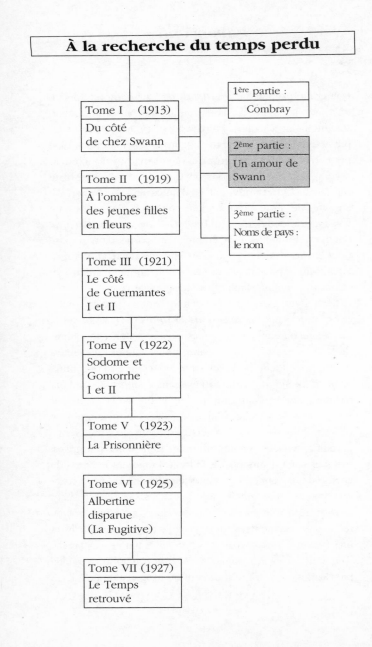

À la recherche du temps perdu

Tome I (1913)
Du côté
de chez Swann

1ère partie :
Combray

2ème partie :
Un amour de
Swann

3ème partie :
Noms de pays :
le nom

Tome II (1919)
À l'ombre
des jeunes filles
en fleurs

Tome III (1921)
Le côté
de Guermantes
I et II

Tome IV (1922)
Sodome et
Gomorrhe
I et II

Tome V (1923)
La Prisonnière

Tome VI (1925)
Albertine
disparue
(La Fugitive)

Tome VII (1927)
Le Temps
retrouvé

vie », lorsqu'il va se coucher « anxieux comme je devais l'être moi-même quelques années plus tard les soirs où il viendrait dîner à la maison » rongé par sa jalousie pour Odette. Et, d'autre part, aux caractéristiques principales de la personnalité de Swann — son intelligence, sa sensibilité artistique, son oisiveté — correspondent celles du narrateur qui, dès le début du récit, affirme : « je commençai à m'intéresser à son caractère à cause des ressemblances qu'en de tout autres parties il offrait avec le mien ».

Du côté de chez Swann — ainsi que toute la *Recherche* — est un roman écrit à la première personne ; en revanche *Un amour de Swann* est une sorte de récit à la troisième personne : si les événements narrés dans le premier sont vécus par le narrateur, ceux du second se sont déroulés avant sa naissance et lui ont été rapportés. Les lecteurs de *Combray* connaissent déjà le développement de l'intrigue narrée dans la deuxième partie du roman ; ils savent que Swann a épousé Odette de Crécy, qu'il a cessé de souffrir et qu'il ne l'aime plus ; qu'il a eu une fille, Gilberte, dont le héros s'éprend et dont l'histoire est racontée dans la troisième partie de *Du côté de chez Swann* : *Noms de pays : le nom*.

Les lecteurs de la *Recherche* découvriront aussi dans le dernier volume, *Le Temps retrouvé*, que Charles Swann a constitué, pour le futur narrateur Marcel, la « matière » de son expérience et de son livre : « En somme, si je réfléchissais — ainsi s'exprime-t-il — , la matière de mon expérience, laquelle serait la matière de mon livre, me venait de Swann, non pas seulement par tout ce qui le concernait lui-même et Gilberte ; mais c'était lui qui m'avait dès Combray donné le désir d'aller à Balbec, où sans cela mes parents n'eussent jamais eu l'idée de m'envoyer, et sans quoi je n'aurais pas connu Albertine, mais même les Guermantes, [...] de sorte que ma présence même en ce moment chez le prince de Guermantes, où venait de me venir brusquement l'idée de mon œuvre (ce qui faisait que je devais à Swann non seulement la matière mais la décision), me venait aussi de Swann ».

« Pédoncule un peu mince pour supporter l'étendue de toute [la] vie » du héros, il se trouve que Charles Swann est toutefois à la source du roman ; son histoire reflètera en effet à tous les niveaux celle de Marcel, qui éprouvera comme Swann, les souffrances de l'amour, mais qui, contrairement à lui, comprendra que le domaine de la création artistique a plus de valeur que toute ambition mondaine, que toute passion amoureuse.

1. Genèse en trois temps

1908-1909 :
Contre Sainte-Beuve, souvenir d'une matinée

Depuis le recueil *Les Plaisirs et les jours* (1896) et le projet romanesque de *Jean Santeuil* (1895-1902), Proust n'avait presque plus rien produit en termes d'écriture narrative. Il avait traduit et commenté l'œuvre de John Ruskin, *La Bible d'Amiens* et *Sésame et les lys*, et écrit des pages de préface qui étaient en même temps un hommage à la pensée de l'esthète anglais, et un prétexte au développement de ses idées esthétiques.

Critique de l'idôlatrie d'un côté, et méditation sur le rôle de l'inspiration et de la mémoire dans l'écriture, le fil conducteur de l'article « Sur la lecture » met en scène l'évocation des lieux et des jours de l'enfance d'un « je » qui n'est plus le « je » de *Jean Santeuil*. Cet article révèle en même temps, l'imbrication d'un parcours à la fois théorique et fictif qui, avant de se fixer dans *À la recherche du temps perdu*, donnera lieu à une sorte de « critique en action » dans les *Pastiches* que Proust publie dans

Le Figaro en 1908 et en 1909.

Une lettre à Mme Straus, une à Louis d'Albuféra, et les notes du Carnet 1 témoignent, en 1908, d'un retour au roman : le désir de « se mettre à un travail assez long », l'allusion à plusieurs études en cours (sur la noblesse, sur Paris, sur Sainte-Beuve et Flaubert, sur les femmes, sur la pédérastie, sur les vitraux et les pierres tombales, sur le roman) ; la reprise de certains thèmes romanesques déjà ébauchés sur des pages aujourd'hui disparues (les 75 feuillets mentionnés par de Fallois), confirmeraient la volonté proustienne de se diriger vers un roman qui, à ce moment-là, hésite entre deux directions.

D'un côté, Proust semble concevoir un projet qui s'ouvre sur trois voies : le récit de l'enfance et de l'adolescence, à la campagne, d'un héros pris entre l'amour chargé de tendresse pour sa mère et l'amour chargé de fascination pour le milieu de l'aristocratie ; son hésitation auprès de quatre jeunes filles rencontrées à la mer, à Querqueville, et finalement, la liaison avec l'une d'entre elles, à Paris, dans un cadre digne de Balzac.

La deuxième direction que Proust emprunte dès l'automne 1908, est un projet tout à fait différent : une étude sur Sainte-Beuve. Ce projet, qui l'occupera jusqu'à la moitié de l'année suivante, n'aurait aucun lien avec le précédent à part le fait déterminant que, dans l'écriture, ce qui est réflexion critique devient le soutien de ce qui auparavant n'était qu'écriture fragmentaire de souvenirs d'enfance ne se liant à aucun contexte historique, narratif ou philosophique tel qu'il sera défini dans la *Recherche*.

À partir de la fin 1908 Proust élabore donc des matières d'écriture tout en ne connaissant pas encore leur aboutissement : des études sur des écrivains méconnus de Sainte-Beuve (Nerval, Baudelaire, Balzac) d'une part et, d'autre part, des réflexions sur la valeur privilégiée de l'involontaire dans l'inspiration artistique. Ce seront ces dernières qui, s'inscrivant dans un récit où le narrateur, en s'éveillant, se souvient de la matinée pendant laquelle il attendait que sa mère lui apporte l'article publié dans *Le Figaro,* donneront lieu au développement de sa « critique de l'intelligence » contre la méthode de Sainte-Beuve. L'écriture, après avoir hésité entre un « essai » de forme classique « à la Taine », et une version narrative de ce même essai, qui aurait pour titre *Contre Sainte-Beuve, souvenir d'une matinée,* glissera imperceptiblement et progressivement, vers le gouffre ouvert des souvenirs qui surgissent lors du réveil du narrateur. La résurrection d'un passé déclenchée par la mémoire du corps en quête de repères physiques dans la chambre, mène à un espace-temps différent, relié à une troisième situation : celle d'un malade qui, réveillé pendant la nuit, confond le rai du jour avec celui de la lumière sous la porte. Une structure à quatre temps : un narrateur, malade, et qui ne dort plus que le jour, évoque une matinée pendant laquelle, dans un demi-sommeil, il se souvenait de l'époque où il dormait la nuit et où, lors d'insomnies, il se rappelait un passé plus ancien : celui il y a "longtemps", du héros.

De l' « île de silence » naît le « je » qui s'inscrit dans l'ouverture de *Du côté de chez Swann* : à partir du printemps 1909, Proust reprend les ébauches relatives aux thèmes romanesques déjà développés et les noue autour des lieux remémorés : Combray et le roman de l'enfance ; Paris et le roman de la séduction aristocratique ; Querqueville et les vacances à la mer. C'est autour de ces noyaux primitifs que naissent le « côté » de chez Swann et le « côté » de Guermantes, dans lesquels, comme les fleurs japonaises dans un bocal d'eau, s'épanouissent autant de rêveries, autant de personnages et d'histoires.

1909-1910 :
De l'essai vers le roman, apparition de Swann

Une fois abandonné le projet des différentes études ; une fois ébauchés les six noyaux narratifs aujourd'hui disparus ; une fois rédigées les notes de lecture et les réflexions esthétiques qui devraient aboutir à la réalisation d'un essai « à la Taine » ; une fois écrites les pages d'ouverture de la version narrative de l'essai « contre Sainte-Beuve », Proust, vers la moitié de 1909, développe dans une direction insoupçonnée ce qui aurait dû constituer le prologue de son *Contre Sainte-Beuve, souvenir d'une matinée*. Des promenades autour de Combray au clan des Verdurin, des plages de la Normandie au monde aristocratique des Guermantes, les paysages qui se dessinent à partir de la demi-obscurité d'une chambre et d'une voix narrative anonyme deviendront les espaces de la *Recherche* : Paris et le charme des Guermantes, Combray et la séduction de la nature, Venise et les désirs du héros, Querqueville (la future Balbec) et les amours de Swann.

C'est donc à ce moment-là que dans les « Cahiers Sainte-Beuve » Proust ébauche des versions narratives en vue d'un roman qui devrait s'achever par la conversation sur Sainte-Beuve et l'esthétique. C'est dans un de ces cahiers que naît le premier embryon relatif à *Un amour de Swann*. L'épisode, rédigé en une dizaine de pages, n'est pour l'instant que l'évocation d'un personnage qui a marqué l'enfance du héros à Combray, Charles Swann (c'est le seul personnage créé par Proust qui ne changera jamais de nom) et de son amour pour une « veuve entretenue », Sonia, qu'il rencontre « chez les X », le futur ménage Verdurin : *l'incipit* du roman est ainsi trouvé. Un autre cahier reprend l'histoire de cette passion amoureuse en faisant allusion aussi bien au futur mariage de Swann,

*Les carnets de Marcel Proust, dans lesquels il notait en 1908 et 1909
les fragments de son œuvre future.*

qu'à sa mort ; d'autres fragments narratifs, dans d'autres cahiers, décrivent les amours de Swann à Querqueville : puisque c'est à lui, et non à Marcel, comme dans la version définitive d'*À l'ombre des jeunes filles en fleurs*, que seront attribuées les amours avec Anna, Septimie, Solange, jeunes filles et amours qui, avec le personnage d'Albertine, appartiendront à l'initiation amoureuse du héros. D'autres pages encore, ébauchent les réflexions du narrateur sur l'avantage que Swann peut tirer de ses relations mondaines auprès de la femme aimée, ou bien, en reprenant les réflexions antistendhaliennes sur l'amour déjà esquissées dans *Jean Santeuil*, attribuent à Swann l'amour pour Françoise, persécutée par une jalousie qu'alimente l'ambiguïté de sa personnalité.

Rédigé en même temps que *Combray*, cet épisode sera donc le résultat de la reprise de thèmes anciens appartenant à *Jean Santeuil* abandonné en 1902, et à quelques-unes des nouvelles réunies en 1896 sous le titre *Les plaisirs et les jours* : la jalousie, véritable « aliment » de l'amour, les ravages de la passion, la puissance du souvenir en tant que nourriture du sentiment, le pouvoir de la suggestion amoureuse, et, en dernier lieu, le déclenchement du désir par un « être de fuite », sont autant de thèmes déjà développés dans *La fin de la jalousie*, *Mélancolique villégiature de Madame de Breyves*, *La Confession d'une jeune fille*, et *L'Indifférent*.

Tous ces brouillons, que Proust regroupera et développera dans une rédaction continue vers la fin de 1910, montrent avant tout qu'à ce stade de l'écriture l'auteur n'a pas encore trouvé le moyen de relier le récit de cet épisode — ici raconté par un cousin du narrateur — à la voix de son héros-narrateur, celui dont l'enfance est narrée dans *Combray*. Ce sera la musique, et son rôle dans l'apprentissage du héros vers la découverte de la vérité et de sa vocation artistique, qui déterminera à la fois

Premier mouvement de la Sonate pour violon et piano de Camille Saint-Saëns.

la structure définitive de cette partie de *Du côté de chez Swann*, sa cohérence interne et son lien avec l'ensemble de l'œuvre. Dans le Cahier 22 qui, avec le Cahier 69, marque la naissance autonome de cet épisode par rapport à *Combray*, Proust réécrit la deuxième partie d'*Un amour de Swann* pour y placer l'audition de la sonate aimée par Swann, au cours d'une soirée aristocratique. Odette ne s'appelle pas encore ainsi, mais Carmen, la sonate n'est pas encore celle de Vinteuil, mais celle en fa dièse de Saint-Saëns : celle-ci et sa « petite phrase » n'ont pas encore le rôle d'initiation esthétique ni amoureuse, mais inscrivent dans le texte le système binaire qui le constitue, en opposant deux mondes différents, le clan des Verdurin et le milieu des Guermantes, reprise des deux univers combraysiens, et relais entre l'existence du héros et celle de Swann. L'audition de la musique deviendra le fil conducteur de l'amour de Swann, en soulignant les diverses étapes de son évolution. Musique et souvenir de la musique, suggestion amoureuse et regret de l'amour, sont liés indissolublement et permettront à l'auteur, Proust, de lier encore plus étroitement les événements appartenant au héros, Marcel, à ceux de son alter ego, Swann. Swann épousera Odette de Crécy tout en ne l'aimant plus ; il aura une fille, Gilberte, qui, après sa mort, et après le mariage de sa mère avec de Forcheville, abandonnera le nom de Swann et tout souvenir de son père. Oublié de tous, Swann revivra à travers le futur narrateur Marcel à qui le destin, semblable et toutefois différent du sien, fera connaître les souffrances de l'amour et les joies de la création.

1911-1913 :
Dernière retouche, la petite phrase de Vinteuil

Un amour de Swann n'est pas encore achevé dans la version suivie de 1910 : Proust travaille parallèlement à la rédaction finale de *Combray*, aux premières ébauches d'*À l'ombre des jeunes filles en fleurs*, à l'épisode intitulé *Autour de Mme Swann*, et au futur *Le côté de Guermantes*. Pourtant, le manuscrit de Swann, prêt en 1911, doit être revu à plusieurs reprises par l'auteur qui entre temps élabore déjà la partie finale de son roman, *la Matinée chez la princesse de Guermantes*, là où la musique de Wagner (*Parsifal*) joue un rôle fondamental dans l'initiation du héros. Et c'est en 1913, quand Proust rédige la copie dactylographiée pour son éditeur, que la création du personnage de Vinteuil change toute la perspective du roman. La musique, qui en 1917 sera supprimée dans les brouillons du *Temps retrouvé*, sera redistribuée dans l'œuvre entière, de *Combray* à la future *Prisonnière*. « Aubépines et épines roses », dans *Combray*, annonceront « la blanche Sonate » entendue par Swann et le « rougeoyant Septuor » entendu par le héros, et souligneront aussi les chemins opposés suivis par les deux personnages : la découverte de la vérité, pour Marcel, celle des signes mensongers de l'amour, pour Swann.

2. Structure : les quatre auditions de la sonate

La structure de ce roman est donc essentiellement une structure musicale : le leitmotiv, l'amour de Swann, est repris en écho par la petite phrase de la sonate de Vinteuil — « air national de leur amour » — qui suit et précède chaque étape de son développement. Dans ce récit de l'illusion de l'amour, la petite phrase est là pour nous dire aussi que Swann sera un artiste raté, qu'il « gâchera » sa vie. Associée à un être de fuite, « passante » qui n'apparaît que pour disparaître, et qui, dans son passage, attire et fixe à jamais le désir, elle montre aussi le pouvoir créateur du souvenir, qui vivifie et alimente l'amour en faisant renaître ce qu'on avait cru perdu. Swann, quand il écoute pour la première fois la sonate de Vinteuil, ne connaît encore ni l'auteur ni Odette. Quand il l'entend pour la deuxième fois chez les Verdurin, il projette sur la femme l'amour de l'inconnu réveillé par la petite phrase : ce manque, annoncé et comblé par la musique, est revécu lors d'une troisième audition, chez Odette, et surtout pendant la dernière audition, chez Madame de Saint-Euverte, quand Swann s'apercevra qu'il n'aime plus celle pour qui « il a gâché des années de [sa] vie », pour qui « [il] a voulu mourir », la femme qui tout « en n'étant pas [son] genre », deviendra son épouse. *Un amour de Swann* est donc structuré en quatre parties, auxquelles correspondront les auditions musicales :

I. Naissance de l'amour. (Maladie)
Sonate, pp. 37-38 ; 48-49. Chez les Verdurin.

II. Développement de l'amour.
Sonate, pp. 81-82. Chez Odette.

III. Développement de la jalousie. (Crise)
Sonate, pp. 120-121. Chez les Verdurin.

IV. Fin de l'amour. (Guérison)
Sonate, pp. 241-252. Chez Mme de Saint-Euverte.

À ces quatre auditions il faut en ajouter une autre, la première, celle qui a été exécutée avant la rencontre d'Odette et avant la soirée chez les Verdurin : celle qui, dans le texte, se donne comme un récit au deuxième degré, rapporté par la voix du narrateur. C'est justement cette première audition, et son souvenir, qui justifient et donnent son origine à l'amour de Swann et à l'association établie entre la séduction qu'exercent sur lui l'air musical et la femme qu'il vient de connaître.

Victime d'une illusion (Swann est amoureux de la musique avant de l'être d'Odette), prisonnier de sa maladie, l'esthète dilettante qui est en lui libérera en Swann le « moi » qui a été « malade d'amour », mais sera incapable de déplacer la recherche de l'extérieur à l'intérieur de lui-même, continuant ainsi à voiler l'autre en lui superposant ce qui ne lui appartient pas.

3. Le temps et l'espace

Les quatre exécutions de la sonate sont donc à l'origine des quatre étapes de la « maladie » de Swann, qui, à leur tour, sont liées à des espaces précis, à d'autres personnages, et à une chronologie interne au récit.

3.1. Le temps

Les références chronologiques au cours de la narration témoignent d'une certaine incohérence. Le temps réel n'est reconnaissable qu'à travers des événements historiques cités apparemment au hasard des conversations des personnages. À savoir : la présidence de Jules Grévy (de 1879 à 1887), la Fête Paris-Murcie qui a eu lieu le 18 décembre 1879, l'enterrement de Gambetta (le 6 janvier 1884), la révolution boulangiste en 1889. Le temps du récit devrait donc s'étendre une dizaine d'années, de 1879 à 1889 : durée excessive, si l'on considère que, dans ce cas, Swann et Odette se marient après 1889, c'est-à-dire quand leur fille, Gilberte, et Marcel, ont déjà environ dix ans, et que l'épisode raconté s'est passé avant la naissance de Marcel (« C'est vers l'époque de ma naisssance que commença la grande liaison de Swann ») ; et, surtout, quand on se rapporte à l'autre référence chronologique interne : « comme mon grand-père qui, l'année précédente l'avait invité [Swann] au mariage de ma mère »

D'autre part, il semblerait — cela au niveau de la diégèse — que la relation de Swann et d'Odette ne dure que trois ans environ : deux ans entre la première rencontre et le moment où Swann commence à trouver Odette enlaidie, un an pour le voyage en Égypte d'Odette, deux ou trois semaines entre la fin de la croisière, et la fin de l'amour.

Le seul point de repère semble être, en définitive, celui déterminé par le passage des saisons : la rencontre à la fin de l'hiver, le développement de l'amour au printemps, le début de la jalousie en été. Ce qui n'échappe pas non plus, c'est l'attention constante aux changements de goûts, aux modes, aux événements artistiques : un certain exotisme, l'antisémitisme qui à cette époque, commençait à se répandre à cause de l'Affaire Dreyfus, et, en dernier lieu, l'amour pour la musique de Wagner, qui, chez les Verdurin, démontre aussi leur modernité.

3.2. L'espace : deux pôles, les Verdurin et les Guermantes

Une structure binaire fondamentale oppose les deux mondes des Verdurin et des Guermantes : deux espaces précis, le salon de M. et Mme Verdurin, et celui, aristocratique, de la Marquise de Saint-Euverte. Les

Le restaurant du Pré-Catelan au Bois de Boulogne, 1907.

premiers, bourgeois, certainement snobs, sont foncièrement capables d'apprécier et d'encourager les formes esthétiques qui voyaient alors le jour : Wagner d'un côté, et, au niveau de la fiction, l'artiste par excellence de la *Recherche*, Vinteuil. Avec eux, les fidèles : Cottard, Brichot, Forcheville, Biche et Saniette, expriment des goûts plus audacieux : l'art d'avant-garde, Rembrandt et Hals, les impressionnistes. La « Patronne » demande au pianiste de jouer la sonate *Clair de lune* de Beethoven et la chevauchée de *La Walkyrie* de Wagner, et elle considère la *Neuvième* de Beethoven l'un des plus grands chefs-d'œuvre. D'autre part, le milieu Guermantes nous amène dans le domaine de l'apparence, des convenances sociales, des alliances et des généalogies. Leurs goûts trahissent un romantisme modéré : chez la Marquise de Saint-Euverte on écoute un air d'*Orphée et Eurydice* de Gluck, *Saint-François parlant aux oiseaux* de Liszt, un prélude et une polonaise de Chopin, un quintette de Mozart. Les peintres préférés sont du domaine de la tradition classique : Giotto, Botticelli, Vermeer.

Tout se joue donc au niveau de trois espaces clos : les deux salons et l'hôtel d'Odette. L'extérieur est représenté par quelques endroits parisiens seulement nommés par Swann lorsqu'il cherche Odette, et les environs de Paris où la femme se rend avec les Verdurin : la « Maison Dorée », un des restaurants à la mode, le café Anglais, les endroits « chics » qu'elle aime fréquenter — l'avenue de l'Impératrice, l'Éden Théâtre, l'Hippodrome, l'île du Bois, Saint-Cloud — et, en dernier lieu, le restaurant qui porte le nom de la rue où se situe son hôtel, La Pérouse. Chatou, Saint-Germain, Meulan, Dreux, Compiègne, Pierrefonds, sont autant de lieux cités au cours de la narration, et visités par Odette dans ses sorties avec les Verdurin.

4. Style

4.1. Les personnages : des exemplaires stylistiques

Portrait et critique d'une société, *Un amour de Swann* est donc plus qu'un roman d'amour. Ni moraliste ni écrivain « engagé », Proust est le peintre attentif des mœurs et de la psychologie d'une époque qu'il décrit à travers des portraits, des dialogues et des situations. Ses personnages, comme ceux de *La comédie humaine* de Balzac, sont fortement individualisés par leur langage plus que par des descriptions physiques précises. À l'exception de Swann et d'Odette — les seuls personnages dont Proust nous peint les traits extérieurs — tous les « fidèles » du Clan des Verdurin, les Verdurin eux-mêmes, et les invités de la Marquise de Saint-Euverte, représentant l'« esprit des Guermantes », sont d'abord et avant tout des êtres qui, dans l'univers essentiellement verbal de la *Recherche*, se manifestent en tant que des exemplaires stylistiques ou bien en tant que des collections d'accidents de langage.

Des anglicismes d'Odette — par lesquels on devine son snobisme de demi-mondaine et ses origines — aux difficultés d'expression du docteur Cottard ; de la pédanterie mêlée à une certaine familiarité pédagogique de Brichot au goût pour les proverbes et les « expressions toutes faites » de Mme Verdurin : c'est dans leur langage qu'on reconnaît leur singularité.

L'anglomanie d'Odette se lit dans le rituel de ses thés, dans son écriture « qui révèle une affectation, une raideur britannique », dans les anglicismes qui parsèment ses phrases : « fishing for compliments », « home », « smart », « my love ».

Cottard, incertain des mots, toujours dubitatif, utilise soit de mauvais calembours soit des plaisanteries qui se fondent sur le « tic » de la répétition : à propos d'une robe blanche : « blanche ? Blanche de Castille ? », et encore :

« Ah ! bon, bon, ça va bien »...

Le ton de Brichot est « rude et militaire », sa conversation est caractérisée par des formules pédantes et des automatismes et par la monotonie de ses expressions : « ce doux anarchiste de Fénelon », « cette bonne snob de Mme de Sévigné », « cette vieille chipie de Blanche de Castille ».

L'aristocrate-bourgeois de Forcheville résume en lui tous les défauts des autres : il a un langage vulgaire, grossier comme Biche, pédant comme Brichot, la manie anglaise d'Odette et le goût pour les calembours de Cottard.

M. Verdurin ne parle qu'après avoir consulté sa femme ; Saniette ne s'exprime pas : il est la « tête de Turc », le spectateur silencieux d'une comédie mondaine.

Comédie mondaine, scène de théâtre, le salon de la Marquise de Saint-Euverte se donne aussi en spectacle : les aristocrates du faubourg Saint-Germain ne semblent exister que pour exprimer les alliances qui les lient les uns aux autres et celles qui les lient aux Guermantes. Attentifs à leur maintien, à leur toilette, à leurs sourires, et aux regards d'autrui, ils semblent toutefois par leurs discours, plus intelligents et plus spirituels que les Verdurin : Swann d'abord, Marcel ensuite, découvriront au contraire que derrière leur apparence il n'y a pas plus de « vraie vie » que chez les Verdurin, où, par contre, se cachent des hommes de génie. Si en fait M. Verdurin se révélera un excellent critique d'art, derrière Biche on retrouvera Elstir, le peintre des marines grâce auquel Marcel découvrira l'art des métaphores ; derrière l'auteur de la sonate, que Swann confond — justement — avec le professeur de piano méconnu de *Combray*, un musicien de génie ; derrière Bergotte, ici à peine nommé, le grand écrivain de l'époque, amateur d'architecture, créateur d'un style très élaboré, « sauvé » de la mort par ses œuvres. À côté des dilettantes — le baron de Charlus, dont la culture et le talent de polémiste auraient pu faire de lui un écrivain, et dont le talent musical aurait pu créer le musicien ; Swann lui-même, qui n'écrira jamais l'étude sur Vermeer — , les trois artistes de la *Recherche* ouvriront à Marcel la voie de l'Art, en éclairant comme des phares son chemin « initiatique ».

4.2. La phrase de Proust

Au-delà de leur longueur, de leur complexité, et de leur richesse, les phrases proustiennes ont une construction bien savante qui révèle une vision précise du monde. Proust voit les choses d'une manière complexe, mais il les distingue, les divise, les compose. Cette longueur tient à l'originalité même de l'art de Proust : il ne saurait les abréger sans trahir la vision qu'il veut transmettre. Les phrases longues expriment en fait une pensée qui n'aime pas se fragmenter mais procéder par ensembles, par réseaux complexes et cohérents d'images et d'analyses, créant une continuité au sein même de la discontinuité. À la manière des peintres, Proust fond dans une même harmonie la description des arrière-plans à celle des motifs principaux. Ces phrases, qui superposent, stratifient les différentes couches de la pensée, ne sont pas dépourvues d'une savante construction. Tout comme le livre que le narrateur à la fin de son apprentissage devra bâtir comme « une cathédrale », elles montrent une complète maîtrise des choses, disposées selon une perspective bien précise.

Souvent divisées par des tirets, ou par des parenthèses, les phrases se divisent en deux ou plusieurs parties ; elles se ramifient, se dédoublent (par des *ou... ou...* ; des *soit... soit...* ; et des *peut-être... peut-être que...*, ou encore des relatives qui semblent se succéder à l'infini), pour exprimer différents plans et différents points de vue.

Les tirets, comme les parenthèses, souvent utilisés par Proust à l'intérieur d'une période, ont plusieurs effets : celui de retarder la conclusion d'une pensée, celui de distinguer l'idée principale des impressions secondaires, ou, encore, celui d'établir des relations entre deux niveaux narratifs comme dans cette phrase où l'auteur réalise un rappel structural :

« Il [Swann] la [Odette] voyait, mais n'osait pas rester de peur de l'irriter en ayant l'air d'épier les plaisirs qu'elle prenait avec d'autres et qui — tandis qu'il rentrait solitaire, qu'il allait se coucher anxieux comme je devais l'être moi-même quelques années plus tard les soirs où il viendrait dîner à la maison, à Combray — lui semblaient illimités parce qu'il n'en avait pas vu la fin ».

Parfois encore, Proust cache sa propre pensée, qui, souvent voilée d'ironie, se donne sous forme de « maxime » :

« [...] la métaphore « faire catleya » devenue un simple vocable qu'ils employaient sans y penser quand on voulait signifier l'acte de la possession physique — où d'ailleurs l'on ne possède rien — survécut dans leur langage, où elle le commémorait, à cet usage oublié ».

La parenthèse situe la matière du récit dans le temps empirique, qui, au cours de la narration, est au contraire refoulé, mis hors de question : grâce à elle le narrateur s'éloigne de son discours, le regarde, et le juge en tant que comédie des passions qui se déroule devant lui :

« Swann [...] coulait en or une Odette de bonté et de calme pour laquelle il fit plus tard (comme on le verra dans la deuxième partie de cet ouvrage) des sacrifices [...] ».

La triade des adjectifs, ou des locutions verbales, qui apparaît si fréquemment, obéit elle aussi à une intention précise : si une double adjectivation peut exprimer des contradictions, la triade, par sa construction symétrique autour d'un membre central, renvoie, d'une part, à l'infini des variations possibles d'une certaine réalité, et, d'autre part, à une vision compacte et définitive de l'ensemble. Les exemples seraient nombreux : dans la description de la « petite phrase », qui « venait d'apparaître, lointaine, gracieuse, protégée par le long déferlement du rideau transparent, incessant et sonore » ; ou, encore, dans une des réflexions de Swann sur le changement d'Odette, devenue de plus en plus « fugace, insaisissable et sournoise », la triade d'attributs a la double fonction de donner d'une façon à la fois analytique et synthétique ce qui ne saurait être exprimé que par des impressions moins définies.

Pivot fondamental de la phrase proustienne, la triade — d'adjectifs, de verbes, de mots ou d'adverbes — opère à tous les niveaux une convergence stylistique qui permet à l'auteur de revenir plusieurs fois sur une idée, en la présentant sous des aspects divers, en la montrant dans toute sa complexité, en l'observant dans ses changements temporels.

4.3. La syntaxe et la métaphore

Deux passages synthétisent bien la conception proustienne du style :

> Car si on cherche ce qui fait la beauté absolue de certaines choses [...] on voit que ce n'est pas la profondeur, ou telle ou telle autre vertu qui semble éminente. Non, c'est une espèce de fondu, d'unité transparente, où toutes les choses, perdant leur aspect premier de choses, sont venues *se ranger les unes à côté des autres* dans une espèce d'ordre, pénétrées de la même lumière, *vues les unes dans les autres*, sans un seul mot qui reste en dehors, qui soit réfractaire à cette assimilation [...] Je suppose que c'est ce qu'on appelle le *Vernis de Maîtres*. (*Correspondance générale*, II, Paris, Plon, 1931, pp. 86-87).

On peut faire se succéder indéfiniment dans une description les objets qui figuraient dans le lieu décrit, la vérité ne commencera qu'au moment où l'écrivain prendra deux objets différents, posera leur rapport, analogue dans le monde de l'art à celui qu'est le rapport unique de la loi causale dans le monde de la science, et *les enfermera dans les anneaux nécessaires d'un beau style* ; même, ainsi que la vie, quand, en rapprochant une qualité commune à deux sensations, il dégagera leur essence commune en les réunissant l'une et l'autre pour les soustraire aux contingences du temps, dans une métaphore. (*Le Temps retrouvé,* III, Paris, Gallimard, 1954, p. 889).

La contiguïté des choses — rangées « les unes à côté des autres » dans une organisation syntaxique ou construction grammaticale qui les relie entre elles dans un rapport cohérent et nécessaire — et leur analogie — puisque, « vues les unes dans les autres », on peut en retrouver l'essence commune, et les soustraire ainsi du mouvement à la fois discontinu et destructeur du temps — semblent constituer les deux fondements de la description proustienne.

Syntaxe et métaphore sont donc les deux moyens par lesquels Proust, à travers la construction rigoureuse de la phrase et l'attention constante à l'accent, au rythme, construit sa vision du monde, car, selon ses propres mots, le « style n'est pas une question de technique mais [...] de vision ». En conférant une « sorte d'éternité au style », la métaphore, comme la mémoire involontaire au niveau du temps et de l'espace du récit, s'inscrit dans le texte, réalise le trait d'union entre des choses différentes, et dégage la vérité, voilée, qui les constitue.

Recherche de la vérité, ou de sa propre vérité, l'œuvre de Proust ne s'achève pas tout à fait avec la fin des quêtes de ses héros : ni avec Swann, qui recherche la vérité d'Odette derrière le masque, ou la fenêtre qui toujours la voile ; ni avec Marcel, qui, dans sa traversée des espaces du monde, de l'amour, et des impressions esthétiques, sera toutefois le seul à dégager de l'ombre la lumière, de l'apprentissage de la vie, la seule « vraie vie », celle qu'il peut lire dans les erreurs du temps et de la vie elle-même, et transposer dans le domaine de l'œuvre d'art.

Miroirs l'un de l'autre, le récit de Swann et le roman du héros se reflètent et s'effacent réciproquement : l'expérience de l'un deviendra expérience de l'autre ; mais le renversement qui s'opère dans la conclusion de ces deux apprentissages — le mariage de Swann et sa disparition au niveau de l'univers créé par le narrateur, auquel répond la dissolution du héros dans le contexte de sa propre vie — mène à une renaissance ultérieure. Le dernier des « moi » du héros sera celui qui revivra dans son œuvre ; celui qui, en écrivant l'œuvre de sa vie, la relatera aux lecteurs à venir, et, ce faisant, en dégagera une vérité plus vaste, d'un autre ordre, à la fois individuel et universel.

Daniela De Agostini

La maison de Tante Léonie à Illiers.

CHRONOLOGIE

1871

10 juillet : naissance de Marcel Proust, fils aîné du docteur Adrien Proust et de Jeanne Weil, dans la maison de son grand-oncle maternel Louis Weil, à Auteuil, quartier élégant de la banlieue parisienne.

C'est l'année de la chute de Paris après le siège des prussiens. La « Commune » est tombée, et Thiers est président de la IIIe République.

Arthur Rimbaud écrit *Le bateau ivre*, et Auguste Renan publie sa *Réforme intellectuelle et morale de la France*.

1873

24 mai : naissance de Robert, frère de Marcel, à Paris, Boulevard Malesherbes.

Émile Zola publie *Le ventre de Paris*, Rimbaud *Une saison en Enfer*.

1880-81

Printemps : pendant une promenade au Bois de Boulogne, Marcel est atteint par la première crise d'asthme, maladie qui ne le quittera plus et qui transformera sa vie en une longue convalescence interrompue par des crises renouvelées.

Publication des *Soirées de Médan*, sorte de « Manifeste » du Naturalisme. Mort de Gustave Flaubert, et naissance de Guillaume Apollinaire.

1882

Au mois d'octobre Marcel s'inscrit au Lycée Condorcet, qu'il fréquentera jusqu'en 1885, quand la maladie l'obligera à interrompre la classe de seconde. Il passe les après-midi aux Champs-Élysées et fait la connaissance de Marie de Bénardaky, fille d'un aristocrate polonais.

Charles Haas, ami de Proust et modèle de Swann.

1886

Mort d'Élisabeth Amiot, sœur du docteur Proust : Marcel doit renoncer aux séjours de vacances à Illiers, où les Amiot vivaient, dans une petite maison de la rue du Saint-Esprit.

1887-88

Classe de rhétorique au Lycée Condorcet. Il fréquente les salons parisiens et se lie à un groupe d'intellectuels : Daniel Halévy, Jacques Bizet et Robert Dreyfus. Il collabore à la *Revue Lilas*, fondée par Halévy, avec une chronique théâtrale, et un petit poème en prose.

1888-89

Classe de philosophie. Proust suit les cours d' Alphonse Darlu, fondateur de la *Revue de Métaphysique et de Morale,* et reçoit le prix d'honneur en Philosophie.

C'est l'année du centenaire de la Révolution et de la fin du mouvement nationaliste du « boulangisme ».

Guy de Maupassant publie *Fort comme la mort ;* Barrès, *Un homme libre*; Paul Bourget, *Le disciple ;* Henri Bergson son *Essai des données immédiates de la conscience.*

1889-90

Les études terminées, Proust fait un « volontariat » d'un an au 76ᵉ Régiment d'Infanterie, à Orléans. Pendant ses permissions, à Paris, il fréquente le salon de Madame Arman de Caillavet, muse inspiratrice d'Anatole France, et de son fils Gaston, futur auteur de comédies qui épousera Jeanne Pouquet.

1890

Janvier : mort d'Adèle Weil, sa grand-mère maternelle.

Novembre : il s'inscrit à la Faculté de Droit et à l'École Libre de Sciences Politiques. Pendant ses études universitaires, il suit les cours d'Albert Sorel, Anatole Leroy-Beaulieu et Albert Vandal. Il lit et travaille sur Tarde, Bergson, Boutroux, et Revaisson. Il fréquente les salons de Geneviève Straus, veuve du compositeur, de Laure Baignères et de Madame Aubernon. Il fait la connaissance de Charles Haas et de Fernand Gregh.

En Allemagne, Guillaume II chasse le chancelier Bismark et

opte pour une politique toujours plus impérialiste. La France se rapproche de la Russie. Fondation de la colonie italienne de l'Érythrée.

1892

Proust écrit pour la revue *Le Banquet,* fondée par Jacques Bizet, Daniel Halévy, Robert Dreyfus, Robert de Flers et Fernand Gregh, des articles de critique littéraire, des esquisses et un récit : *Violante ou la mondanité*, qui sera repris dans *Les plaisirs et les jours.*

Il séjourne pour la première fois à Trouville et à Cabourg.

Maurice Maeterlinck publie son *Pelléas et Mélisande*, André Gide, les *Poésies d'André Walter.*

L'Affaire de Panama explose : les travaux pour l'ouverture du canal sont interrompus. En Italie : formation du premier ministère Giolitti.

1893

Proust obtient la licence en Droit. Il continue à écrire des études et deux longues nouvelles : *L'indifférent* et *Mélancolique villégiature de Madame de Breyves*, qui seront publiées dans la *Revue Blanche.* Il fait la connaissance de Robert de Montesquiou, comte de Fezensac, poète et dandy célèbre dont les traits ont inspiré le « Des Esseintes » d'*À rebours* de Huysmans, et en devient un grand admirateur.

Émile Zola publie son dernier roman des *Rougon* : *Le docteur Pascal,* Stéphane Mallarmé son recueil de *Vers et proses.*
Mort de Guy de Maupassant et de Hyppolite Taine.

1894

Rédaction d'une série de portraits en vers de peintres et de musiciens ; et trois contes : *La mort de Baldassarre Sylvande, La confession d'une jeune fille* et *La fin de la jalousie.*

1895

Licence en philosophie. Obtention d'une place non rétribuée à la Bibliothèque Mazarine. À Beig-Meil, en Bretagne, il commence aussi à écrire un roman qu'il abandonnera une première fois en 1899 et définitivement en 1902. Il s'agit du

Jean Santeuil, publié posthume en 1952 par Bernard de Fallois et puis en 1971 par Pierre Clarac. Il se lie d'amitié avec le compositeur Reynaldo Hahn et rencontre Oscar Wilde, de passage à Paris.

Alfred Dreyfus est accusé d'espionnage. Il est arrêté et condamné à la déportation à l'Île du Diable.

1896

12 juillet : publication du recueil *Les plaisirs et les jours*, édité par Calmann-Lévy, préfacé par Anatole France et illustré par Madeleine Lemaire, avec des textes musicaux de Reynaldo Hahn. Dans la *Revue Blanche* paraît l'article « Contre l'obscurité », une critique du langage des symbolistes.
Mort de Louis Weil, grand-oncle maternel, et de Nathé Weil, son grand-père.

Henri Bergson publie *Matière et mémoire* ; Paul Valéry, *La soirée avec M. Teste* ; Alfred Jarry fait représenter son *Ubu roi* au Théâtre de l'Œuvre, et Sarah Bernhardt interprète la *Salomé* d'Oscar Wilde.
Mort de Paul Verlaine et d'Edmond de Goncourt.

1897

Proust continue à travailler à son roman, dont la rédaction est assez avancée. Il se bat en duel avec l'écrivain Jean Lorrain.

André Gide publie *Les nourritures terrestres*.

1898

Paris est divisé par le drame d'Alfred Dreyfus : Picquart, chef du contre-espionnage, proclame l'innocence de Dreyfus et accuse l'officier Esterhazy. En février Marcel assiste au procès en tant que dreyfusard passionné. À la suite de ce procès, qui se termine par l'absolution de l'accusé, Émile Zola, avec la publication de son « J'accuse » sur le quotidien *Aurore*, provoque une réaction parmi les intellectuels qui demandent la révision du procès.

1899

Après avoir obtenu un quatrième congé d'un an à la Bibliothèque Mazarine, Proust commence à s'intéresser à Ruskin à travers le livre de Robert de La Sizeranne, *Ruskin et la religion de la beauté*.

Marcel (à gauche) et son frère Robert.

En septembre, il séjourne avec sa mère à Évian et visite la cathédrale d'Amiens.

Deuxième procès Dreyfus : le ministre est d'abord condamné et ensuite gracié par le Président de la République. Maurras crée le mouvement national antisémite de l'« Action française ».

1900

La famille Proust quitte le 9 boulevard Malesherbes et loge au 45 rue de Courcelles. Le 20 janvier, mort de Ruskin : Proust publie une brève nécrologie et deux articles dans la *Gazette des Beaux Arts* et le *Mercure de France*, « John Ruskin » et « Ruskin à Notre-Dame d'Amiens ». Le contenu de ces deux articles sera reproduit dans la Préface de la traduction de *La Bible d'Amiens* qu'il est en train de rédiger. Il séjourne à Venise avec sa mère, Marie Nordlinger et Reynaldo Hahn tout en continuant à traduire Ruskin. Visite de la Chapelle de Giotto à Padoue. En octobre, pendant que sa famille quitte le 9 boulevard Malesherbes pour aller loger au 45 rue de Courcelles, Proust retourne une deuxième fois, seul, à Venise.

À Paris, ouverture de l'Exposition universelle. Bergson publie son essai, *Le rire*. Mort d'Oscar Wilde.

1902

Visite des cathédrales françaises. Voyage en Hollande et en Belgique avec Bertrand de Fénelon.

Mort d'Émile Zola. Parution de *L'Immoraliste* de Gide, des *Amants de Venise* de Maurras, de *L'ombre des jours* d'Anna de Noailles, et du *Triomphe de la vie* de Francis Jammes.

1903

Le 2 février, Proust est témoin au mariage de son frère Robert avec Mlle Marthe Dubois-Amyot. Il publie dans *Le Figaro* une série d'articles sur les salons parisiens. Il visite, avec Antoine et Emmanuel Bibesco, Georges de Lauris et d'autres amis, les plus anciennes cathédrales de France. Le 26 novembre, mort du professeur Adrien Proust, père de Marcel.

Henri Bergson publie son *Introduction à la métaphysique* ; André Gide, *Prétextes* ; Anna de Noailles, *La nouvelle espérance*.

Giovanni Giolitti, en Italie, devient Président du Conseil.

1904

Publication de John Ruskin, *La Bible d'Amiens*, traduction, notes, et préface de Marcel Proust, Paris, Mercure de France. Dans *Le Figaro* du 16 août, parution de *La mort des cathédrales*.

Guerre entre l'URSS et le Japon ; la France signe un Contrat avec l'Angleterre.

1905

Le 15 juin, Proust publie dans *La Renaissance latine* un essai intitulé « Sur la lecture ». Il sera repris, sans modifications, comme Préface de sa traduction de *Sésame et les lys*, de John Ruskin, et par la suite dans *Pastiches et Mélanges*. Au mois d'août, séjour à Évian avec sa mère qui tombe gravement malade. Il la ramène le 13 septembre à Paris, où elle meurt, le 26. Une grave dépression obligera Proust à se faire soigner par le docteur Sollier, dans une clinique de Boulogne-sur-Seine. Il y restera jusqu'à la fin de janvier 1906.

Naissance de Jean-Paul Sartre. Au « Salon d'Automne », exposition des « Fauves ».

En URSS, mort de Lénine. Premières réformes sociales en Italie.

1906

Parution de *Sésame et les lys* de John Ruskin, traduction, notes et préface de Marcel Proust. Au mois de juillet, conclusion de l'« Affaire Dreyfus » avec la réhabilitation définitive de ce dernier. Pendant le mois d'août Proust va habiter à Versailles, à l'Hôtel des Réservoirs, où il reste six mois. À la fin de l'année, il rentre à Paris, déménage, et va loger dans l'appartement de son oncle, Louis Weil, au 102 boulevard Haussmann, où il restera jusqu'en 1919.

Mort de Paul Cézanne. Parution de *L'évolution créatrice* de Bergson, et de *Les Désenchantées* de Pierre Loti.

1907

Il écrit, pour *Le Figaro* du 1er février, « Sentiments filiaux d'un parricide », et, le 20 mars : « Journées de lecture ». D'autres écrits paraîtront dans les numéros du 15 juillet, du 23 juillet, et du 19 novembre. En août, séjour à Cabourg. Alfred

Agostinelli entre à son service, en qualité de chauffeur.

Mort de Huysmans. Grande exposition des œuvres de Cézanne et création par Picasso des *Demoiselles d'Avignon*.

1908

En janvier, *Le Figaro* publie le premier des *Pastiches* de Marcel Proust inspiré par « L'affaire Lemoine ». Avec les styles de Balzac, Faguet, Michelet, Flaubert, Sainte-Beuve, Renan et des Goncourt est présentée l'histoire de Lemoine, qui avait passionné l'opinion publique en affirmant la possibilité de produire des diamants « synthétiques ».

Pendant tout le premier semestre Proust travaille à un nouveau projet romanesque, une version embryonnaire de la *Recherche* ; parallèlement, dans son carnet de notes, et dans d'autres cahiers, il commence à écrire des pages qui développent la critique de la pensée théorique de Sainte-Beuve. En été il se rend à Cabourg ; puis, de septembre jusqu'à la fin du mois de novembre il est à Versailles avec son chauffeur et secrétaire Alfred Agostinelli. Il continue à travailler à son double projet, l'article « contre Sainte-Beuve », selon la forme de l'essai classique, à la Taine, et une version narrative de celui-ci, qui s'ouvre sur un « souvenir d'une matinée »

Anatole France publie *L'île des pingouins* ; G. Sorel, *Réflexions sur la violence* ; Jules Romains, *La vie unanime*. Le « cubisme » naît avec les peintures de Braque.

1909

Dès la fin de 1908 jusqu'au mois de mars 1909 Proust passe de la version critique de son essai à l'élaboration d'une version narrative, en forme de dialogue, qui se présente désormais comme la conclusion possible d'un roman. À la mi-août, de Cabourg, il écrit à Alfred Valette, directeur du *Mercure de France* au sujet d'un « nouveau roman » qui s'intitule maintenant *Contre Sainte-Beuve, souvenir d'une matinée*. Il fera ensuite la connaissance de Gaston Calmette, directeur du *Figaro*, qui lui en promet la publication dans son journal. Il met au propre *Combray*, première partie de *Du côté de chez Swann*, et la donne à lire à ses amis Georges de Lauris et Reynaldo Hahn.

Premier manifeste futuriste de Marinetti. Fondation de La *Nouvelle Revue française*. Jules Romains et Georges Chennevière créent, dans l'abbaye de Créteil, le mouvement littéraire « L'Unanimisme ». Gide écrit *La porte étroite*; Barrès, *Colette Baudoche*, Apollinaire, *L'Enchanteur pourrissant*.

1910

Proust assiste à la répétition générale d'un ballet de Reynaldo Hahn, et va voir les Ballets russes, avec Nijinsky et la compagnie de Diaghilev : *Shéhérazade*. Il continue la rédaction de son roman, en été, à Cabourg, et en automne à Paris, dans sa chambre revêtue de liège, il en ébauche la partie finale : l'*Adoration perpétuelle*, et le *Bal de têtes*.

1911-12

Son roman atteint 800 pages environ. L'œuvre a pour titre *Les intermittences du cœur*, elle comprend deux volumes, *Le temps perdu* et *Le temps retrouvé*. Proust écoute au théâtrophone la tétralogie de Wagner, et *Pelléas et Mélisande* de Debussy. Il passe l'été à Cabourg. Le 21 mars 1912, *Le Figaro* publie le premier extrait de la *Recherche*, « Épines blanches, épines roses »; suivront : « Rayons de soleil sur le balcon » et « L'église de village ».

Au Théâtre du Châtelet, représentation du *Martyre de Saint Sébastien*; Stravinsky compose *Petrouchka*. Apollinaire publie son *Bestiaire ou le Cortège d'Orphée*, avec illustrations de Dufy.

1913

Proust propose son roman à Fasquelle, ensuite à Gaston Gallimard pour la *Nouvelle Revue Française,* et à Humblodt, de la maison Ollendorf; ils refusent, tous, de le publier. Enfin, un jeune éditeur, Bernard Grasset, accepte la publication du premier tome, aux frais de l'auteur. Le livre, qui paraîtra en novembre, aura pour titre *Du côté de chez Swann*. Les volumes suivants ne seront plus deux, mais trois : sous le titre général d'*À la recherche du temps perdu*, les deux volumes s'intitulent *Le côté de Guermantes* et *Le Temps retrouvé*.

Valéry Larbaud publie *Les œuvres complètes de O. Barnabooth*; Alain-Fournier *Le Grand Meaulnes*; Apollinaire, *Alcools* et *Les peintres cubistes*; Cendrars, *La Prose du Transsibérien et de la Petite Jeanne de France*; Roger Martin du Gard, *Jean Barois*. Naissance d'Albert Camus.

1914

La *Nouvelle Revue Française* publie une note d'Henry Ghéon consacrée à *Swann*. Proust entre en correspondance avec l'écrivain et secrétaire de rédaction de la revue, Jacques Rivière, qui lui propose la publication des extraits du *Côté de Guermantes*. Lettre d'André Gide, qui lui offre d'abandonner Grasset pour la *Nouvelle Revue Française*.

Alfred Agostinelli, qui s'était inscrit à une école d'aviation à Montecarlo, meurt le 30 mai, pendant un exercice, au large d'Antibes.

Ouverture du canal de Panama. Le 26 juin : l'archiduc d'Autriche, François Ferdinand, est tué à Sarajevo. Jaurès est assassiné à Paris. La guerre éclate avec les batailles de Verdun et de la Marne.

La publication de la *Recherche* s'interrompt. Proust continue à y travailler, et commence à écrire la partie qui deviendra l'« Épisode d'Albertine » : *La Prisonnière* et *La Fugitive*. En août il va pour la dernière fois à Cabourg, avec Céleste et Ernest Forssgren, son nouveau secrétaire.

André Gide publie *Les caves du Vatican*; Paul Bourget *Le Démon de Midi*.

1915

Proust rédige dans les « Cahiers manuscrits » une version de *Sodome et Gomorrhe*. Il continue à élaborer *La Prisonnière* et *Albertine disparue*, et en même temps, à remanier les volumes précédents, qui, en raison de la création de ce nouveau personnage, subiront de profondes mutations. L'ensemble de la *Recherche*, à la fin de la guerre, aura en effet doublé de volume par rapport aux plans de 1914.

Mort de Gaston de Caillavet et de Bertrand de Fénelon ; Rivière est fait prisonnier en Allemagne. Le frère de Proust, Robert, et Reynaldo Hahn, sont mobilisés.

1916

Marcel Proust accepte l'offre de Gide de quitter Grasset pour la *Nouvelle Revue Française*, dont Gaston Gallimard est devenu le directeur.

Représentation de *Parade*, ballet sur un texte de Cocteau, mise en scène de Picasso et musique de Satie. Représentation des *Mamelles de Tirésias* d'Apollinaire. André Breton, en collaboration avec Soupault, écrit *Les champs magnétiques*.

1917-18

Mort d'Emmanuel Bibesco. Correction des placards d'*À l'ombre des jeunes filles en fleurs*, deuxième tome d'*À la recherche du temps perdu*, et remaniement des volumes successifs.

Parution de *Calligrammes* de Guillaume Apollinaire, et des *Vingt-cinq poèmes* de Tristan Tzara.

1919

Le 30 mai, quand les épreuves du *Côté de Guermantes* sont prêtes, Proust est obligé de quitter son appartement du boulevard Haussmann. Il habite pendant quatre mois chez l'actrice Réjane, 8 rue Laurent-Pichat, puis, à partir du mois d'octobre, il s'installe au 44 rue Hamelin.

Fin juin paraissent en librairie *À l'ombre des jeunes filles en fleurs*, la nouvelle édition de *Du côté de chez Swann* et *Pastiches et mélanges*. La *NRF* publie d'autres extraits de la *Recherche*. Le 10 novembre, par 6 voix contre 4 pour *Les Croix de bois* de Roland Dorgelès, le prix Goncourt couronne *À l'ombre des jeunes filles en fleurs*.

Fondation du Dadaïsme, par Tristan Tzara. Bergson publie *L'énergie spirituelle*. Marinetti écrit *Les mots en liberté*.

Conférence pour la paix, à Versailles. Approbation de la Société des Nations. L'Allemagne, par la Constitution de Weimar, devient une République démocratique parlementaire. En Italie, fondation des « fasci » italiens.

1920

Parution, le 25 octobre, de *Le côté de Guermantes*, tome I. La *Nouvelle Revue Française* publie l'article « À propos du style de Flaubert ». La *Revue de Paris* publie l'essai *Pour un ami. Remarques sur le style*, qui deviendra la préface d'un volume de Paul Morand, *Tendres Stocks*.

Paul Valéry compose *Le Cimetière marin* et publie *Album de vers anciens*. Jean Cocteau : *Le bœuf sur le toit*.

1921

Parution, le 2 mai, du tome II de *Guermantes* et du tome I de *Sodome et Gomorrhe*. Réédition des *Plaisirs et les jours*. Dans le numéro d'avril de La *Nouvelle Revue française,* publication de l'article « À propos de Baudelaire », et dans *Les Œuvres libres*, d'une anticipation de *La Prisonnière*, ayant pour titre : *Jalousie*.

1922

Parution de *Sodome et Gomorrhe II*, en trois volumes, au printemps. Il continue à travailler aux derniers volumes, au remaniement et à l'enrichissement de *La prisonnière*, et de *La Fugitive*, dont le titre a changé et est devenu : *Albertine disparue*. Il se dédie surtout à la réécriture du *Temps retrouvé*, dont il ne cesse de corriger le manuscrit.

Le 18 mai Proust participe à un dîner avec Stravinski, Picasso et James Joyce. Les premiers jours d'octobre, il se rend chez les Beaumont, d'où il rentre atteint d'une bronchite. Il arrive à terminer la correction de la copie dactylographiée de *La prisonnière* que Gallimard reçoit le 7 novembre.

Mort de Proust, le 18 novembre, après une dernière nuit de travail.

1923

En novembre, publication de *La prisonnière*, tomes I et II.

1925

Publication d'*Albertine disparue*.

1927

Publication du *Temps retrouvé*, tomes I et II.

Marcel Proust en 1896.

UN AMOUR
DE SWANN

Ces symboles indiquent le début et la fin des passages enregistrés.

OUR faire partie du « petit noyau », du « petit groupe », du « petit clan » des Verdurin, une condition était suffisante mais elle était nécessaire : il fallait adhérer tacitement à un Credo dont un des articles était que le jeune pianiste, protégé par Mme Verdurin cette année-là et dont elle disait : « Ça ne devrait pas être permis de savoir jouer Wagner comme ça », « enfonçait [1] » à la fois Planté et Rubinstein [2] et que le docteur Cottard avait plus de diagnostic que Potain [3]. Toute « nouvelle recrue [4] » à qui les Verdurin ne pouvaient pas persuader que les soirées des gens qui n'allaient pas chez eux étaient ennuyeuses comme la pluie, se voyait immédiatement exclue. Les femmes étant à cet égard plus rebelles que les hommes à déposer toute curiosité mondaine et l'envie de se renseigner par soi-même sur l'agrément des autres salons, et les

---

1. *Enfoncer* : battre, surpasser, surclasser.
2. *Francis Planté* (1839-1934), *Anton Gregor Rubinstein* (1829-1894) : célèbres pianistes et compositeurs, le premier français, le second d'origine russe. Leurs concerts au Conservatoire en 1902 furent célèbres.
3. *Pierre-Charles-Édouard Potain* (1825-1901) : médecin et membre de l'Académie de médecine.
4. *Recrue* (f.) : personne qui vient s'ajouter à un groupe (ici, le « petit clan » de Mme et M. Verdurin).

Verdurin sentant d'autre part que cet esprit d'examen et ce démon de frivolité pouvait par contagion devenir fatal à l'orthodoxie de la petite église, ils avaient été amenés à rejeter successivement tous les « fidèles » du sexe féminin.

En dehors de la jeune femme du docteur, ils étaient réduits presque uniquement cette année-là (bien que Mme Verdurin fût elle-même vertueuse et d'une respectable famille bourgeoise, excessivement riche et entièrement obscure, avec laquelle elle avait peu à peu cessé volontairement toute relation) à une personne presque du demi-monde, Mme de Crécy, que Mme Verdurin appelait par son petit nom, Odette, et déclarait être « un amour », et à la tante du pianiste, laquelle devait avoir tiré le cordon[1] ; personnes ignorantes du monde et à la naïveté de qui il avait été si facile de faire accroire[2] que la princesse de Sagan et la duchesse de Guermantes étaient obligées de payer des malheureux pour avoir du monde à leurs dîners, que si on leur avait offert de les faire inviter chez ces deux grandes dames, l'ancienne concierge et la cocotte eussent dédaigneusement refusé.

Les Verdurin n'invitaient pas à dîner : on avait chez eux « son couvert mis[3] ». Pour la soirée, il n'y avait pas de programme. Le jeune pianiste jouait, mais seulement si « ça lui chantait[4] », car on ne forçait personne et comme disait M. Verdurin : « Tout pour les amis, vivent les camarades ! » Si le pianiste voulait jouer la

---

1. *Tirer le cordon* : anciennement: petite corde permettant au concierge ou au portier, d'ouvrir à ceux qui voulaient entrer ou sortir.
2. *Faire accroire* : faire croire une chose fausse, tromper.
3. *Son couvert mis* : expression qui signifie être certain d'être toujours reçu chez quelqu'un.
4. *Si ça lui chantait* : s'il en avait envie.

chevauchée de la *Walkyrie* ou le prélude de *Tristan*, Mme Verdurin protestait, non que cette musique lui déplût, mais au contraire parce qu'elle lui causait trop d'impression. « Alors vous tenez à ce que j'aie ma migraine ? Vous savez bien que c'est la même chose chaque fois qu'il joue ça. Je sais ce qui m'attend ! Demain quand je voudrai me lever, bonsoir, plus personne ! » S'il ne jouait pas, on causait, et l'un des amis, le plus souvent leur peintre favori d'alors, « lâchait », comme disait M. Verdurin, « une grosse faribole[1] qui faisait esclaffer[2] tout le monde », Mme Verdurin surtout, à qui — tant elle avait l'habitude de prendre au propre les expressions figurées des émotions qu'elle éprouvait — le docteur Cottard (un jeune débutant à cette époque) dut un jour remettre sa mâchoire qu'elle avait décrochée pour avoir trop ri.

L'habit noir était défendu parce qu'on était entre « copains » et pour ne pas ressembler aux « ennuyeux » dont on se garait comme de la peste et qu'on n'invitait qu'aux grandes soirées, données le plus rarement possible et seulement si cela pouvait amuser le peintre ou faire connaître le musicien. Le reste du temps, on se contentait de jouer des charades, de souper en costumes, mais entre soi, en ne mêlant aucun étranger au petit « noyau ».

Mais au fur et à mesure que les « camarades » avaient pris plus de place dans la vie de Mme Verdurin, les ennuyeux, les réprouvés, ce fut tout ce qui retenait les amis loin d'elle, ce qui les empêchait quelquefois d'être libres, ce fut la mère de l'un, la profession de l'autre, la maison de campagne ou la mauvaise santé d'un

---

1. *Faribole* (f.) : propos vain et frivole, bêtise.
2. *Esclaffer* : éclater de rire bruyamment.

troisième. Si le docteur Cottard croyait devoir partir en sortant de table pour retourner auprès d'un malade en danger : « Qui sait, lui disait Mme Verdurin, cela lui fera peut-être beaucoup plus de bien que vous n'alliez pas le déranger ce soir ; il passera une bonne nuit sans vous ; demain matin vous irez de bonne heure et vous le trouverez guéri. » Dès le commencement de décembre, elle était malade à la pensée que les fidèles « lâcheraient[1] » pour le jour de Noël et le Ier janvier. La tante du pianiste exigeait qu'il vînt dîner ce jour-là en famille chez sa mère à elle :

— Vous croyez qu'elle en mourrait, votre mère, s'écria durement Mme Verdurin, si vous ne dîniez pas avec elle le jour de l'an, comme en *province* !

Ses inquiétudes renaissaient à la semaine sainte :

— Vous, Docteur, un savant, un esprit fort, vous venez naturellement le Vendredi saint comme un autre jour ? dit-elle à Cottard, la première année, d'un ton assuré comme si elle ne pouvait douter de la réponse. Mais elle tremblait en attendant qu'il l'eût prononcée, car s'il n'était pas venu, elle risquait de se trouver seule.

— Je viendrai le Vendredi saint... vous faire mes adieux, car nous allons passer les fêtes de Pâques en Auvergne.

— En Auvergne ? pour vous faire manger par les puces et la vermine, grand bien vous fasse !

Et après un silence :

— Si vous nous l'aviez dit au moins, nous aurions tâché d'organiser cela et de faire le voyage ensemble dans des conditions confortables.

De même, si un « fidèle » avait un ami, ou une « habituée » un flirt qui serait capable de faire « lâcher[1] » quelquefois, les Verdurin, qui ne s'effrayaient pas

1. *Lâcher* : abandonner, laisser, quitter.

qu'une femme eût un amant pourvu qu'elle l'eût chez eux, l'aimât en eux et ne le leur préférât pas, disaient : « Eh bien ! amenez-le votre ami. » Et on l'engageait à l'essai, pour voir s'il était capable de ne pas avoir de secrets pour Mme Verdurin, s'il était susceptible d'être agrégé au « petit clan ». S'il ne l'était pas, on prenait à part le fidèle qui l'avait présenté et on lui rendait le service de le brouiller avec son ami ou avec sa maîtresse. Dans le cas contraire, le « nouveau » devenait à son tour un fidèle. Aussi quand cette année-là, la demi-mondaine raconta à M. Verdurin qu'elle avait fait la connaissance d'un homme charmant, M. Swann, et insinua qu'il serait très heureux d'être reçu chez eux, M. Verdurin transmit-il séance tenante [1] la requête à sa femme. (Il n'avait jamais d'avis qu'après sa femme, dont son rôle particulier était de mettre à exécution les désirs, ainsi que les désirs des fidèles, avec de grandes ressources d'ingéniosité.)

— Voici Mme de Crécy qui a quelque chose à te demander. Elle désirerait te présenter un de ses amis, M. Swann. Qu'en dis-tu ?

— Mais voyons, est-ce qu'on peut refuser quelque chose à une petite perfection comme ça ? Taisez-vous, on ne vous demande pas votre avis, je vous dis que vous êtes une perfection.

— Puisque vous le voulez, répondit Odette sur un ton de marivaudage [2], et elle ajouta : vous savez que je

---

1. *Séance tenante* : (loc. adv.) sur-le-champ, immédiatement et sans retard.

2. *Marivaudage* (m.) : galanterie sentimentale, du nom de Pierre Carlet de Chamblain de Marivaux (1688-1763). Auteur de comédies dont les personnages se livraient à un manège de galanterie recherchée.

ne suis pas *fishing for compliments*[1].

— Eh bien ! amenez-le votre ami, s'il est agréable.

Certes le « petit noyau » n'avait aucun rapport avec la société où fréquentait Swann, et de purs mondains auraient trouvé que ce n'était pas la peine d'y occuper comme lui une situation exceptionnelle pour se faire présenter chez les Verdurin. Mais Swann aimait tellement les femmes qu'à partir du jour où il avait connu à peu près toutes celles de l'aristocratie et où elles n'avaient plus rien eu à lui apprendre, il n'avait plus tenu à ces lettres de naturalisation, presque des titres de noblesse, que lui avait octroyées le faubourg Saint-Germain, que comme à une sorte de valeur d'échange, de lettre de crédit, dénuée de prix en elle-même, mais lui permettant de s'improviser une situation dans tel petit trou de province ou tel milieu obscur de Paris, où la fille du hobereau[2] ou du greffier[3] lui avait semblé jolie. Car le désir ou l'amour lui rendait alors un sentiment de vanité dont il était maintenant exempt dans l'habitude de la vie (bien que ce fût lui sans doute qui autrefois l'avait dirigé vers cette carrière mondaine où il avait gaspillé dans les plaisirs frivoles les dons de son esprit et fait servir son érudition en matière d'art à conseiller les dames de la société dans leurs achats de tableaux et pour l'ameublement de leurs hôtels), et qui lui faisait désirer de briller, aux yeux d'une inconnue dont il s'était épris, d'une élégance que le nom de Swann à lui tout seul n'impliquait pas. Il le

1. *Fishing for compliments* : (locution anglaise) être sensible aux éloges. Il s'agit, ici, de la première expression anglophile d'Odette.

2. *Hobereau* (m.) : gentilhomme campagnard qui vit sur ses terres.

3. *Greffier* (m.) : officier public préposé au bureau des actes de procédure.

désirait surtout si l'inconnue était d'humble condition. De même que ce n'est pas à un autre homme intelligent qu'un homme intelligent aura peur de paraître bête, ce n'est pas par un grand seigneur, c'est par un rustre qu'un homme élégant craindra de voir son élégance méconnue. Les trois quarts des frais d'esprit et des mensonges de vanité qui ont été prodigués depuis que le monde existe par des gens qu'ils ne faisaient que diminuer, l'ont été pour des inférieurs. Et Swann, qui était simple et négligent avec une duchesse, tremblait d'être méprisé, posait, quand il était devant une femme de chambre.

Il n'était pas comme tant de gens qui, par paresse ou sentiment résigné de l'obligation que crée la grandeur sociale de rester attaché à un certain rivage, s'abstiennent des plaisirs que la réalité leur présente en dehors de la position mondaine où ils vivent cantonnés jusqu'à leur mort, se contentant de finir par appeler plaisirs, faute de mieux, une fois qu'ils sont parvenus à s'y habituer, les divertissements médiocres ou les supportables ennuis qu'elle renferme. Swann, lui, ne cherchait pas à trouver jolies les femmes avec qui il passait son temps, mais à passer son temps avec les femmes qu'il avait d'abord trouvées jolies. Et c'étaient souvent des femmes de beauté assez vulgaire, car les qualités physiques qu'il recherchait sans s'en rendre compte étaient en complète opposition avec celles qui lui rendaient admirables les femmes sculptées ou peintes par les maîtres qu'il préférait. La profondeur, la mélancolie de l'expression, glaçaient ses sens, que suffisait au contraire à éveiller une chair saine, plantureuse et rose.

Si en voyage il rencontrait une famille qu'il eût été plus élégant de ne pas chercher à connaître, mais dans laquelle une femme se présentait à ses yeux parée d'un charme qu'il n'avait pas encore connu, rester dans son

« quant à soi » et tromper le désir qu'elle avait fait naître, substituer un plaisir différent au plaisir qu'il eût pu connaître avec elle, en écrivant à une ancienne maîtresse de venir le rejoindre, lui eût semblé une aussi lâche abdication devant la vie, un aussi stupide renoncement à un bonheur nouveau que si, au lieu de visiter le pays, il s'était confiné dans sa chambre en regardant des vues de Paris. Il ne s'enfermait pas dans l'édifice de ses relations, mais en avait fait, pour pouvoir le reconstruire à pied d'œuvre sur de nouveaux frais partout où une femme lui avait plu, une de ces tentes démontables comme les explorateurs en emportent avec eux. Pour ce qui n'en était pas transportable ou échangeable contre un plaisir nouveau, il l'eût donné pour rien, si enviable que cela parût à d'autres. Que de fois son crédit auprès d'une duchesse, fait du désir accumulé depuis des années que celle-ci avait eu de lui être agréable sans en avoir trouvé l'occasion, il s'en était défait d'un seul coup en réclamant d'elle par une indiscrète dépêche une recommandation télégraphique qui le mît en relation, sur l'heure, avec un de ses intendants dont il avait remarqué la fille à la campagne, comme ferait un affamé qui troquerait un diamant contre un morceau de pain ! Même, après coup, il s'en amusait, car il y avait en lui, rachetée par de rares délicatesses, une certaine muflerie. Puis, il appartenait à cette catégorie d'hommes intelligents qui ont vécu dans l'oisiveté et qui cherchent une consolation et peut-être une excuse dans l'idée que cette oisiveté offre à leur intelligence des objets aussi dignes d'intérêt que pourrait faire l'art ou l'étude, que la « Vie » contient des situations plus intéressantes, plus romanesques que tous les romans. Il l'assurait du moins et le persuadait aisément aux plus affinés de ses amis du monde, notamment au baron de Charlus[1] qu'il s'amusait à égayer par le récit des aventures piquantes qui lui arrivaient, soit qu'ayant rencontré en chemin de fer une femme qu'il avait ensuite ramenée chez lui, il eût découvert qu'elle était la sœur d'un souverain entre les mains de qui se mêlaient en ce moment tous les fils de la politique européenne, au courant de laquelle il se trouvait ainsi tenu d'une façon très agréable, soit que par le jeu complexe des circonstances, il dépendît du choix qu'allait faire le conclave, s'il pourrait ou non devenir l'amant d'une cuisinière.

Ce n'était pas seulement d'ailleurs la brillante phalange de vertueuses douairières,[2] de généraux, d'académiciens, avec lesquels il était particulièrement lié, que Swann forçait avec tant de cynisme à lui servir d'entremetteurs. Tous ses amis avaient l'habitude de recevoir de temps en temps des lettres de lui où un mot de recommandation ou d'introduction leur était demandé avec une habilité diplomatique qui, persistant à travers les amours successives et les prétextes différents, accusait, plus que n'eussent fait les maladresses, un caractère permanent et des buts identiques. Je[3] me suis fait souvent raconter bien des années plus tard, quand je commençai à m'intéresser à son caractère à cause des ressemblances qu'en de tout

---

1. *Le baron de Charlus* : frère de Basin de Guermantes et de Mme de Marsantes, neveu de Mme de Villeparisis. Ses amis l'appellent Mémé (diminutif d'un de ses prénoms, Palamède). Les lecteurs de Combray l'ont déjà connu comme celui qu'on croyait être l'amant de Mme Swann.

2. *Douairière* (f.) : veuve qui jouit d'un droit sur les biens de son mari.

3. *Je me suis fait souvent raconter...* : ici, pour la première fois, apparaît la voix du narrateur, le « je » qui raconte l'histoire de l'amour de Swann.

autres parties il offrait avec le mien, que quand il écrivait à mon grand-père (qui ne l'était pas encore, car c'est vers l'époque de ma naissance que commença la grande liaison de Swann, et elle interrompit longtemps ces pratiques), celui-ci, en reconnaissant sur l'enveloppe l'écriture de son ami, s'écriait : « Voilà Swann qui va demander quelque chose : à la garde ! » Et soit méfiance, soit par le sentiment inconsciemment diabolique qui nous pousse à n'offrir une chose qu'aux gens qui n'en ont pas envie, mes grands-parents opposaient une fin de non-recevoir[1] absolue aux prières les plus faciles à satisfaire qu'il leur adressait, comme de le présenter à une jeune fille qui dînait tous les dimanches à la maison, et qu'ils étaient obligés, chaque fois que Swann leur en reparlait, de faire semblant de ne plus voir, alors que pendant toute la semaine on se demandait qui on pourrait bien inviter avec elle, finissant souvent par ne trouver personne, faute de faire signe à celui qui en eût été si heureux.

Quelquefois tel couple ami de mes grands-parents et qui jusque-là s'était plaint de ne jamais voir Swann, leur annonçait avec satisfaction et peut-être un peu le désir d'exciter l'envie, qu'il était devenu tout ce qu'il y a de plus charmant pour eux, qu'il ne les quittait plus. Mon grand-père ne voulait pas troubler leur plaisir mais regardait ma grand-mère en fredonnant :

> *Quel est donc ce mystère ?*
> *Je n'y puis rien comprendre.*[2]

---

1. *Opposer une fin de non-recevoir* : refuser.
2. *Quel est donc* [...] *comprendre* : citation tirée du final de l'acte I de *La Dame blanche* de Boieldieu (1775-1834); le livret est de Scribe inspiré par les romans de Walter Scott, *The Monastery* et *Guy Mannering*.

ou :

> *Vision fugitive ...*[1]

ou :

> *Dans ces affaires*
> *Le mieux est de ne rien voir.*[2]

Quelques mois après, si mon grand-père demandait au nouvel ami de Swann : « Et Swann, le voyez-vous toujours beaucoup ? » la figure de l'interlocuteur s'allongeait : « Ne prononcez jamais son nom devant moi ! — Mais je croyais que vous étiez si liés... » Il avait été ainsi pendant quelques mois le familier de cousins de ma grand-mère, dînant presque chaque jour chez eux. Brusquement il cessa de venir, sans avoir prévenu. On le crut malade, et la cousine de ma grand-mère allait envoyer demander de ses nouvelles, quand à l'office elle trouva une lettre de lui qui traînait par mégarde dans le livre de comptes de la cuisinière. Il y annonçait à cette femme qu'il allait quitter Paris, qu'il ne pourrait plus venir. Elle était sa maîtresse, et au moment de rompre, c'était elle seule qu'il avait jugé utile d'avertir.

Quand sa maîtresse du moment était au contraire une personne mondaine ou du moins une personne qu'une extraction trop humble ou une situation trop irrégulière n'empêchait pas qu'il fît recevoir dans le monde, alors pour elle il y retournait, mais seulement dans l'orbite particulier où elle se mouvait ou bien où il l'avait entraînée. « Inutile de compter sur Swann ce soir, disait-on, vous savez bien que c'est le jour d'Opéra de son Américaine. » Il la faisait inviter dans les salons

---

1. *Vision fugitive* : de l'*Hérodiade*, de Jules Massenet (1842-1912), inspirée par le conte de Flaubert.
2. *Dans ces affaires* [...] *rien voir* : tirée de *Barbe-Bleue* d'Offenbach (1866), acte III, scène I.

particulièrement fermés où il avait ses habitudes, ses dîners hebdomadaires, son poker ; chaque soir, après qu'un léger crépelage[1] ajouté à la brosse de ses cheveux roux avait tempéré de quelque douceur la vivacité de ses yeux verts, il choisissait une fleur pour sa boutonnière et partait retrouver sa maîtresse à dîner chez l'une ou l'autre des femmes de sa coterie ; et alors, pensant à l'admiration et à l'amitié que les gens à la mode, pour qui il faisait la pluie et le beau temps et qu'il allait retrouver là, lui prodigueraient devant la femme qu'il aimait, il retrouvait du charme à cette vie mondaine sur laquelle il s'était blasé, mais dont la matière, pénétrée et colorée chaudement d'une flamme insinuée qui s'y jouait, lui semblait précieuse et belle depuis qu'il y avait incorporé un nouvel amour.

Mais, tandis que chacune de ces liaisons, ou chacun de ces flirts, avait été la réalisation plus ou moins complète d'un rêve né de la vue d'un visage ou d'un corps que Swann avait, spontanément, sans s'y efforcer, trouvés charmants, en revanche, quand un jour au théâtre il fut présenté à Odette de Crécy par un de ses amis d'autrefois, qui lui avait parlé d'elle comme d'une femme ravissante avec qui il pourrait peut-être arriver à quelque chose, mais en la lui donnant pour plus difficile qu'elle n'était en réalité afin de paraître lui-même avoir fait quelque chose de plus aimable en la lui faisant connaître, elle était apparue à Swann non pas certes sans beauté, mais d'un genre de beauté qui lui était indifférent, qui ne lui inspirait aucun désir, lui causait même une sorte de répulsion physique, de ces femmes comme tout le monde a les siennes, différentes pour chacun, et qui sont l'opposé du type que nos sens

1. *Crépelage* (m.) : correspond à crêpage (m.) : action de donner du volume aux cheveux.

réclament. Pour lui plaire elle avait un profil trop accusé, la peau trop fragile, les pommettes trop saillantes, les traits trop tirés. Ses yeux étaient beaux, mais si grands qu'ils fléchissaient sous leur propre masse, fatiguaient le reste de son visage et lui donnaient toujours l'air d'avoir mauvaise mine ou d'être de mauvaise humeur. Quelque temps après cette présentation au théâtre, elle lui avait écrit pour lui demander à voir ses collections qui l'intéressaient tant, « elle, ignorante qui avait le goût des jolies choses », disant qu'il lui semblait qu'elle le connaîtrait mieux quand elle l'aurait vu dans « son home[1] » où elle l'imaginait « si confortable avec son thé et ses livres », quoiqu'elle ne lui eût pas caché sa surprise qu'il habitât ce quartier qui devait être si triste et « qui était si peu *smart*[2] pour lui qui l'était tant ». Et après qu'il l'eut laissée venir, en le quittant, elle lui avait dit son regret d'être restée si peu dans cette demeure où elle avait été heureuse de pénétrer, parlant de lui comme s'il avait été pour elle quelque chose de plus que les autres êtres qu'elle connaissait, et semblant établir entre leurs deux personnes une sorte de trait d'union romanesque qui l'avait fait sourire. Mais à l'âge déjà un peu désabusé dont approchait Swann et où l'on sait se contenter d'être amoureux pour le plaisir de l'être sans trop exiger de réciprocité, ce rapprochement des cœurs, s'il n'est plus comme dans la première jeunesse le but vers lequel tend nécessairement l'amour, lui reste uni en revanche par une association d'idées si forte qu'il peut en devenir la cause, s'il se présente avant lui. Autrefois on rêvait de posséder le cœur de la femme dont on était

1. *Home* : mot anglais qui signifie maison.
2. *Smart* : mot anglais qui signifie élégant.

amoureux ; plus tard, sentir qu'on possède le cœur d'une femme peut suffire à vous en rendre amoureux. Ainsi, à l'âge où il semblerait, comme on cherche surtout dans l'amour un plaisir subjectif, que la part du goût pour la beauté d'une femme devait y être la plus grande, l'amour peut naître — l'amour le plus physique — sans qu'il y ait eu, à sa base, un désir préalable. À cette époque de la vie, on a déjà été atteint plusieurs fois par l'amour ; il n'évolue plus seul suivant ses propres lois inconnues et fatales, devant notre cœur étonné et passif. Nous venons à son aide, nous le faussons par la mémoire, par la suggestion. En reconnaissant un de ses symptômes, nous nous rappelons, nous faisons renaître les autres. Comme nous possédons sa chanson, gravée en nous tout entière, nous n'avons pas besoin qu'une femme nous en dise le début — rempli par l'admiration qu'inspire la beauté — pour en trouver la suite. Et si elle commence au milieu — là où les cœurs se rapprochent, où l'on parle de n'exister plus que l'un pour l'autre — nous avons assez l'habitude de cette musique pour rejoindre tout de suite notre partenaire au passage où elle nous attend.

Odette de Crécy retourna voir Swann, puis rapprocha ses visites ; et sans doute, chacune d'elles renouvelait pour lui la déception qu'il éprouvait à se retrouver devant ce visage dont il avait un peu oublié les particularités dans l'intervalle et qu'il ne s'était rappelé ni si expressif ni, malgré sa jeunesse, si fané ; il regrettait, pendant qu'elle causait avec lui, que la grande beauté qu'elle avait ne fût pas du genre de celles qu'il aurait spontanément préférées. Il faut d'ailleurs dire que le visage d'Odette paraissait plus maigre et plus proéminent parce que le front et le haut des joues, cette surface unie et plus plane était recouverte par la masse de cheveux qu'on portait alors prolongés en

« devants », soulevés en « crêpés[1] », répandus en mèches folles le long des oreilles ; et quant à son corps qui était admirablement fait, il était difficile d'en apercevoir la continuité (à cause des modes de l'époque et quoiqu'elle fût une des femmes de Paris qui s'habillaient le mieux), tant le corsage, s'avançant en saillie comme sur un ventre imaginaire et finissant brusquement en pointe pendant que par en dessous commençait à s'enfler le ballon des doubles jupes, donnait à la femme l'air d'être composée de pièces différentes mal emmanchées les unes dans les autres ; tant les ruchés, les volants, le gilet suivaient en toute indépendance, selon la fantaisie de leur dessin ou la consistance de leur étoffe, la ligne qui les conduisait aux nœuds, aux bouillons de dentelle, aux effilés de jais perpendiculaires, ou qui les dirigeait le long du busc, mais ne s'attachaient nullement à l'être vivant, qui selon que l'architecture de ces fanfreluches se rapprochait ou s'écartait trop de la sienne, s'y trouvait engoncé ou perdu.

Mais, quand Odette était partie, Swann souriait en pensant qu'elle lui avait dit combien le temps lui durerait jusqu'à ce qu'il lui permît de revenir ; il se rappelait l'air inquiet, timide, avec lequel elle l'avait une fois prié que ce ne fût pas dans trop longtemps, et les regards qu'elle avait eus à ce moment-là, fixés sur lui en une imploration craintive, et qui la faisaient touchante sous le bouquet de fleurs de pensées artificielles fixé devant son chapeau rond de paille blanche, à brides de velours noir. « Et vous, avait-elle dit, vous ne viendriez pas une fois chez moi prendre le thé ? » Il avait allégué des travaux en train, une étude

---

1. *Crêpés* : de crêper, friser ; cheveux rebroussés, gonflés.

— en réalité abandonnée depuis des années — sur Ver Meer de Delft[1]. « Je comprends que je ne peux rien faire, moi, chétive, à côté de grands savants comme vous autres, lui avait-elle répondu. Je serais comme la grenouille devant l'aréopage[2]. Et pourtant j'aimerais tant m'instruire, savoir, être initiée. Comme cela doit être amusant de bouquiner, de fourrer son nez dans de vieux papiers ! » avait-elle ajouté avec l'air de contentement de soi-même que prend une femme élégante pour affirmer que sa joie est de se livrer sans crainte de se salir à une besogne malpropre, comme de faire la cuisine en « mettant elle-même les mains à la pâte ». « Vous allez vous moquer de moi, ce peintre qui vous empêche de me voir (elle voulait parler de Ver Meer), je n'avais jamais entendu parler de lui ; vit-il encore ? Est-ce qu'on peut voir de ses œuvres à Paris, pour que je puisse me représenter ce que vous aimez, deviner un peu ce qu'il y a sous ce grand front qui travaille tant, dans cette tête qu'on sent toujours en train de réfléchir, me dire : voilà, c'est à cela qu'il est en train de penser. Quel rêve ce serait d'être mêlée à vos travaux ! » Il s'était excusé sur sa peur des amitiés nouvelles, ce qu'il avait appelé, par galanterie, sa peur d'être malheureux. « Vous avez peur d'une affection ? comme c'est drôle, moi qui ne cherche que cela, qui donnerais ma vie pour en trouver une, avait-elle dit d'une voix si naturelle, si convaincue, qu'il en avait été remué. Vous avez dû souffrir par une femme. Et vous

---

1. *Jan Vermeer* (1632-1675) : peintre hollandais. Sa *Vue de Delft* est célèbre, Proust la considère comme « le plus beau tableau du monde ».

2. *Comme la grenouille devant l'aréopage* : l'aréopage est une assemblée de juges, de savants et d'hommes de lettres très compétents. Il ne faut voir ici aucune référence à une fable de La Fontaine ni à aucun fabuliste ancien ou moderne.

croyez que les autres sont comme elle. Elle n'a pas su vous comprendre ; vous êtes un être si à part. C'est cela que j'ai aimé d'abord en vous, j'ai bien senti que vous n'étiez pas comme tout le monde.

— Et puis d'ailleurs vous aussi, lui avait-il dit, je sais bien ce que c'est que les femmes, vous devez avoir des tas d'occupations, être peu libre.

— Moi je n'ai jamais rien à faire ! Je suis toujours libre, je le serai toujours pour vous. À n'importe quelle heure du jour ou de la nuit où il pourrait vous être commode de me voir, faites-moi chercher, et je serai trop heureuse d'accourir. Le ferez-vous ? Savez-vous ce qui serait gentil, ce serait de vous faire présenter à Mme Verdurin chez qui je vais tous les soirs. Croyez-vous ! si on s'y retrouvait et si je pensais que c'est un peu pour moi que vous y êtes !

Et sans doute, en se rappelant ainsi leurs entretiens, en pensant ainsi à elle quand il était seul, il faisait seulement jouer son image entre beaucoup d'autres images de femmes dans des rêveries romanesques ; mais, si grâce à une circonstance quelconque (ou même peut-être sans que ce fût grâce à elle, la circonstance qui se présente au moment où un état, latent jusque-là, se déclare, pouvant n'avoir influé en rien sur lui) l'image d'Odette de Crécy venait à absorber toutes ces rêveries, si celles-ci n'étaient plus séparables de son souvenir, alors l'imperfection de son corps ne garderait plus aucune importance, ni qu'il eût été, plus ou moins qu'un autre corps, selon le goût de Swann, puisque, devenu le corps de celle qu'il aimait, il serait désormais le seul qui fût capable de lui causer des joies et des tourments.

Mon grand-père avait précisément connu, ce qu'on n'aurait pu dire d'aucun de leurs amis actuels, la famille de ces Verdurin. Mais il avait perdu toute relation avec celui qu'il appelait le « jeune Verdurin » et qu'il considérait, un peu en gros, comme tombé — tout en gardant de nombreux millions — dans la bohème et la racaille. Un jour il reçut une lettre de Swann lui demandant s'il ne pourrait pas le mettre en rapport avec les Verdurin : « À la garde ! à la garde ! s'était écrié mon grand-père, ça ne m'étonne pas du tout, c'est bien par là que devait finir Swann. Joli milieu ! D'abord je ne peux pas faire ce qu'il me demande, parce que je ne connais plus ce monsieur. Et puis ça doit cacher une histoire de femme, je ne me mêle pas de ces affaires-là. Ah bien ! nous allons avoir de l'agrément, si Swann s'affuble des petits Verdurin. »

Et sur la réponse négative de mon grand-père, c'est Odette qui avait amené elle-même Swann chez les Verdurin.

Les Verdurin avaient eu à dîner, le jour où Swann y fit ses débuts, le docteur et Mme Cottard, le jeune pianiste et sa tante, et le peintre qui avait alors leur faveur, auxquels s'étaient joints dans la soirée quelques autres fidèles.

Le docteur Cottard ne savait jamais d'une façon certaine de quel ton il devait répondre à quelqu'un, si son interlocuteur voulait rire ou était sérieux. Et à tout hasard il ajoutait à toutes ses expressions de physionomie l'offre d'un sourire conditionnel et provisoire dont la finesse expectante le disculperait du reproche de naïveté, si le propos qu'on lui avait tenu se trouvait avoir été facétieux. Mais comme, pour faire face à l'hypothèse opposée, il n'osait pas laisser ce sourire s'affirmer nettement sur son visage, on y voyait flotter perpétuellement une incertitude où se lisait la question qu'il n'osait pas poser : « Dites-vous cela pour de bon ? » Il n'était pas plus assuré de la façon dont il devait se comporter dans la rue, et même en général dans la vie, que dans un salon, et on le voyait opposer aux passants, aux voitures, aux événements un malicieux sourire qui ôtait d'avance à son attitude toute impropriété, puisqu'il prouvait, si elle n'était pas de mise, qu'il le savait bien et que s'il avait adopté celle-là, c'était par plaisanterie.

Sur tous les points cependant où une franche question lui semblait permise, le docteur ne se faisait pas faute de s'efforcer de restreindre le champ de ses doutes et de compléter son instruction.

C'est ainsi que, sur les conseils qu'une mère prévoyante lui avait donnés quand il avait quitté sa province, il ne laissait jamais passer soit une locution ou un nom propre qui lui étaient inconnus, sans tâcher de se faire documenter sur eux.

Pour les locutions, il était insatiable de renseignements, car, leur supposant parfois un sens plus précis qu'elles n'ont, il eût désiré savoir ce qu'on voulait dire exactement par celles qu'il entendait le plus souvent employer : la beauté du diable, du sang bleu, une vie de bâton de chaise [1], le quart d'heure de Rabelais [2], être le prince des élégances, donner carte blanche, être réduit à quia, etc., et dans quels cas déterminés il pouvait à son tour les faire figurer dans ses propos. À leur défaut il plaçait des jeux de mots qu'il avait appris. Quant aux noms de personnes nouveaux qu'on prononçait devant lui, il se contentait seulement de les répéter sur un ton interrogatif qu'il pensait suffisant pour lui valoir des explications qu'il

1. *Une vie de bâton de chaise* : une vie déréglée, mouvementée.
2. *Le quart d'heure de Rabelais* : avoir un mauvais quart d'heure; tiré d'un épisode de la vie de Rabelais (1494-1553) qui, se trouvant à Rome dans des difficultés financières, se fit arrêter et ramener à Paris en fourgon cellulaire, aux frais de l'État, en attendant d'être libéré par François Ier.

n'aurait pas l'air de demander.

Comme le sens critique qu'il croyait exercer sur tout lui faisait complètement défaut, le raffinement de politesse qui consiste à affirmer à quelqu'un qu'on oblige, sans souhaiter d'en être cru, que c'est à lui qu'on a obligation, était peine perdue avec lui, il prenait tout au pied de la lettre. Quel que fût l'aveuglement de Mme Verdurin à son égard, elle avait fini, tout en continuant à le trouver très fin, par être agacée de voir que quand elle l'invitait dans une avant-scène à entendre Sarah Bernhardt, lui disant, pour plus de grâce : « Vous êtes trop aimable d'être venu, Docteur, d'autant plus que je suis sûre que vous avez déjà souvent entendu Sarah Bernhardt, et puis nous sommes peut-être trop près de la scène », le docteur Cottard, qui était entré dans la loge avec un sourire qui attendait pour se préciser ou pour disparaître que quelqu'un d'autorisé le renseignât sur la valeur du spectacle, lui répondait : « En effet, on est beaucoup trop près et on commence à être fatigué de Sarah Bernhardt [1]. Mais vous m'avez exprimé le désir que je vienne. Pour moi vos désirs sont des ordres. Je suis trop heureux de vous rendre ce petit service. Que ne ferait-on pas pour vous être agréable, vous êtes si bonne ! » Et il ajoutait : « Sarah Bernhardt, c'est bien la Voix d'Or, n'est-ce pas ? On écrit souvent aussi qu'elle brûle les planches [2]. C'est une expression bizarre, n'est-ce pas ? » dans l'espoir de commentaires qui ne venaient point.

« Tu sais, avait dit Mme Verdurin à son mari, je crois que nous faisons fausse route quand par modestie nous

---

1. *Sarah Bernhardt* : célèbre actrice de théâtre (1844-1923), interprète d'une inoubliable Phèdre.

2. *Brûler les planches* : jouer avec une fougue communicative.

déprécions ce que nous offrons au docteur. C'est un savant qui vit en dehors de l'existence pratique, il ne connaît pas par lui-même la valeur des choses et il s'en rapporte à ce que nous lui en disons. — Je n'avais pas osé te le dire, mais je l'avais remarqué », répondit M. Verdurin. Et au Jour de l'an suivant, au lieu d'envoyer au docteur Cottard un rubis de trois mille francs en lui disant que c'était bien peu de chose, M. Verdurin acheta pour trois cents francs une pierre reconstituée en laissant entendre qu'on pouvait difficilement en voir d'aussi belle.

Quand Mme Verdurin avait annoncé qu'on aurait, dans la soirée, M. Swann : « Swann ? » s'était écrié le docteur d'un accent rendu brutal par la surprise, car la moindre nouvelle prenait toujours plus au dépourvu que quiconque cet homme qui se croyait perpétuellement préparé à tout. Et voyant qu'on ne lui répondait pas : « Swann ? Qui ça, Swann ! » hurla-t-il au comble d'une anxiété qui se détendit soudain quand Mme Verdurin eut dit : « Mais l'ami dont Odette nous avait parlé. — Ah ! bon, bon, ça va bien », répondit le docteur apaisé. Quant au peintre, il se réjouissait de l'introduction de Swann chez Mme Verdurin, parce qu'il le supposait amoureux d'Odette et qu'il aimait à favoriser les liaisons. « Rien ne m'amuse comme de faire des mariages, confiait-il dans l'oreille au docteur Cottard, j'en ai déjà réussi beaucoup, même entre femmes ! »

En disant aux Verdurin que Swann était très « *smart* », Odette leur avait fait craindre un « ennuyeux ». Il leur fit, au contraire, une excellente impression dont, à leur insu, sa fréquentation dans la société élégante était une des causes indirectes. Il avait, en effet, sur les hommes même intelligents qui ne sont jamais allés dans le monde une des supériorités de ceux qui y ont un peu vécu, qui est de ne plus le transfigurer par le désir ou par l'horreur qu'il inspire à l'imagination, de le considérer comme sans aucune importance. Leur amabilité, séparée de tout snobisme et de la peur de paraître trop aimable, devenue indépendante, a cette aisance, cette grâce des mouvements de ceux dont les membres assouplis exécutent exactement ce qu'ils veulent, sans participation indiscrète et maladroite du reste du corps. La simple gymnastique élémentaire de l'homme du monde tendant la main avec bonne grâce au jeune homme inconnu qu'on lui présente et s'inclinant avec réserve devant l'ambassadeur à qui on le présente, avait fini par passer, sans qu'il en fût conscient, dans toute l'attitude sociale de Swann, qui vis-à-vis de gens d'un milieu inférieur au sien comme étaient les Verdurin et leurs amis, fit instinctivement montre d'un empressement, se livra à des avances, dont selon eux un ennuyeux se fût abstenu. Il n'eut un moment de froideur qu'avec le docteur Cottard : en le voyant lui cligner de l'œil et lui sourire d'un air ambigu avant qu'ils se fussent encore parlé (mimique que Cottard appelait « laisser venir »), Swann crut que le docteur le connaissait sans doute pour s'être trouvé avec lui en quelque lieu de plaisir, bien que lui-même y allât pourtant fort peu, n'ayant jamais vécu dans le monde de la noce. Trouvant l'allusion de mauvais goût, surtout en présence d'Odette qui pourrait en prendre une mauvaise idée de lui, il affecta un air glacial. Mais quand il apprit qu'une dame qui se trouvait près de lui était Mme Cottard, il pensa qu'un mari aussi jeune n'aurait pas cherché à faire allusion devant sa femme à des divertissements de ce genre ; et il cessa de donner à l'air entendu du docteur la signification qu'il redoutait.

Le peintre[1] invita tout de suite Swann à venir avec Odette à son atelier ; Swann le trouva gentil. « Peut-être qu'on vous favorisera plus que moi, dit Mme Verdurin, sur un ton qui feignait d'être piqué, et qu'on vous montrera le portrait de Cottard (elle l'avait commandé au peintre). Pensez bien, " monsieur " Biche, rappela-t-elle au peintre, à qui c'était une plaisanterie consacrée de dire monsieur, à rendre le joli regard, le petit côté fin, amusant, de l'œil. Vous savez que ce que je veux surtout avoir, c'est son sourire ; ce que je vous ai demandé, c'est le portrait de son sourire. » Et comme cette expression lui sembla remarquable, elle la répéta très haut pour être sûre que plusieurs invités l'eussent entendue, et même, sous un prétexte vague, en fit d'abord rapprocher quelques-uns. Swann demanda à faire la connaissance de tout le monde, même d'un vieil ami des Verdurin, Saniette, à qui sa timidité, sa simplicité et son bon cœur avaient fait perdre partout la considération que lui avaient value sa science d'archiviste, sa grosse fortune, et la famille distinguée dont il sortait. Il avait dans la bouche, en parlant, une bouillie[2] qui était adorable parce qu'on sentait qu'elle trahissait moins un défaut de la langue qu'une qualité de l'âme, comme un reste de l'innocence du premier âge qu'il n'avait jamais perdue. Toutes les consonnes qu'il ne pouvait prononcer figuraient comme autant de duretés dont il était incapable. En demandant à être présenté à M. Saniette, Swann fit à Mme Verdurin l'effet de renverser les rôles (au point qu'en réponse, elle dit en insistant sur la différence : « Monsieur

---

1. *Le peintre* : c'est Elstir, anonyme dans *Un amour de Swann*, ou bien appelé par son surnom, Biche.

2. *Bouillie* (f.) : de bouillir ; aliment plus ou moins épais fait de lait ou de farine cuits ensemble.

Swann, voudriez-vous avoir la bonté de me permettre de vous présenter notre ami Saniette »), mais excita chez Saniette une sympathie ardente que d'ailleurs les Verdurin ne révélèrent jamais à Swann, car Saniette les agaçait un peu, et ils ne tenaient pas à lui faire des amis. Mais, en revanche, Swann les toucha infiniment en croyant devoir demander tout de suite à faire la connaissance de la tante du pianiste. En robe noire comme toujours, parce qu'elle croyait qu'en noir on est toujours bien et que c'est ce qu'il y a de plus distingué, elle avait le visage excessivement rouge comme chaque fois qu'elle venait de manger. Elle s'inclina devant Swann avec respect, mais se redressa avec majesté. Comme elle n'avait aucune instruction et avait peur de faire des fautes de français, elle prononçait exprès d'une manière confuse, pensant que, si elle lâchait un cuir[1], il serait estompé d'un tel vague qu'on ne pourrait le distinguer avec certitude, de sorte que sa conversation n'était qu'un graillonnement[2] indistinct, duquel émergeaient de temps à autre les rares vocables dont elle se sentait sûre. Swann crut pouvoir se moquer légèrement d'elle en parlant à M. Verdurin, lequel au contraire fut piqué.

« C'est une si excellente femme, répondit-il. Je vous accorde qu'elle n'est pas étourdissante ; mais je vous assure qu'elle est agréable quand on cause seul avec elle. — Je n'en doute pas, s'empressa de concéder Swann. Je voulais dire qu'elle ne me semblait pas " éminente ", ajouta-t-il en détachant cet adjectif, et en somme c'est plutôt un compliment ! — Tenez, dit M. Verdurin, je vais vous étonner, elle écrit d'une

---

1. *Lâcher un cuir* : faire une faute de langage qui consiste à lier les mots d'une façon incorrecte.
2. *Graillonnement* (m.) : de graillonner ; parler d'une voix rauque.

manière charmante. Vous n'avez jamais entendu son neveu ? c'est admirable, n'est-ce pas, Docteur ? Voulez vous que je lui demande de jouer quelque chose, monsieur Swann ? — Mais ce sera un bonheur... », commençait à répondre Swann, quand le docteur l'interrompit d'un air moqueur. En effet, ayant retenu que dans la conversation l'emphase, l'emploi de formes solennelles, était suranné, dès qu'il entendait un mot grave dit sérieusement comme venait de l'être le mot « bonheur », il croyait que celui qui l'avait prononcé venait de se montrer prudhommesque[1]. Et si, de plus, ce mot se trouvait figurer par hasard dans ce qu'il appelait un vieux cliché, si courant que ce mot fût d'ailleurs, le docteur supposait que la phrase commencée était ridicule et la terminait ironiquement par le lieu commun qu'il semblait accuser son interlocuteur d'avoir voulu placer, alors que celui-ci n'y avait jamais pensé.

— Un bonheur pour la France ! s'écria-t-il malicieusement en levant les bras avec emphase.

M. Verdurin ne put s'empêcher de rire.

— Qu'est-ce qu'ils ont à rire, toutes ces bonnes gens-là, on a l'air de ne pas engendrer la mélancolie dans votre petit coin là-bas, s'écria Mme Verdurin. Si vous croyez que je m'amuse, moi, à rester toute seule en pénitence, ajouta-t-elle sur un ton dépité, en faisant l'enfant.

Mme Verdurin était assise sur un haut siège suédois en sapin ciré, qu'un violoniste de ce pays lui avait donné et qu'elle conservait, quoiqu'il rappelât la forme d'un escabeau et jurât avec les beaux meubles anciens

---

1. *Prudhommesque*: pédant, médiocre, emphatique et ridicule. D'après Prudhomme, personnage créé par l'écrivain H. Monnier.

qu'elle avait, mais elle tenait à garder en évidence les
cadeaux que les fidèles avaient l'habitude de lui faire
de temps en temps, afin que les donateurs eussent le
plaisir de les reconnaître quand ils venaient. Aussi
tâchait-elle de persuader qu'on s'en tînt aux fleurs et
aux bonbons, qui du moins se détruisent ; mais elle n'y
réussissait pas, et c'était chez elle une collection de
chauffe-pieds, de coussins, de pendules, de paravents,
de baromètres, de potiches, dans une accumulation de
redites et un disparate d'étrennes.

De ce poste élevé elle participait avec entrain à la
conversation des fidèles et s'égayait de leurs
« fumisteries[1] », mais depuis l'accident qui était arrivé à
sa mâchoire, elle avait renoncé à prendre la peine de
pouffer[2] effectivement et se livrait à la place à une
mimique conventionnelle qui signifiait, sans fatigue ni
risques pour elle, qu'elle riait aux larmes. Au moindre
mot que lâchait un habitué contre un ennuyeux ou
contre un ancien habitué rejeté au camp des ennuyeux
— et pour le plus grand désespoir de M. Verdurin qui
avait eu longtemps la prétention d'être aussi aimable
que sa femme, mais qui riant pour de bon s'essoufflait
vite et avait été distancé et vaincu par cette ruse d'une
incessante et fictive hilarité — elle poussait un petit cri,
fermait entièrement ses yeux d'oiseau qu'une taie
commençait à voiler, et brusquement, comme si elle
n'eût eu que le temps de cacher un spectacle indécent
ou de parer à un accès mortel, plongeant sa figure dans
ses mains qui la recouvraient et n'en laissaient plus rien
voir, elle avait l'air de s'efforcer de réprimer, d'anéantir
un rire qui, si elle s'y fût abandonnée, l'eût conduite à

---

1. *Fumisterie* (f.) : tour, plaisanterie, action dépourvue de
   sérieux, mystification.
2. *Pouffer* : éclater de rire.

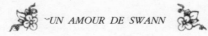

l'évanouissement. Telle, étourdie par la gaîté des fidèles, ivre de camaraderie, de médisance et d'assentiment, Mme Verdurin, juchée sur son perchoir, pareille à un oiseau dont on eût trempé le colifichet [1] dans du vin chaud, sanglotait d'amabilité.

Cependant M. Verdurin, après avoir demandé à Swann la permission d'allumer sa pipe (« ici on ne se gêne pas, on est entre camarades »), priait le jeune artiste de se mettre au piano.

— Allons, voyons, ne l'ennuie pas, il n'est pas ici pour être tourmenté, s'écria Mme Verdurin, je ne veux pas qu'on le tourmente, moi !

— Mais pourquoi veux-tu que ça l'ennuie ? dit M. Verdurin, M. Swann ne connaît peut-être pas la sonate en *fa* dièse [2] que nous avons découverte, il va nous jouer l'arrangement pour piano.

— Ah ! non, non, pas ma sonate ! cria Mme Verdurin, je n'ai pas envie à force de pleurer de me fiche un rhume de cerveau avec névralgies faciales, comme la dernière fois ; merci du cadeau, je ne tiens pas à recommencer ; vous êtes bons vous autres, on voit bien que ce n'est pas vous qui garderez le lit huit jours !

Cette petite scène qui se renouvelait chaque fois que le pianiste allait jouer enchantait les amis aussi bien que si elle avait été nouvelle, comme une preuve de la séduisante originalité de la « Patronne » et de sa sensibilité musicale. Ceux qui étaient près d'elle faisaient signe à ceux qui plus loin fumaient ou jouaient

---

1. *Colifichet* (m.) : ornement qu'on « fichait » sur la coiffe.
2. *La sonate de Vinteuil* : avec sa « petite phrase », elle est une des œuvres imaginaires de la *Recherche*, avec les livres de Bergotte et les tableaux d'Elstir. Dans *Un amour de Swann* elle marque les étapes de la passion amoureuse de Swann pour Odette et lie la structure de l'ensemble du récit.

aux cartes, de se rapprocher, qu'il se passait quelque chose, leur disant comme on fait au Reichstag[1] dans les moments intéressants : « Écoutez, écoutez. » Et le lendemain on donnait des regrets à ceux qui n'avaient pas pu venir en leur disant que la scène avait été encore plus amusante que d'habitude.

— Eh bien ! voyons, c'est entendu, dit M. Verdurin, il ne jouera que l'andante.

— Que l'andante, comme tu y vas ! s'écria Mme Verdurin. C'est justement l'andante qui me casse bras et jambes. Il est vraiment superbe, le Patron ! C'est comme si dans la *Neuvième* il disait : nous n'entendrons que le finale, ou dans *les Maîtres*[2] que l'ouverture.

Le docteur, cependant, poussait Mme Verdurin à laisser jouer le pianiste, non pas qu'il crût feints les troubles que la musique lui donnait — il y reconnaissait certains états neurasthéniques — mais par cette habitude qu'ont beaucoup de médecins de faire fléchir immédiatement la sévérité de leurs prescriptions dès qu'est en jeu, chose qui leur semble beaucoup plus importante, quelque réunion mondaine dont ils font partie et dont la personne à qui ils conseillent d'oublier pour une fois sa dyspepsie ou sa grippe, est un des facteurs essentiels.

— Vous ne serez pas malade cette fois-ci, vous verrez, dit-il en cherchant à la suggestionner du regard. Et si vous êtes malade, nous vous soignerons.

— Bien vrai ? répondit Mme Verdurin, comme si devant l'espérance d'une telle faveur il n'y avait plus qu'à capituler. Peut-être aussi, à force de dire qu'elle serait malade, y avait-il des moments où elle ne se

---

1. *Reichstag* (m.) : à partir de la fondation du Premier Reich (1871), le Parlement allemand.
2. *La Neuvième, les Maîtres* : il s'agit de la *Neuvième Symphonie* de Beethoven et des *Maîtres chanteurs* de Wagner.

rappelait plus que c'était un mensonge et prenait une âme de malade. Or ceux-ci, fatigués d'être toujours obligés de faire dépendre de leur sagesse la rareté de leurs accès, aiment se laisser aller à croire qu'ils pourront faire impunément tout ce qui leur plaît et leur fait mal d'habitude, à condition de se remettre en les mains d'un être puissant qui, sans qu'ils aient aucune peine à prendre, d'un mot ou d'une pilule les remettra sur pied.

Odette était allée s'asseoir sur un canapé de tapisserie qui était près du piano :

— Vous savez, j'ai ma petite place, dit-elle à Mme Verdurin.

Celle-ci, voyant Swann sur une chaise, le fit lever :

— Vous n'êtes pas bien là, allez donc vous mettre à côté d'Odette, n'est-ce pas Odette, vous ferez bien une place à M. Swann ?

— Quel joli Beauvais [1], dit avant de s'asseoir Swann qui cherchait à être aimable.

— Ah ! je suis contente que vous appréciiez mon canapé, répondit Mme Verdurin. Et je vous préviens que si vous voulez en voir d'aussi beau, vous pouvez y renoncer tout de suite. Jamais ils n'ont rien fait de pareil. Les petites chaises aussi sont des merveilles. Tout à l'heure vous regarderez cela. Chaque bronze correspond comme attribut au petit sujet du siège ; vous savez, vous avez de quoi vous amuser si vous voulez regarder cela, je vous promets un bon moment. Rien que les petites frises des bordures, tenez là, la petite vigne sur fond rouge de l'Ours et les Raisins. Est-ce

---

1. *Beauvais* (m.) : fauteuil ou canapé tapissé par la manufacture de Beauvais dirigée au XVIIIe siècle par Oudry et Boucher. Oudry y fit reproduire des scènes tirées des fables de La Fontaine, ici *L'Ours et l'Amateur de Jardins* (VIII, 10).

dessiné ? Qu'est-ce que vous en dites, je crois qu'ils le savaient plutôt, dessiner ! Est-elle assez appétissante cette vigne ? Mon mari prétend que je n'aime pas les fruits parce que j'en mange moins que lui. Mais non, je suis plus gourmande que vous tous, mais je n'ai pas besoin de me les mettre dans la bouche puisque je jouis par les yeux. Qu'est-ce que vous avez tous à rire ? Demandez au docteur, il vous dira que ces raisins-là me purgent. D'autres font des cures de Fontainebleau [1], moi je fais ma petite cure de Beauvais. Mais, monsieur Swann, vous ne partirez pas sans avoir touché les petits bronzes des dossiers. Est-ce assez doux comme patine ? Mais non, à pleines mains, touchez-les bien.

— Ah ! si madame Verdurin commence à peloter [2] les bronzes, nous n'entendrons pas de musique ce soir, dit le peintre.

— Taisez-vous, vous êtes un vilain. Au fond, dit-elle en se tournant vers Swann, on nous défend à nous autres femmes des choses moins voluptueuses que cela. Mais il n'y a pas une chair comparable à cela ! Quand M. Verdurin me faisait l'honneur d'être jaloux de moi — allons, sois poli au moins, ne dis pas que tu ne l'as jamais été...

— Mais je ne dis absolument rien. Voyons, Docteur, je vous prends à témoin : est-ce que j'ai dit quelque chose ?

Swann palpait les bronzes par politesse et n'osait pas cesser tout de suite.

— Allons, vous les caresserez plus tard ; maintenant c'est vous qu'on va caresser, qu'on va caresser dans l'oreille ; vous aimez cela, je pense ; voilà un petit jeune

---

1 . *Le chasselas de Fontainebleau* : un vignoble qui produit du raisin ayant des propriétés thérapeutiques.

2 . *Peloter* : caresser, toucher.

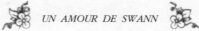

homme qui va s'en charger.

Or quand le pianiste eut joué, Swann fut plus aimable encore avec lui qu'avec les autres personnes qui se trouvaient là. Voici pourquoi :

L'année précédente, dans une soirée, il avait entendu une œuvre musicale exécutée au piano et au violon. D'abord, il n'avait goûté que la qualité matérielle des sons sécrétés par les instruments. Et ç'avait déjà été un grand plaisir quand, au-dessous de la petite ligne du violon, mince, résistante, dense et directrice, il avait vu tout d'un coup chercher à s'élever en un clapotement liquide, la masse de la partie de piano, multiforme, indivise, plane et entrechoquée [1] comme la mauve agitation des flots que charme et bémolise [2] le clair de lune. Mais à un moment donné, sans pouvoir nettement distinguer un contour, donner un nom à ce qui lui plaisait, charmé tout d'un coup, il avait cherché à recueillir la phrase ou l'harmonie — il ne savait lui-même — qui passait et qui lui avait ouvert plus largement l'âme comme certaines odeurs de roses circulant dans l'air humide du soir ont la propriété de dilater nos narines. Peut-être est-ce parce qu'il ne savait pas la musique qu'il avait pu éprouver une impression aussi confuse, une de ces impressions qui sont peut-être pourtant les seules purement musicales, inétendues, entièrement originales, irréductibles à tout autre ordre d'impressions. Une impression de ce genre, pendant un instant, est pour ainsi dire *sine materia*. Sans doute les notes que nous entendons alors, tendent déjà, selon

1. *La petite ligne du violon mince, résistante, dense et directrice,* [...] *la masse de la partie de piano, multiforme, indivise, plane et entrechoquée* : exemple de phrase à rythme quaternaire, typique du style proustien.

2. *Bémoliser* : de bémol, mettre plusieurs bémols; altérer, adoucir.

leur hauteur et leur quantité, à couvrir devant nos yeux des surfaces de dimensions variées, à tracer des arabesques, à nous donner des sensations de largeur, de ténuité, de stabilité, de caprice. Mais les notes sont évanouies avant que ces sensations soient assez formées en nous pour ne pas être submergées par celles qu'éveillent déjà les notes suivantes ou même simultanées. Et cette impression continuerait à envelopper de sa liquidité et de son « fondu » les motifs qui par instants en émergent, à peine discernables, pour plonger aussitôt et disparaître, connus seulement par le plaisir particulier qu'ils donnent, impossibles à décrire, à se rappeler, à nommer, ineffables — si la mémoire, comme un ouvrier qui travaille à établir des fondations durables au milieu des flots, en fabriquant pour nous des fac-similés de ces phrases fugitives, ne nous permettait de les comparer à celles qui leur succèdent et de les différencier. Ainsi, à peine la sensation délicieuse que Swann avait ressentie était-elle expirée, que sa mémoire lui en avait fourni séance tenante une transcription sommaire et provisoire, mais sur laquelle il avait jeté les yeux tandis que le morceau continuait, si bien que, quand la même impression était tout d'un coup revenue, elle n'était déjà plus insaisissable. Il s'en représentait l'étendue, les groupements symétriques, la graphie, la valeur expressive ; il avait devant lui cette chose qui n'est plus de la musique pure, qui est du dessin, de l'architecture, de la pensée, et qui permet de se rappeler la musique. Cette fois il avait distingué nettement une phrase s'élevant pendant quelques instants au-dessus des ondes sonores. Elle lui avait proposé aussitôt des voluptés particulières, dont il n'avait jamais eu l'idée avant de l'entendre, dont il sentait que rien autre qu'elle ne pourrait les lui faire connaître, et il avait éprouvé pour elle comme un

amour inconnu.

D'un rythme lent elle le dirigeait ici d'abord, puis là, puis ailleurs, vers un bonheur noble, intelligible et précis. Et tout d'un coup, au point où elle était arrivée et d'où il se préparait à la suivre, après une pause d'un instant, brusquement elle changeait de direction, et d'un mouvement nouveau, plus rapide, menu, mélancolique, incessant et doux, elle l'entraînait avec elle vers des perspectives inconnues. Puis elle disparut. Il souhaita passionnément la revoir une troisième fois. Et elle reparut en effet, mais sans lui parler plus clairement, en lui causant même une volupté moins profonde. Mais, rentré chez lui, il eut besoin d'elle : il était comme un homme dans la vie de qui une passante [1] qu'il a aperçue un moment vient de faire entrer l'image d'une beauté nouvelle qui donne à sa propre sensibilité une valeur plus grande, sans qu'il sache seulement s'il pourra revoir jamais celle qu'il aime déjà et dont il ignore jusqu'au nom.

Même cet amour pour une phrase musicale sembla un instant devoir amorcer chez Swann la possibilité d'une sorte de rajeunissement. Depuis si longtemps il avait renoncé à appliquer sa vie à un but idéal et la bornait à la poursuite de satisfactions quotidiennes, qu'il croyait, sans jamais se le dire formellement, que cela ne changerait plus jusqu'à sa mort ; bien plus, ne se sentant plus d'idées élevées dans l'esprit, il avait cessé de croire à leur réalité, sans pouvoir non plus la nier tout à fait. Aussi avait-il pris l'habitude de se réfugier

1. *Passante* : la figure de la passante achève les réflexions de Swann sur sa première audition de la sonate de Vinteuil. Il s'agit d'une sorte d'initiation amoureuse que le narrateur se complaît à comparer à l'image de la passante baudelairienne (Cf. le poème « À une passante », dans la section Tableaux parisiens des *Fleurs du mal*).

dans des pensées sans importance qui lui permettaient de laisser de côté le fond des choses. De même qu'il ne se demandait pas s'il n'eût pas mieux fait de ne pas aller dans le monde, mais en revanche savait avec certitude que s'il avait accepté une invitation il devait s'y rendre et que, s'il ne faisait pas de visite après, il lui fallait laisser des cartes, de même dans sa conversation il s'efforçait de ne jamais exprimer avec cœur une opinion intime sur les choses, mais de fournir des détails matériels qui valaient en quelque sorte par eux-mêmes et lui permettaient de ne pas donner sa mesure. Il était extrêmement précis pour une recette de cuisine, pour la date de la naissance ou de la mort d'un peintre, pour la nomenclature de ses œuvres. Parfois, malgré tout, il se laissait aller à émettre un jugement sur une œuvre, sur une manière de comprendre la vie, mais il donnait alors à ses paroles un ton ironique comme s'il n'adhérait pas tout entier à ce qu'il disait. Or, comme certains valétudinaires chez qui, tout d'un coup, un pays où ils sont arrivés, un régime différent, quelquefois une évolution organique, spontanée et mystérieuse, semblent amener une telle régression de leur mal qu'ils commencent à envisager la possibilité inespérée de commencer sur le tard une vie toute différente, Swann trouvait en lui, dans le souvenir de la phrase qu'il avait entendue, dans certaines sonates qu'il s'était fait jouer, pour voir s'il ne l'y découvrirait pas, la présence d'une de ces réalités invisibles auxquelles il avait cessé de croire et auxquelles, comme si la musique avait eu sur la sécheresse morale dont il souffrait une sorte d'influence élective, il se sentait de nouveau le désir et presque la force de consacrer sa vie. Mais, n'étant pas arrivé à savoir de qui était l'œuvre qu'il avait entendue, il n'avait pu se la procurer et avait fini par l'oublier. Il avait bien rencontré dans la semaine quelques personnes qui se trouvaient comme lui à cette soirée et les avait interrogées ; mais plusieurs étaient arrivées après la musique ou parties avant ; certaines pourtant étaient là pendant qu'on l'exécutait, mais étaient allées causer dans un autre salon, et d'autres, restées à écouter, n'avaient pas entendu plus que les premières. Quant aux maîtres de maison, ils savaient que c'était une œuvre nouvelle que les artistes qu'ils avaient engagés avaient demandé à jouer ; ceux-ci étant partis en tournée, Swann ne put pas en savoir davantage. Il avait bien des amis musiciens, mais tout en se rappelant le plaisir spécial et intraduisible que lui avait fait la phrase, en voyant devant ses yeux les formes qu'elle dessinait, il était pourtant incapable de la leur chanter. Puis il cessa d'y penser.

Or, quelques minutes à peine après que le petit pianiste avait commencé de jouer chez Mme Verdurin, tout d'un coup, après une note haute longuement tenue pendant deux mesures, il vit approcher, s'échappant de sous cette sonorité prolongée et tendue comme un rideau sonore pour cacher le mystère de son incubation, il reconnut, secrète, bruissante et divisée, la phrase aérienne et odorante qu'il aimait[1]. Et elle était si particulière, elle avait un charme si individuel et qu'aucun autre n'aurait pu remplacer, que ce fut pour Swann comme s'il eût rencontré dans un salon ami une personne qu'il avait admirée dans la rue et désespérait de jamais retrouver. À la fin, elle s'éloigna, indicatrice, diligente parmi les ramifications de son parfum, laissant sur le visage de Swann le reflet de son sourire. Mais maintenant il pouvait demander le nom de son

---

1. *Il reconnut, secrète, bruissante et divisée, la phrase aérienne et odorante qu'il aimait* : exemple de la richesse des adjectifs proustiens, ici à rythme ternaire.

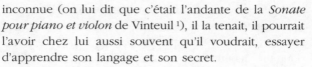

inconnue (on lui dit que c'était l'andante de la *Sonate pour piano et violon* de Vinteuil [1]), il la tenait, il pourrait l'avoir chez lui aussi souvent qu'il voudrait, essayer d'apprendre son langage et son secret.

Aussi quand le pianiste eut fini, Swann s'approcha-t-il de lui pour lui exprimer une reconnaissance dont la vivacité plut beaucoup à Mme Verdurin.

— Quel charmeur, n'est-ce pas, dit-elle à Swann ; la comprend-il assez, sa sonate, le petit misérable ? Vous ne saviez pas que le piano pouvait atteindre à ça. C'est tout, excepté du piano, ma parole ! Chaque fois j'y suis reprise, je crois entendre un orchestre. C'est même plus beau que l'orchestre, plus complet.

Le jeune pianiste s'inclina, et, souriant, soulignant les mots comme s'il avait fait un trait d'esprit :

— Vous êtes très indulgente pour moi, dit-il.

Et tandis que Mme Verdurin disait à son mari : « Allons, donne-lui de l'orangeade, il l'a bien méritée », Swann racontait à Odette comment il avait été amoureux de cette petite phrase. Quand Mme Verdurin, ayant dit d'un peu loin : « Eh bien ! il me semble qu'on est en train de vous dire de belles choses, Odette », elle répondit : « Oui, de très belles » et Swann trouva délicieuse sa simplicité. Cependant il demandait des renseignements sur Vinteuil, sur son œuvre, sur l'époque de sa vie où il avait composé cette sonate, sur ce qu'avait pu signifier pour lui la petite phrase, c'est cela surtout qu'il aurait voulu savoir.

Mais tous ces gens qui faisaient profession d'admirer ce musicien (quand Swann avait dit que sa sonate était vraiment belle, Mme Verdurin s'était écriée : « Je vous

---

1. *L'andante de la Sonate pour piano et violon de Vinteuil* : il deviendra désormais l'« air national » de l'amour de Swann pour Odette.

crois un peu qu'elle est belle ! Mais on n'avoue pas qu'on ne connaît pas la sonate de Vinteuil, on n'a pas le droit de ne pas la connaître », et le peintre avait ajouté : « Ah ! c'est tout à fait une très grande machine, n'est-ce pas ? Ce n'est pas, si vous voulez, la chose " cher " et " public "[1], n'est-ce pas ? mais c'est la très grosse impression pour les artistes »), ces gens semblaient ne s'être jamais posé ces questions, car ils furent incapables d'y répondre.

Même à une ou deux remarques particulières que fit Swann sur sa phrase préférée :

— Tiens, c'est amusant, je n'avais jamais fait attention ; je vous dirai que je n'aime pas beaucoup chercher la petite bête et m'égarer dans des pointes d'aiguilles ; on ne perd pas son temps à couper les cheveux en quatre ici, ce n'est pas le genre de la maison, répondit Mme Verdurin que le docteur Cottard regardait avec une admiration béate et un zèle studieux se jouer au milieu de ce flot d'expressions toutes faites. D'ailleurs lui et Mme Cottard, avec une sorte de bon sens comme en ont aussi certaines gens du peuple, se gardaient bien de donner une opinion ou de feindre l'admiration pour une musique qu'ils s'avouaient l'un à l'autre, une fois rentrés chez eux, ne pas plus comprendre que la peinture de « M. Biche ». Comme le public ne connaît du charme, de la grâce, des formes de la nature que ce qu'il en a puisé dans les poncifs[2] d'un art lentement assimilé et qu'un artiste original commence par rejeter ces poncifs, M. et Mme Cottard, image en cela du public, ne trouvaient ni dans la sonate de Vinteuil, ni dans les portraits du peintre, ce qui faisait

---

1. *" Cher " et " public "* : un spectacle à prix élevé et pour un grand nombre de spectateurs.
2. *Poncif* (m.) : art dénué d'originalité ; cliché, stéréotype.

pour eux l'harmonie de la musique et la beauté de la peinture. Il leur semblait quand le pianiste jouait la sonate qu'il accrochait au hasard sur le piano des notes que ne reliaient pas en effet les formes auxquelles ils étaient habitués, et que le peintre jetait au hasard des couleurs sur ses toiles. Quand dans celles-ci ils pouvaient reconnaître une forme, ils la trouvaient alourdie et vulgarisée (c'est-à-dire dépourvue de l'élégance de l'école de peinture à travers laquelle ils voyaient dans la rue même les êtres vivants), et sans vérité, comme si M. Biche n'eût pas su comment était construite une épaule et que les femmes n'ont pas les cheveux mauves.

Pourtant les fidèles s'étant dispersés, le docteur sentit qu'il y avait là une occasion propice et, pendant que Mme Verdurin disait un dernier mot sur la sonate de Vinteuil, comme un nageur débutant qui se jette à l'eau pour apprendre mais choisit un moment où il n'y a pas trop de monde pour le voir :

— Alors, c'est ce qu'on appelle un musicien *di primo cartello !* s'écria-t-il avec une brusque résolution.

Swann apprit seulement que l'apparition récente de la sonate de Vinteuil avait produit une grande impression dans une école de tendances très avancées, mais était entièrement inconnue du grand public.

— Je connais bien quelqu'un qui s'appelle Vinteuil, dit Swann, en pensant au professeur de piano des sœurs de ma grand-mère.

— C'est peut-être lui, s'écria Mme Verdurin.

— Oh ! non, répondit Swann en riant. Si vous l'aviez vu deux minutes, vous ne vous poseriez pas la question.

— Alors poser la question, c'est la résoudre ? dit le docteur.

— Mais ce pourrait être un parent, reprit Swann, cela serait assez triste, mais enfin un homme de génie peut être le cousin d'une vieille bête. Si cela était, j'avoue qu'il n'y a pas de supplice que je ne m'imposerais pour que la vieille bête me présentât à l'auteur de la sonate ; d'abord le supplice de fréquenter la vieille bête, et qui doit être affreux.

Le peintre savait que Vinteuil était à ce moment très malade et que le docteur Potain craignait de ne pouvoir le sauver.

— Comment, s'écria Mme Verdurin, il y a encore des gens qui se font soigner par Potain !

— Ah ! madame Verdurin, dit Cottard, sur un ton de marivaudage, vous oubliez que vous parlez d'un de mes confrères, je devrais dire un de mes maîtres.

Le peintre avait entendu dire que Vinteuil était menacé d'aliénation mentale. Et il assurait qu'on pouvait s'en apercevoir à certains passages de sa sonate. Swann ne trouva pas cette remarque absurde, mais elle le troubla ; car une œuvre de musique pure ne contenant aucun des rapports logiques dont l'altération dans le langage dénonce la folie, la folie reconnue dans une sonate lui paraissait quelque chose d'aussi mystérieux que la folie d'une chienne, la folie d'un cheval, qui pourtant s'observent en effet.

— Laissez-moi donc tranquille avec vos maîtres, vous en savez dix fois autant que lui, répondit Mme Verdurin au docteur Cottard, du ton d'une personne qui a le courage de ses opinions et tient bravement tête à ceux qui ne sont pas du même avis qu'elle. Vous ne tuez pas vos malades, vous au moins !

— Mais, Madame, il est de l'Académie, répliqua le docteur d'un ton ironique. Si un malade préfère mourir de la main d'un des princes de la science... C'est beaucoup plus chic de pouvoir dire : « C'est Potain qui

*Pendant la seconde moitié du XIXe siècle, les artères et places créées
par Haussmann au cœur de la capitale deviennent le centre de la vie parisienne.
Place du Châtelet, les soirées du Théâtre lyrique, où se produit Sarah Bernhardt
dès 1899, font courir le tout-Paris.*

me soigne. »

— Ah ! c'est plus chic ? dit Mme Verdurin. Alors il y a du chic dans les maladies, maintenant ? je ne savais pas ça... Ce que vous m'amusez ! s'écria-t-elle tout à coup en plongeant sa figure dans ses mains. Et moi, bonne bête qui discutais sérieusement, sans m'apercevoir que vous me faisiez monter à l'arbre.

Quant à M. Verdurin, trouvant que c'était un peu fatigant de se mettre à rire pour si peu, il se contenta de tirer une bouffée de sa pipe en songeant avec tristesse qu'il ne pouvait plus rattraper sa femme sur le terrain de l'amabilité.

— Vous savez que votre ami nous plaît beaucoup, dit Mme Verdurin à Odette, au moment où celle-ci lui souhaitait le bonsoir. Il est simple, charmant ; si vous n'avez jamais à nous présenter que des amis comme cela, vous pouvez les amener.

M. Verdurin fit remarquer que pourtant Swann n'avait pas apprécié la tante du pianiste.

— Il s'est senti un peu dépaysé, cet homme, répondit Mme Verdurin, tu ne voudrais pourtant pas que, la première fois, il ait déjà le ton de la maison comme Cottard qui fait partie de notre petit clan depuis plusieurs années. La première fois ne compte pas, c'était utile pour prendre langue. Odette, il est convenu qu'il viendra nous retrouver demain au Châtelet[1]. Si vous alliez le prendre ?

— Mais non, il ne veut pas.

— Ah ! enfin, comme vous voudrez. Pourvu qu'il n'aille pas lâcher au dernier moment !

À la grande surprise de Mme Verdurin, il ne lâcha

---

1. *Châtelet* : au théâtre du Châtelet, à partir de 1874, se tinrent tous les dimanches après-midi les Concerts Colonne.

jamais. Il allait les rejoindre n'importe où, quelquefois dans les restaurants de banlieue où on allait peu encore, car ce n'était pas la saison, plus souvent au théâtre, que Mme Verdurin aimait beaucoup ; et comme un jour, chez elle, elle dit devant lui que pour les soirs de premières, de galas, un coupe-file leur eût été fort utile, que cela les avait beaucoup gênés de ne pas en avoir le jour de l'enterrement de Gambetta [1], Swann qui ne parlait jamais de ses relations brillantes, mais seulement de celles mal cotées qu'il eût jugé peu délicat de cacher, et au nombre desquelles il avait pris dans le faubourg Saint-Germain l'habitude de ranger les relations avec le monde officiel, répondit :

— Je vous promets de m'en occuper, vous l'aurez à temps pour la reprise des *Danicheff* [2], je déjeune justement demain avec le Préfet de police à l'Élysée.

— Comment ça, à l'Élysée ? cria le docteur Cottard d'une voix tonnante.

— Oui, chez M. Grévy [3], répondit Swann, un peu gêné de l'effet que sa phrase avait produit.

Et le peintre dit au docteur en manière de plaisanterie :

— Ça vous prend souvent ?

Généralement, une fois l'explication donnée, Cottard

---

1. *Léon Gambetta* : homme d'État, protagoniste de la guerre antiprussienne en 1870, fondateur de la Troisième République, fut enterré le 6 janvier 1883. Ici Proust semble vouloir donner des repères précis à la chronologie externe du roman.

2. *Les Danicheff* : comédie en quatre actes d'Alexandre Dumas fils et Pierre de Corvin-Kroukowski, dont la première représentation a été donnée en 1876, à l'Odéon, et la reprise en 1884 au théâtre de la Porte Saint-Martin.

3. *Jules Grévy* (1807-1891) : il fut président de la République de 1879 à 1885.

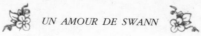

disait : « Ah ! bon, bon, ça va bien » et ne montrait plus trace d'émotion. Mais, cette fois-ci, les derniers mots de Swann, au lieu de lui procurer l'apaisement habituel, portèrent au comble son étonnement qu'un homme avec qui il dînait, qui n'avait ni fonctions officielles ni illustration d'aucune sorte, frayât avec le chef de l'État.

— Comment ça, M. Grévy ? Vous connaissez M. Grévy ? dit-il à Swann de l'air stupide et incrédule d'un municipal à qui un inconnu demande à voir le Président de la République et qui, comprenant par ces mots « à qui il a affaire », comme disent les journaux, assure au pauvre dément qu'il va être reçu à l'instant et le dirige sur l'Infirmerie spéciale du Dépôt.

— Je le connais un peu, nous avons des amis communs (il n'osa pas dire que c'était le prince de Galles), du reste il invite très facilement, et je vous assure que ces déjeuners n'ont rien d'amusant, ils sont d'ailleurs très simples, on n'est jamais plus de huit à table, répondit Swann qui tâchait d'effacer ce que semblaient avoir de trop éclatant, aux yeux de son interlocuteur, des relations avec le Président de la République.

Aussitôt Cottard, s'en rapportant aux paroles de Swann, adopta cette opinion, au sujet de la valeur d'une invitation chez M. Grévy, que c'était chose fort peu recherchée et qui courait les rues. Dès lors, il ne s'étonna plus que Swann, aussi bien qu'un autre, fréquentât l'Élysée, et même il le plaignait un peu d'aller à des déjeuners que l'invité avouait lui-même être ennuyeux.

— Ah ! bien, bien, ça va bien, dit-il sur le ton d'un douanier, méfiant tout à l'heure, mais qui, après vos explications, vous donne son visa et vous laisse passer sans ouvrir vos malles.

— Ah ! je vous crois qu'ils ne doivent pas être

amusants ces déjeuners, vous avez de la vertu d'y aller, dit Mme Verdurin à qui le Président de la République apparaissait comme un ennuyeux particulièrement redoutable parce qu'il disposait de moyens de séduction et de contrainte qui, employés à l'égard des fidèles, eussent été capables de les faire lâcher. Il paraît qu'il est sourd comme un pot et qu'il mange avec ses doigts.

— En effet, alors cela ne doit pas beaucoup vous amuser d'y aller, dit le docteur avec une nuance de commisération ; et, se rappelant le chiffre de huit convives : « Sont-ce des déjeuners intimes ? » demanda-t-il vivement avec un zèle de linguiste plus encore qu'une curiosité de badaud.

Mais le prestige qu'avait à ses yeux le Président de la République finit pourtant par triompher et de l'humilité de Swann et de la malveillance de Mme Verdurin, et à chaque dîner, Cottard demandait avec intérêt : « Verrons-nous ce soir M. Swann ? Il a des relations personnelles avec M. Grévy. C'est bien ce qu'on appelle un gentleman ? » Il alla même jusqu'à lui offrir une carte d'invitation pour l'exposition dentaire.

— Vous serez admis avec les personnes qui seront avec vous, mais on ne laisse pas entrer les chiens. Vous comprenez, je vous dis cela parce que j'ai eu des amis qui ne le savaient pas et qui s'en sont mordu les doigts.

Quant à M. Verdurin, il remarqua le mauvais effet qu'avait produit sur sa femme cette découverte que Swann avait des amitiés puissantes dont il n'avait jamais parlé.

Si l'on n'avait pas arrangé une partie au dehors, c'est chez les Verdurin que Swann retrouvait le petit noyau, mais il ne venait que le soir, et n'acceptait presque jamais à dîner malgré les instances d'Odette.

— Je pourrais même dîner seule avec vous, si vous

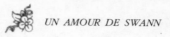

aimiez mieux cela, lui disait-elle.

— Et Mme Verdurin ?

— Oh ! ce serait bien simple. Je n'aurais qu'à dire que ma robe n'a pas été prête, que mon cab[1] est venu en retard. Il y a toujours moyen de s'arranger.

— Vous êtes gentille.

Mais Swann se disait que, s'il montrait à Odette (en consentant seulement à la retrouver après dîner) qu'il y avait des plaisirs qu'il préférait à celui d'être avec elle, le goût qu'elle ressentait pour lui ne connaîtrait pas de longtemps la satiété. Et, d'autre part, préférant infiniment à celle d'Odette la beauté d'une petite ouvrière fraîche et bouffie comme une rose et dont il était épris, il aimait mieux passer le commencement de la soirée avec elle, étant sûr de voir Odette ensuite. C'est pour les mêmes raisons qu'il n'acceptait jamais qu'Odette vînt le chercher pour aller chez les Verdurin. La petite ouvrière l'attendait près de chez lui à un coin de rue que son cocher Rémi connaissait, elle montait à côté de Swann et restait dans ses bras jusqu'au moment où la voiture l'arrêtait devant chez les Verdurin. À son entrée, tandis que Mme Verdurin montrant des roses qu'il avait envoyées le matin lui disait : « Je vous gronde » et lui indiquait une place à côté d'Odette, le pianiste jouait, pour eux deux, la petite phrase de Vinteuil qui était comme l'air national de leur amour[2]. Il commençait par la tenue des trémolos de violon que pendant quelques mesures on entend seuls, occupant tout le premier plan, puis tout d'un coup ils semblaient

---

1. *Cab* (m.) : voiture publique à chevaux, homologue anglais du français fiacre.

2. *L'air national de leur amour* : il marque le début de la passion amoureuse de Swann, donc la première phase de sa « maladie », première étape du récit.

s'écarter et, comme dans ces tableaux de Pieter de Hooch[1] qu'approfondit le cadre étroit d'une porte entrouverte, tout au loin, d'une couleur autre, dans le velouté d'une lumière interposée, la petite phrase apparaissait, dansante, pastorale, intercalée, épisodique, appartenant à un autre monde. Elle passait à plis simples et immortels, distribuant çà et là les dons de sa grâce, avec le même ineffable sourire ; mais Swann y croyait distinguer maintenant du désenchantement. Elle semblait connaître la vanité de ce bonheur dont elle montrait la voie. Dans sa grâce légère, elle avait quelque chose d'accompli, comme le détachement qui succède au regret. Mais peu lui importait, il la considérait moins en elle-même — en ce qu'elle pouvait exprimer pour un musicien qui ignorait l'existence et de lui et d'Odette quand il l'avait composée, et pour tous ceux qui l'entendraient dans des siècles — que comme un gage, un souvenir de son amour qui, même pour les Verdurin, pour le petit pianiste, faisait penser à Odette en même temps qu'à lui, les unissait ; c'était au point que, comme Odette, par caprice, l'en avait prié, il avait renoncé à son projet de se faire jouer par un artiste la sonate entière, dont il continua à ne connaître que ce passage. « Qu'avez-vous besoin du reste ? lui avait-elle dit. C'est ça *notre* morceau. » Et même, souffrant de songer, au moment où elle passait si proche et pourtant à l'infini, que tandis qu'elle s'adressait à eux, elle ne les connaissait pas, il regrettait presque qu'elle eût une signification, une beauté intrinsèque et fixe, étrangère à eux, comme en des

---

1. *Pieter de Hooch* (1629-1684) : peintre contemporain de Vermeer dont Proust a vu, au Louvre, un « intérieur » qui pourrait correspondre au cadre évoqué comme terme de comparaison pour l'apparition de la « petite phrase ».

bijoux donnés, ou même en des lettres écrites par une femme aimée, nous en voulons à l'eau de la gemme et aux mots du langage, de ne pas être faits uniquement de l'essence d'une liaison passagère et d'un être particulier.

Souvent il se trouvait qu'il s'était tant attardé avec la jeune ouvrière avant d'aller chez les Verdurin, qu'une fois la petite phrase jouée par le pianiste, Swann s'apercevait qu'il était bientôt l'heure qu'Odette rentrât. Il la reconduisait jusqu'à la porte de son petit hôtel, rue La Pérouse[1], derrière l'Arc de Triomphe. Et c'était peut-être à cause de cela, pour ne pas lui demander toutes les faveurs, qu'il sacrifiait le plaisir moins nécessaire pour lui de la voir plus tôt, d'arriver chez les Verdurin avec elle, à l'exercice de ce droit qu'elle lui reconnaissait de partir ensemble et auquel il attachait plus de prix, parce que, grâce à cela, il avait l'impression que personne ne la voyait, ne se mettait entre eux, ne l'empêchait d'être encore avec lui, après qu'il l'avait quittée.

---

1. *Rue La Pérouse* : dans le quartier de l'Étoile, entre les avenues Kléber et Iéna.

Pour faciliter l'analyse du texte, l'auteur de cette édition a retenu opportun de le diviser en trois parties.

Première partie
(pages 3 à 50)

Lectures

1. *Un Amour de Swann* est l'histoire de la passion amoureuse de Swann racontée à la troisième personne : identifiez le « je » du narrateur dans cette première section du texte. Où et comment se révèle-t-il et quels liens a-t-il avec le protagoniste de sa narration ?

2. Cherchez les points de repère chronologiques que l'auteur a disséminés dans le récit.

3. Situez l'histoire racontée dans cette première partie en relevant les informations liées à l'espace. Quels sont les lieux où se déroule le récit ?

4. Proust établit un lien entre fiction et réalité en réunissant dans son œuvre des personnages qui ont réellement vécu et des personnages imaginaires. Qui sont les artistes réels cités dans cette première partie du texte ?

5. Quelles sont les œuvres d'art réelles citées au cours de la narration ?

6. Le grand-père du narrateur aime s'adresser à la grande-mère en fredonnant : de quels airs et de quel message s'agit-il ?

7. Quelles sont les œuvres d'art imaginaires citées dans le récit ?

8. Analysez la structure double de la description de la *Sonate pour piano et violon* de Vinteuil : d'abord la réminiscence de Swann, ensuite son audition chez les Verdurin.

9. Comment se différencient les phrases musicales du piano et du violon ? Quel est leur message ?

10. Que représente la phrase de Vinteuil pour Swann ?

11. Pourquoi la *Sonate* devient-elle l'« air national » de l'amour de Swann et Odette ?

12. Les sentiments de Swann envers Odette, le développement de son amour, sont analysés assez en détail par le narrateur dès le début de leur relation. Expliquez d'une façon synthétique quelle évolution subit le personnage dans cette première section du roman.

Personnages

1. Qui sont les personnages principaux du récit ?

2. Quand et où Swann rencontre-t-il Odette pour la première fois ?

3. Identifiez les personnages secondaires : qui sont-ils et de quelle façon sont-ils liés aux personnages principaux ?

4. Quelles sont les caractéristiques principales du « Clan » des Verdurin ? Quel est son « Credo » ? Qui sont les « fidèles » et qu'est-ce qu'on entend par « ennuyeux » ?

5. Quel est le rôle joué par M. Verdurin à l'intérieur du « Clan » ?

6. Quel est celui de Mme Verdurin ? Retracez le portrait, assez cruel, que le narrateur fait de ce personnage.

7. Quelle est la musique privilégiée par le « Clan » des Verdurin ?

8. Identifiez les traits principaux de la personnalité de Charles Swann.

9. Quelles sont les caractéristiques principales de la personnalité d'Odette ? Comment est-elle définie par Swann ?

10. Qui est le baron de Charlus ?

11. Pourquoi M. et Mme Verdurin s'intéressent-ils à Swann ?

12. En quoi M. et Mme Cottard, « fidèles » aux Verdurin, sont-ils une « image du public » ?

13. Quels sont les traits qui révèlent le snobisme d'Odette de Crécy, et celui du clan des Verdurin ?

Style

1. Quelle relation y a-t-il entre le « je » du narrateur d'*Un amour de Swann*, le héros de la *Recherche*, Marcel, et son auteur, Marcel Proust ?

2. Identifiez la fonction de la *parenthèse* dans la phrase proustienne.

3. Repérez les phrases ayant la valeur de « maxime » et appartenant à la voix de l'auteur.

4. Rythme ternaire et rythme quaternaire de l'adjectivation proustienne : analysez-les dans le passage de la description de la *Sonate* de Vinteuil.

5. Dans l'univers « essentiellement verbal » de la *Recherche* les personnages sont avant tout l'expression d'un langage qui leur est consubstantiel. Quelles sont les particularités du langage d'Odette ?

6. Mme Verdurin aime insérer dans sa conversation des proverbes et des expressions « toutes faites » : repérez-en quelques-uns.

Langue

1. Odette est une « nouvelle *recrue* » dans le « petit clan » des Verdurin : quelles conditions doit-elle remplir pour ne pas être exclue ?

2. Qu'est-ce que l'expression « avoir tiré le cordon » (ici renvoyée à la tante du pianiste) signifie ?

3. Que signifie le mot « faribole » ?

4. Qu'est-ce que le « marivaudage » ?

5. À quelles autres locutions renvoie, et à quel personnage se réfère l'expression « le quart d'heure de Rabelais » ?

6. Qu'est-ce que veut dire l'expression « lâcher un cuir » ? À quel personnage renvoie-t-elle ?

7. L'adjectif « prudhommesque », employé par le docteur Cottard, peut être considéré un néologisme : expliquez son occurrence et sa signification dans ce contexte narratif.

8. Qu'est-ce qu'un « cab » ?

9. Dressez une liste des expressions qui, dans cette première partie du texte, relèvent du lexique des anglicismes.

10. Le docteur Cottard affiche un « zèle de linguiste » : identifiez les « tics linguistiques » qui le caractérisent.

Sujets de dissertation

1. Commentez cette réflexion de Jacques Rivière (27 mars 1918) : « La naissance du sentiment, en Swann, les premières formes qu'il revêt, les premiers signes qu'il donne de sa présence, comme une chose qui est là tout à coup, et qui résiste, et qui a déjà ses exigences propres, sa volonté contre laquelle il n'y a déjà plus rien à faire, sont exprimés avec une force et surtout une patience au détail presque affolantes (...) ».

2. « Proust s'est choisi bourgeois », observait Jean-Paul Sartre (*Situations II*, 1948), « et s'est fait le complice de la propagande bourgeoise, puisque son œuvre contribue à répandre le mythe de la nature humaine ». Qu'en pensez-vous ?

3. Écriture musicale et écriture romanesque : retrouvez les différences et les points communs de ces deux écritures en analysant la phrase de la sonate de Vinteuil.

Ainsi revenait-elle dans la voiture de Swann ; un soir, comme elle venait d'en descendre et qu'il lui disait à demain, elle cueillit précipitamment dans le petit jardin qui précédait la maison un dernier chrysanthème et le lui donna avant qu'il fût reparti. Il le tint serré contre sa bouche pendant le retour, et quand au bout de quelques jours la fleur fut fanée, il l'enferma précieusement dans son secrétaire.

Mais il n'entrait jamais chez elle. Deux fois seulement dans l'après-midi, il était allé participer à cette opération capitale pour elle : « prendre le thé ». L'isolement et le vide de ces courtes rues (faites presque toutes de petits hôtels contigus, dont tout à coup venait rompre la monotonie quelque sinistre échoppe[1], témoignage historique et reste sordide du temps où ces quartiers étaient encore malfamés), la neige qui était restée dans le jardin et aux arbres, le négligé de la saison, le voisinage de la nature, donnaient quelque chose de plus mystérieux à la chaleur, aux fleurs qu'il avait trouvées en entrant.

Laissant à gauche, au rez-de-chaussée surélevé, la chambre à coucher d'Odette qui donnait derrière sur une petite rue parallèle, un escalier droit, entre des murs peints de couleur sombre et d'où tombaient des étoffes orientales, des fils de chapelets turcs et une grande lanterne japonaise suspendue à une cordelette de soie (mais qui, pour ne pas priver les visiteurs des derniers conforts de la civilisation occidentale, s'éclairait au gaz), montait au salon et au petit salon. Ils étaient

---

1. *Échoppe* (f.) : petite boutique en appentis et adossée à un mur.

précédés d'un étroit vestibule dont le mur quadrillé d'un treillage de jardin, mais doré, était bordé dans toute sa longueur d'une caisse rectangulaire où fleurissaient comme dans une serre une rangée de ces gros chrysanthèmes encore rares à cette époque, mais bien éloignés cependant de ceux que les horticulteurs réussirent plus tard à obtenir. Swann était agacé par la mode qui depuis l'année dernière se portait sur eux, mais il avait eu plaisir, cette fois, à voir la pénombre de la pièce zébrée de rose, d'orangé et de blanc par les rayons odorants de ces astres éphémères qui s'allument dans les jours gris. Odette l'avait reçu en robe de chambre de soie rose, le cou et les bras nus. Elle l'avait fait asseoir près d'elle dans un des nombreux retraits mystérieux qui étaient ménagés dans les enfoncements du salon, protégés par d'immenses palmiers contenus dans des cache-pot de Chine, ou par des paravents auxquels étaient fixés des photographies, des nœuds de rubans et des éventails. Elle lui avait dit : « Vous n'êtes pas confortable comme cela, attendez, moi je vais bien vous arranger », et avec le petit rire vaniteux qu'elle aurait eu pour quelque invention particulière à elle, avait installé derrière la tête de Swann, sous ses pieds, des coussins de soie japonaise qu'elle pétrissait comme si elle avait été prodigue de ces richesses et insoucieuse de leur valeur. Mais, quand le valet de chambre était venu apporter successivement les nombreuses lampes qui, presque toutes enfermées dans des potiches chinoises, brûlaient isolées ou par couples, toutes sur des meubles différents comme sur des autels et qui dans le crépuscule déjà presque nocturne de cette fin d'après-midi d'hiver avaient fait reparaître un coucher de soleil plus durable, plus rose et plus humain — faisant peut-être rêver dans la rue quelque amoureux arrêté devant le mystère de la présence que décelaient et cachaient à la fois les vitres rallumées —, elle avait surveillé sévèrement du coin de l'œil le domestique pour voir s'il les posait bien à leur place consacrée. Elle pensait qu'en en mettant une seule là où il ne fallait pas, l'effet d'ensemble de son salon eût été détruit, et son portrait, placé sur un chevalet oblique drapé de peluche, mal éclairé. Aussi suivait-elle avec fièvre les mouvements de cet homme grossier et le réprimanda-t-elle vivement parce qu'il avait passé trop près de deux jardinières qu'elle se réservait de nettoyer elle-même dans sa peur qu'on ne les abîmât et qu'elle alla regarder de près pour voir s'il ne les avait pas écornées. Elle trouvait à tous ses bibelots chinois des formes « amusantes », et aussi aux orchidées, aux catleyas [1] surtout, qui étaient, avec les chrysanthèmes, ses fleurs préférées, parce qu'ils avaient le grand mérite de ne pas ressembler à des fleurs, mais d'être en soie, en satin. « Celle-là a l'air d'être découpée dans la doublure de mon manteau », dit-elle à Swann en lui montrant une orchidée, avec une nuance d'estime pour cette fleur si « chic », pour cette sœur élégante et imprévue que la nature lui donnait, si loin d'elle dans l'échelle des êtres et pourtant raffinée, plus digne que bien des femmes qu'elle lui fît une place dans son salon. En lui montrant tour à tour des chimères à langues de feu décorant une potiche [2] ou brodées sur un écran,

---

1. *Catleya* (m.) : ou cattleya, une variante d'orchidée (cattleya ibrida). Plante de l'Amérique centrale aux fleurs violacées ou rosées. De la famille des orchidacées, du latin Orchidacae, et du grec Orchis (testicule), pour la forme des racines.
2. *Potiche* (f.) : grand vase de porcelaine d'Extrême-Orient.

les corolles d'un bouquet d'orchidées, un dromadaire d'argent niellé aux yeux incrustés de rubis qui voisinait sur la cheminée avec un crapaud de jade, elle affectait tour à tour d'avoir peur de la méchanceté, ou de rire de la cocasserie des monstres, de rougir de l'indécence des fleurs et d'éprouver un irrésistible désir d'aller embrasser le dromadaire et le crapaud qu'elle appelait : « chéris ». Et ces affectations contrastaient avec la sincérité de certaines de ses dévotions, notamment à Notre-Dame de Laghet [1] qui l'avait jadis, quand elle habitait Nice, guérie d'une maladie mortelle, et dont elle portait toujours sur elle une médaille d'or à laquelle elle attribuait un pouvoir sans limites. Odette fit à Swann « son » thé, lui demanda : « Citron ou crème ? » et comme il répondit « crème », lui dit en riant : « Un nuage ! » Et comme il le trouvait bon : « Vous voyez que je sais ce que vous aimez. » Ce thé, en effet, avait paru à Swann quelque chose de précieux comme à elle-même, et l'amour a tellement besoin de se trouver une justification, une garantie de durée, dans des plaisirs qui au contraire sans lui n'en seraient pas et finissent avec lui, que quand il l'avait quittée à sept heures pour rentrer chez lui s'habiller, pendant tout le trajet qu'il fit dans son coupé, ne pouvant contenir la joie que cet après-midi lui avait causée, il se répétait : « Ce serait bien agréable d'avoir ainsi une petite personne chez qui on pourrait trouver cette chose si rare, du bon thé. » Une heure après, il reçut un mot d'Odette et reconnut tout de suite cette grande écriture dans laquelle une affectation de raideur britannique imposait une apparence de discipline à des caractères informes qui

---

1. *Notre-Dame de Laghet* : lieu de pèlerinage célèbre, près de Nice, reconstruit au XVIIe siècle.

eussent signifié peut-être pour des yeux moins prévenus le désordre de la pensée, l'insuffisance de l'éducation, le manque de franchise et de volonté. Swann avait oublié son étui à cigarettes chez Odette. « Que n'y avez-vous oublié aussi votre cœur, je ne vous aurais pas laissé le reprendre. »

Une seconde visite qu'il lui fit eut plus d'importance peut-être. En se rendant chez elle ce jour-là comme chaque fois qu'il devait la voir, d'avance il se la représentait ; et la nécessité où il était, pour trouver jolie sa figure, de limiter aux seules pommettes roses et fraîches, les joues qu'elle avait si souvent jaunes, languissantes, parfois piquées de petits points rouges, l'affligeait comme une preuve que l'idéal est inaccessible et le bonheur, médiocre. Il lui apportait une gravure qu'elle désirait voir. Elle était un peu souffrante ; elle le reçut en peignoir de crêpe de Chine mauve, ramenant sur sa poitrine, comme un manteau, une étoffe richement brodée. Debout à côté de lui, laissant couler le long de ses joues ses cheveux qu'elle avait dénoués, fléchissant une jambe dans une attitude légèrement dansante pour pouvoir se pencher sans fatigue vers la gravure qu'elle regardait, en inclinant la tête, de ses grands yeux, si fatigués et maussades quand elle ne s'animait pas, elle frappa Swann par sa ressemblance avec cette figure de Zéphora[1], la fille de Jéthro, qu'on voit dans une fresque de la chapelle Sixtine. Swann avait toujours eu ce goût particulier d'aimer à retrouver dans la peinture des maîtres non pas seulement les caractères généraux de la réalité qui nous entoure, mais ce qui semble au contraire le moins

---

1. *Zéphora* : la fille de Jéthro, figure dans une fresque de la Chapelle Sixtine, due à Sandro Botticelli (1440-1510).

Botticelli, détail des Deux filles de Jéthro.

susceptible de généralité, les traits individuels des visages que nous connaissons : ainsi, dans la matière d'un buste du doge Lorédan par Antoine Rizzo[1], la saillie des pommettes, l'obliquité des sourcils, enfin la ressemblance criante de son cocher Rémi ; sous les couleurs d'un Ghirlandajo[2], le nez de M. de Palancy ; dans un portrait du Tintoret[3], l'envahissement du gras de la joue par l'implantation des premiers poils des favoris, la cassure du nez, la pénétration du regard la congestion des paupières du docteur du Boulbon. Peut-être, ayant toujours gardé un remords d'avoir borné sa vie aux relations mondaines, à la conversation, croyait-il trouver une sorte d'indulgent pardon à lui accordé par les grands artistes, dans ce fait qu'ils avaient eux aussi considéré avec plaisir, fait entrer dans leur œuvre, de tels visages qui donnent à celle-ci un singulier certificat de réalité et de vie, une saveur moderne ; peut-être aussi s'était-il tellement laissé gagner par la frivolité des gens du monde qu'il éprouvait le besoin de trouver dans une œuvre ancienne ces allusions anticipées et rajeunissantes à des noms propres d'aujourd'hui. Peut-être, au contraire, avait-il gardé suffisamment une nature d'artiste pour que ces caractéristiques individuelles lui causassent du plaisir en prenant une signification plus générale, dès qu'il les apercevait, déracinées, délivrées, dans la ressemblance d'un portrait plus ancien avec un original

1. *Antonio Bregno* : dit il Rizzo (1430-1498), sculpteur véronais auquel était attribuée la réalisation du buste de Pietro Loredan, doge vénitien (1481-1571), en réalité d'Andrea Loredan, conservé au Musée Correr de Venise.

2. *Ghirlandaio* (1449-1494) : son portrait est conservé au Musée du Louvre.

3. *Tintoretto* (1518-1594) : peintre vénitien.

qu'il ne représentait pas. Quoi qu'il en soit, et peut-être parce que la plénitude d'impressions qu'il avait depuis quelque temps, et bien qu'elle lui fût venue plutôt avec l'amour de la musique, avait enrichi même son goût pour la peinture, le plaisir fut plus profond — et devait exercer sur Swann une influence durable —, qu'il trouva à ce moment-là dans la ressemblance d'Odette avec la Zéphora de ce Sandro di Mariano auquel on donne plus volontiers son surnom populaire de Botticelli depuis que celui-ci évoque au lieu de l'œuvre véritable du peintre l'idée banale et fausse qui s'en est vulgarisée. Il n'estima plus le visage d'Odette selon la plus ou moins bonne qualité de ses joues et d'après la douceur purement carnée qu'il supposait devoir leur trouver en les touchant avec ses lèvres si jamais il osait l'embrasser, mais comme un écheveau de lignes subtiles et belles que ses regards dévidèrent, poursuivant la courbe de leur enroulement, rejoignant la cadence de la nuque à l'effusion des cheveux et à la flexion des paupières, comme en un portrait d'elle en lequel son type devenait intelligible et clair.

Il la regardait ; un fragment de la fresque apparaissait dans son visage et dans son corps, que dès lors il chercha toujours à y retrouver, soit qu'il fût auprès d'Odette, soit qu'il pensât seulement à elle ; et, bien qu'il ne tînt sans doute au chef-d'œuvre florentin que parce qu'il le retrouvait en elle, pourtant cette ressemblance lui conférait à elle aussi une beauté, la rendait plus précieuse. Swann se reprocha d'avoir méconnu le prix d'un être qui eût paru adorable au grand Sandro, et il se félicita que le plaisir qu'il avait à voir Odette trouvât une justification dans sa propre culture esthétique. Il se dit qu'en associant la pensée d'Odette à ses rêves de bonheur, il ne s'était pas résigné à un pis-aller aussi imparfait qu'il l'avait cru jusqu'ici, puisqu'elle contentait en lui ses goûts d'art les plus raffinés. Il oubliait qu'Odette n'était pas plus pour cela une femme selon son désir, puisque précisément son désir avait toujours été orienté dans un sens opposé à ses goûts esthétiques. Le mot d' « œuvre florentine » rendit un grand service à Swann. Il lui permit, comme un titre, de faire pénétrer l'image d'Odette dans un monde de rêves où elle n'avait pas eu accès jusqu'ici et où elle s'imprégna de noblesse. Et, tandis que la vue purement charnelle qu'il avait eue de cette femme, en renouvelant perpétuellement ses doutes sur la qualité de son visage, de son corps, de toute sa beauté, affaiblissait son amour, ces doutes furent détruits, cet amour assuré quand il eut à la place pour base les données d'une esthétique certaine ; sans compter que le baiser et la possession qui semblaient naturels et médiocres s'ils lui étaient accordés par une chair abîmée, venant couronner l'adoration d'une pièce de musée, lui parurent devoir être surnaturels et délicieux.

Et quand il était tenté de regretter que depuis des mois il ne fît plus que voir Odette, il se disait qu'il était raisonnable de donner beaucoup de son temps à un chef-d'œuvre inestimable, coulé pour une fois dans une matière différente et particulièrement savoureuse, en un exemplaire rarissime qu'il contemplait tantôt avec l'humilité, la spiritualité et le désintéressement d'un artiste, tantôt avec l'orgueil, l'égoïsme et la sensualité d'un collectionneur[1].

1. *Et quand il était tenté* [...] *la sensualité d'un collectionneur* : deux exemples de rythme ternaire, et, au niveau du personnage, synthèse des deux aspects antithétiques de Swann, à la fois artiste potentiel, et esthète dilettante.

Il plaça sur sa table de travail, comme une photographie d'Odette, une reproduction de la fille de Jéthro. Il admirait les grands yeux, le délicat visage qui laissait deviner la peau imparfaite, les boucles merveilleuses des cheveux le long des joues fatiguées ; et, adaptant ce qu'il trouvait beau jusque-là d'une façon esthétique à l'idée d'une femme vivante, il le transformait en mérites physiques qu'il se félicitait de trouver réunis dans un être qu'il pourrait posséder. Cette vague sympathie qui nous porte vers un chef-d'œuvre que nous regardons, maintenant qu'il connaissait l'original charnel de la fille de Jéthro, elle devenait un désir qui suppléa désormais à celui que le corps d'Odette ne lui avait pas d'abord inspiré. Quand il avait regardé longtemps ce Botticelli, il pensait à son Botticelli à lui qu'il trouvait plus beau encore et, approchant la photographie de Zéphora, il croyait serrer Odette contre son cœur.

Et cependant ce n'était pas seulement la lassitude d'Odette qu'il s'ingéniait à prévenir, c'était quelquefois aussi la sienne propre ; sentant que depuis qu'Odette avait toutes facilités pour le voir, elle semblait n'avoir pas grand-chose à lui dire, il craignait que les façons un peu insignifiantes, monotones, et comme définitivement fixées, qui étaient maintenant les siennes quand ils étaient ensemble, ne finissent par tuer en lui cet espoir romanesque d'un jour où elle voudrait déclarer sa passion, qui seul l'avait rendu et gardé amoureux. Et pour renouveler un peu l'aspect moral, trop figé, d'Odette, dont il avait peur de se fatiguer, il lui écrivait tout d'un coup une lettre pleine de déceptions feintes et de colères simulées qu'il lui faisait porter avant le dîner. Il savait qu'elle allait être effrayée, lui répondre, et il espérait que dans la contraction que la peur de le perdre ferait subir à son âme, jailliraient

des mots qu'elle ne lui avait encore jamais dits ; — et
en effet c'est de cette façon qu'il avait obtenu les lettres
les plus tendres qu'elle lui eût encore écrites, dont l'une,
qu'elle lui avait fait porter à midi de la « Maison Dorée [1] »
(c'était le jour de la fête de Paris-Murcie donnée pour
les inondés de Murcie [2]), commençait par ces mots :
« Mon ami, ma main tremble si fort que je peux à peine
écrire », et qu'il avait gardée dans le même tiroir que
la fleur séchée du chrysanthème. Ou bien, si elle n'avait
pas eu le temps de lui écrire, quand il arriverait chez
les Verdurin, elle irait vivement à lui et lui dirait : « J'ai
à vous parler », et il contemplerait avec curiosité sur
son visage et dans ses paroles ce qu'elle lui avait caché
jusque-là de son cœur.

Rien qu'en approchant de chez les Verdurin, quand
il apercevait, éclairées par des lampes, les grandes
fenêtres dont on ne fermait jamais les volets, il
s'attendrissait en pensant à l'être charmant qu'il allait
voir épanoui dans leur lumière d'or. Parfois les ombres
des invités se détachaient, minces et noires, en écran,
devant les lampes, comme ces petites gravures qu'on
intercale de place en place dans un abat-jour translucide
dont les autres feuillets ne sont que clarté. Il cherchait
à distinguer la silhouette d'Odette. Puis, dès qu'il était
arrivé, sans qu'il s'en rendît compte, ses yeux brillaient
d'une telle joie que M. Verdurin disait au peintre : « Je
crois que ça chauffe [3]. » Et la présence d'Odette ajoutait,

---

1. *La Maison Dorée* : ou Maison d'Or, à Paris un célèbre
   restaurant à la mode, au n. 1 de la rue Laffitte, aujourd'hui
   disparu.

2. *La fête de Paris-Murcie* : elle eut lieu le 18 décembre 1879, à
   la suite de l'inondation subie par la ville du sud-est de
   l'Espagne.

3. *Je crois que ça chauffe* : expression qui signifie être attiré par
   quelqu'un, en être amoureux.

en effet, pour Swann à cette maison ce dont n'était pourvue aucune de celles où il était reçu : une sorte d'appareil sensitif, de réseau nerveux qui se ramifiait dans toutes les pièces et apportait des excitations constantes à son cœur.

Ainsi le simple fonctionnement de cet organisme social qu'était le petit « clan » prenait automatiquement pour Swann des rendez-vous quotidiens avec Odette et lui permettait de feindre une indifférence à la voir, ou même un désir de ne plus la voir, qui ne lui faisait pas courir de grands risques, puisque, quoi qu'il lui eût écrit dans la journée, il la verrait forcément le soir et la ramènerait chez elle.

Mais une fois qu'ayant songé avec maussaderie à cet inévitable retour ensemble, il avait emmené jusqu'au Bois sa jeune ouvrière pour retarder le moment d'aller chez les Verdurin, il arriva chez eux si tard qu'Odette, croyant qu'il ne viendrait plus, était partie. En voyant qu'elle n'était plus dans le salon, Swann ressentit une souffrance au cœur ; il tremblait d'être privé d'un plaisir qu'il mesurait pour la première fois, ayant eu jusque-là cette certitude de le trouver quand il le voulait, qui pour tous les plaisirs nous diminue ou même nous empêche d'apercevoir aucunement leur grandeur.

— As-tu vu la tête qu'il a fait quand il s'est aperçu qu'elle n'était pas là ? dit M. Verdurin à sa femme, je crois qu'on peut dire qu'il est pincé[1] !

— La tête qu'il a fait ? demanda avec violence le docteur Cottard qui, étant allé un instant voir un malade, revenait chercher sa femme et ne savait pas de qui on parlait.

---

1.   *Pincé* : en pincer pour quelqu'un : en être amoureux.

— Comment, vous n'avez pas rencontré devant la porte le plus beau des Swann...

— Non. M. Swann est venu ?

— Oh ! un instant seulement. Nous avons eu un Swann très agité, très nerveux. Vous comprenez, Odette était partie.

— Vous voulez dire qu'elle est du dernier bien avec lui[1], qu'elle lui a fait voir l'heure du berger[2], dit le docteur, expérimentant avec prudence le sens de ces expressions.

— Mais non, il n'y a absolument rien, et entre nous, je trouve qu'elle a bien tort et qu'elle se conduit comme une fameuse cruche[3], qu'elle est du reste.

— Ta, ta, ta, dit M. Verdurin, qu'est-ce que tu en sais, qu'il n'y a rien ? nous n'avons pas été y voir, n'est-ce pas ?

— À moi, elle me l'aurait dit, répliqua fièrement Mme Verdurin. Je vous dis qu'elle me raconte toutes ses petites affaires ! Comme elle n'a plus personne en ce moment, je lui ai dit qu'elle devrait coucher avec lui. Elle prétend qu'elle ne peut pas, qu'elle a bien eu un fort béguin pour lui[4], mais qu'il est timide avec elle, que cela l'intimide à son tour, et puis qu'elle ne l'aime pas de cette manière-là, que c'est un être idéal, qu'elle a peur de déflorer le sentiment qu'elle a pour lui, est-ce que je sais, moi ? Ce serait pourtant absolument ce qu'il lui faut.

---

1. *Être du dernier bien avec quelqu'un* : être en bons termes avec quelqu'un.

2. *Voir l'heure du berger* : voir l'aube, et, au sens figuré, se donner à quelqu'un.

3. *Cruche* (f.) : (fam.) personne niaise, bête et ignorante.

4. *Avoir un fort béguin pour quelqu'un* : en être très amoureux.

— Tu me permettras de ne pas être de ton avis, dit M. Verdurin, il ne me revient qu'à demi ce monsieur ; je le trouve poseur.

Mme Verdurin s'immobilisa, prit une expression inerte comme si elle était devenue une statue, fiction qui lui permit d'être censée ne pas avoir entendu ce mot insupportable de poseur qui avait l'air d'impliquer qu'on pouvait « poser » avec eux, donc qu'on était « plus qu'eux ».

— Enfin, s'il n'y a rien, je ne pense pas que ce soit que ce monsieur la croit *vertueuse*, dit ironiquement M. Verdurin. Et après tout, on ne peut rien dire, puisqu'il a l'air de la croire intelligente. Je ne sais si tu as entendu ce qu'il lui débitait l'autre soir sur la sonate de Vinteuil ; j'aime Odette de tout mon cœur, mais pour lui faire des théories d'esthétique, il faut tout de même être un fameux jobard [1] !

— Voyons, ne dites pas du mal d'Odette, dit Mme Verdurin en faisant l'enfant. Elle est charmante.

— Mais cela ne l'empêche pas d'être charmante ; nous ne disons pas du mal d'elle, nous disons que ce n'est pas une vertu ni une intelligence. Au fond, dit-il au peintre, tenez-vous tant que ça à ce qu'elle soit vertueuse ? Elle serait peut-être beaucoup moins charmante, qui sait ?

Sur le palier, Swann avait été rejoint par le maître d'hôtel qui ne se trouvait pas là au moment où il était arrivé et avait été chargé par Odette de lui dire — mais il y avait bien une heure déjà — au cas où il viendrait encore, qu'elle irait probablement prendre du chocolat chez Prévost [2] avant de rentrer. Swann partit chez

---

1. *Jobard* (m.) : personne naïve et niaise.
2. *Prévost* : le chocolat chaud est la spécialité du Café Prévost, ouvert en 1825 sur le boulevard Bonne-Nouvelle, n. 39.

Prévost, mais à chaque pas sa voiture était arrêtée par d'autres ou par des gens qui traversaient, odieux obstacles qu'il eût été heureux de renverser si le procès-verbal de l'agent ne l'eût retardé plus encore que le passage du piéton. Il comptait le temps qu'il mettait, ajoutait quelques secondes à toutes les minutes pour être sûr de ne pas les avoir faites trop courtes, ce qui lui eût laissé croire plus grande qu'elle n'était en réalité sa chance d'arriver assez tôt et de trouver encore Odette. Et à un moment, comme un fiévreux qui vient de dormir et qui prend conscience de l'absurdité des rêvasseries qu'il ruminait sans se distinguer nettement d'elles, Swann tout d'un coup aperçut en lui l'étrangeté des pensées qu'il roulait depuis le moment où on lui avait dit chez les Verdurin qu'Odette était déjà partie, la nouveauté de la douleur au cœur dont il souffrait, mais qu'il constata seulement comme s'il venait de s'éveiller. Quoi ? toute cette agitation parce qu'il ne verrait Odette que demain, ce que précisément il avait souhaité, il y a une heure, en se rendant chez Mme Verdurin ! Il fut bien obligé de constater que dans cette même voiture qui l'emmenait chez Prévost il n'était plus le même, et qu'il n'était plus seul, qu'un être nouveau était là avec lui, adhérent, amalgamé à lui, duquel il ne pourrait peut-être pas se débarrasser, avec qui il allait être obligé d'user de ménagements comme avec un maître ou avec une maladie. Et pourtant depuis un moment qu'il sentait qu'une nouvelle personne s'était ainsi ajoutée à lui, sa vie lui paraissait plus intéressante. C'est à peine s'il se disait que cette rencontre possible chez Prévost (de laquelle l'attente saccageait, dénudait à ce point les moments qui la précédaient qu'il ne trouvait plus une seule idée, un seul souvenir derrière lequel il pût faire reposer son esprit), il était probable pourtant, si elle avait lieu, qu'elle serait comme les autres, fort peu de chose. Comme chaque soir, dès qu'il serait avec Odette, jetant furtivement sur son changeant visage un regard aussitôt détourné de peur qu'elle n'y vît l'avance d'un désir et ne crût plus à son désintéressement, il cesserait de pouvoir penser à elle, trop occupé à trouver des prétextes qui lui permissent de ne pas la quitter tout de suite et de s'assurer, sans avoir l'air d'y tenir, qu'il la retrouverait le lendemain chez les Verdurin : c'est-à-dire de prolonger pour l'instant et de renouveler un jour de plus la déception et la torture que lui apportait la vaine présence de cette femme qu'il approchait sans oser l'étreindre.

Elle n'était pas chez Prévost ; il voulut la chercher dans tous les restaurants des boulevards. Pour gagner du temps, pendant qu'il visitait les uns, il envoya dans les autres son cocher Rémi (le doge de Lorédan de Rizzo) qu'il alla attendre ensuite — n'ayant rien trouvé lui-même — à l'endroit qu'il lui avait désigné. La voiture ne revenait pas et Swann se représentait le moment qui approchait, à la fois comme celui où Rémi lui dirait : « Cette dame est là » et comme celui où Rémi lui dirait : « Cette dame n'était dans aucun des cafés. » Et ainsi il voyait la fin de la soirée devant lui, une et pourtant alternative, précédée soit par la rencontre d'Odette qui abolirait son angoisse, soit par le renoncement forcé à la trouver ce soir, par l'acceptation de rentrer chez lui sans l'avoir vue.

Le cocher revint, mais, au moment où il s'arrêta devant Swann, celui-ci ne lui dit pas : « Avez-vous trouvé cette dame ? » mais : « Faites-moi donc penser demain à commander du bois, je crois que la provision doit commencer à s'épuiser. » Peut-être se disait-il que si Rémi avait trouvé Odette dans un café où elle l'attendait, la fin de la soirée néfaste était déjà anéantie par la réalisation commencée de la fin de soirée bienheureuse et qu'il n'avait pas besoin de se presser d'atteindre un bonheur capturé et en lieu sûr, qui ne s'échapperait plus. Mais aussi c'était par force d'inertie ; il avait dans l'âme le manque de souplesse que certains êtres ont dans le corps, ceux-là qui au moment d'éviter un choc, d'éloigner une flamme de leur habit, d'accomplir un mouvement urgent, prennent leur temps, commencent par rester une seconde dans la situation où ils étaient auparavant comme pour y trouver leur point d'appui, leur élan. Et sans doute, si le cocher l'avait interrompu en lui disant : « Cette dame est là », il eût répondu : « Ah ! oui, c'est vrai, la course que je vous avais donnée, tiens, je n'aurais pas cru » et aurait continué à lui parler provision de bois pour lui cacher l'émotion qu'il avait eue et se laisser à lui-même le temps de rompre avec l'inquiétude et de se donner au bonheur.

Mais le cocher revint lui dire qu'il ne l'avait trouvée nulle part, et ajouta son avis, en vieux serviteur :

— Je crois que Monsieur n'a plus qu'à rentrer.

Mais l'indifférence que Swann jouait facilement quand Rémi ne pouvait plus rien changer à la réponse qu'il apportait tomba, quand il le vit essayer de le faire renoncer à son espoir et à sa recherche :

— Mais pas du tout, s'écria-t-il, il faut que nous trouvions cette dame ; c'est de la plus haute importance. Elle serait extrêmement ennuyée, pour une affaire, et froissée, si elle ne m'avait pas vu.

— Je ne vois pas comment cette dame pourrait être

froissée, répondit Rémi, puisque c'est elle qui est partie sans attendre Monsieur, qu'elle a dit qu'elle allait chez Prévost et qu'elle n'y était pas.

D'ailleurs on commençait à éteindre partout. Sous les arbres des boulevards, dans une obscurité mystérieuse, les passants plus rares erraient, à peine reconnaissables. Parfois l'ombre d'une femme qui s'approchait de lui, lui murmurant un mot à l'oreille, lui demandant de la ramener, fit tressaillir Swann. Il frôlait anxieusement tous ces corps obscurs comme si, parmi les fantômes des morts, dans le royaume sombre, il eût cherché Eurydice [1].

De tous les modes de production de l'amour, de tous les agents de dissémination du mal sacré, il est bien l'un des plus efficaces, ce grand souffle d'agitation qui parfois passe sur nous. Alors l'être avec qui nous nous plaisons à ce moment-là, le sort en est jeté, c'est lui que nous aimerons. Il n'est même pas besoin qu'il nous plût jusque-là plus ou même autant que d'autres. Ce qu'il fallait, c'est que notre goût pour lui devînt exclusif. Et cette condition-là est réalisée quand — à ce moment où il nous fait défaut — à la recherche des plaisirs que son agrément nous donnait, s'est brusquement substitué en nous un besoin anxieux, qui a pour objet cet être même, un besoin absurde, que les lois de ce monde rendent impossible à satisfaire et difficile à guérir — le besoin insensé et douloureux de le posséder.

Swann se fit conduire dans les derniers restaurants ;

---

1. *Eurydice* : selon le mythe, elle avait été ramenée des Enfers par Orphée, elle est ici comparée à Odette : Odette perdue, que Swann cherche anxieusement dans la ville de Paris. L'allusion à ce mythe reviendra encore une fois, notamment chez Mme de Saint-Euverte, quand on écoutera l'œuvre musicale d'Offenbach. Il marquera aussi la fin de l'amour de Swann, la perte, définitive, d'Odette.

Les Boulevards où Swann chercha anxieusement Odette.

c'est la seule hypothèse du bonheur qu'il avait envisagée avec calme ; il ne cachait plus maintenant son agitation, le prix qu'il attachait à cette rencontre et il promit en cas de succès une récompense à son cocher, comme si, en lui inspirant le désir de réussir qui viendrait s'ajouter à celui qu'il en avait lui-même, il pouvait faire qu'Odette, au cas où elle fût déjà rentrée se coucher, se trouvât pourtant dans un restaurant du boulevard. Il poussa jusqu'à la Maison Dorée, entra deux fois chez Tortoni et, sans l'avoir vue davantage, venait de ressortir du Café Anglais, marchant à grands pas, l'air hagard[1], pour rejoindre sa voiture qui l'attendait au coin du boulevard des Italiens, quand il heurta une personne qui venait en sens contraire : c'était Odette ; elle lui expliqua plus tard que n'ayant pas trouvé de place chez Prévost, elle était allée souper à la Maison Dorée dans un enfoncement où il ne l'avait pas découverte, et elle regagnait sa voiture.

Elle s'attendait si peu à le voir qu'elle eut un mouvement d'effroi. Quant à lui, il avait couru Paris non parce qu'il croyait possible de la rejoindre, mais parce qu'il lui était trop cruel d'y renoncer. Mais cette joie que sa raison n'avait cessé d'estimer, pour ce soir, irréalisable, ne lui en paraissait maintenant que plus réelle ; car, il n'y avait pas collaboré par la prévision des vraisemblances, elle lui restait extérieure ; il n'avait pas besoin de tirer de son esprit pour la lui fournir, c'est d'elle-même qu'émanait, c'est elle-même qui projetait vers lui, cette vérité qui rayonnait au point de dissiper comme un songe l'isolement qu'il avait redouté, et sur laquelle il appuyait, il reposait, sans penser, sa rêverie heureuse. Ainsi un voyageur arrivé par un beau

---

1. *Avoir l'air hagard* : avoir une expression égarée et farouche.

temps au bord de la Méditerranée, incertain de l'existence des pays qu'il vient de quitter, laisse éblouir sa vue, plutôt qu'il ne leur jette des regards, par les rayons qu'émet vers lui l'azur lumineux et résistant des eaux.

Il monta avec elle dans la voiture qu'elle avait et dit à la sienne de suivre.

Elle tenait à la main un bouquet de catleyas et Swann vit, sous sa fanchon de dentelle, qu'elle avait dans les cheveux des fleurs de cette même orchidée attachées à une aigrette en plumes de cygne. Elle était habillée, sous sa mantille, d'un flot de velours noir qui, par un rattrapé oblique, découvrait en un large triangle le bas d'une jupe de faille blanche et laissait voir un empiècement, également de faille blanche, à l'ouverture du corsage décolleté, où étaient enfoncées d'autres fleurs de catleyas. Elle était à peine remise de la frayeur que Swann lui avait causée quand un obstacle fit faire un écart au cheval. Ils furent vivement déplacés, elle avait jeté un cri et restait toute palpitante, sans respiration.

— Ce n'est rien, lui dit-il, n'ayez pas peur.

Et il la tenait par l'épaule, l'appuyant contre lui pour la maintenir ; puis il lui dit :

— Surtout, ne me parlez pas, ne me répondez que par signes pour ne pas vous essouffler encore davantage. Cela ne vous gêne pas que je remette droites les fleurs de votre corsage qui ont été déplacées par le choc ? J'ai peur que vous ne les perdiez, je voudrais les enfoncer un peu.

Elle, qui n'avait pas été habituée à voir les hommes faire tant de façons avec elle, dit en souriant :

— Non, pas du tout, ça ne me gêne pas.

Mais lui, intimidé par sa réponse, peut-être aussi pour avoir l'air d'avoir été sincère quand il avait pris ce prétexte, ou même commençant déjà à croire qu'il l'avait été, s'écria :

— Oh ! non, surtout, ne parlez pas, vous allez encore vous essouffler, vous pouvez bien me répondre par gestes, je vous comprendrai bien. Sincèrement je ne vous gêne pas ? Voyez, il y a un peu... je pense que c'est du pollen qui s'est répandu sur vous ; vous permettez que je l'essuie avec ma main ? Je ne vais pas trop fort, je ne suis pas trop brutal ? Je vous chatouille peut-être un peu ? mais c'est que je ne voudrais pas toucher le velours de la robe pour ne pas le friper. Mais, voyez-vous, il était vraiment nécessaire de les fixer, ils seraient tombés ; et comme cela, en les enfonçant un peu moi-même... Sérieusement, je ne suis pas désagréable ? Et en les respirant pour voir s'ils n'ont vraiment pas d'odeur, non plus ? Je n'en ai jamais senti, je peux ? dites la vérité.

Souriant, elle haussa légèrement les épaules, comme pour dire « vous êtes fou, vous voyez bien que ça me plaît ».

Il élevait son autre main le long de la joue d'Odette ; elle le regarda fixement, de l'air languissant et grave qu'ont les femmes du maître florentin avec lesquelles il lui avait trouvé de la ressemblance ; amenés au bord des paupières, ses yeux brillants, larges et minces, comme les leurs, semblaient prêts à se détacher ainsi que deux larmes. Elle fléchissait le cou comme on leur voit faire à toutes, dans les scènes païennes comme dans les tableaux religieux. Et en une attitude qui sans doute lui était habituelle, qu'elle savait convenable à ces moments-là et qu'elle faisait attention à ne pas oublier de prendre, elle semblait avoir besoin de toute sa force pour retenir son visage, comme si une force invisible l'eût attiré vers Swann. Et ce fut Swann qui, avant qu'elle le laissât tomber, comme malgré elle, sur ses lèvres, le retint un instant, à quelque distance, entre ses deux mains. Il avait voulu laisser à sa pensée le temps d'accourir, de reconnaître le rêve qu'elle avait si longtemps caressé et d'assister à sa réalisation, comme une parente qu'on appelle pour prendre sa part du succès d'un enfant qu'elle a beaucoup aimé. Peut-être aussi Swann attachait-il sur ce visage d'Odette non encore possédée, ni même encore embrassée par lui, qu'il voyait pour la dernière fois, ce regard avec lequel, un jour de départ, on voudrait emporter un paysage qu'on va quitter pour toujours.

Mais il était si timide avec elle, qu'ayant fini par la posséder ce soir-là, en commençant par arranger ses catleyas, soit[1] crainte de la froisser, soit peur de paraître rétrospectivement avoir menti, soit manque d'audace pour formuler une exigence plus grande que celle-là (qu'il pouvait renouveler puisqu'elle n'avait pas fâché Odette la première fois), les jours suivants il usa du même prétexte. Si elle avait des catleyas à son corsage, il disait : « C'est malheureux, ce soir, les catleyas n'ont pas besoin d'être arrangés, ils n'ont pas été déplacés comme l'autre soir ; il me semble pourtant que celui-ci n'est pas très droit. Je peux voir s'ils ne sentent pas plus que les autres ? » Ou bien, si elle n'en avait pas : « Oh ! pas de catleyas ce soir, pas moyen de me livrer à mes petits arrangements. » De sorte que, pendant quelque temps, ne fut pas changé l'ordre qu'il avait suivi le premier soir, en débutant par des attouchements de doigts et de lèvres sur la gorge d'Odette, et que ce fut par eux encore que commençaient chaque fois ses caresses ; et bien plus tard, quand l'arrangement (ou le

---

1. *Soit* [...] *soit* [...] *soit* : encore un exemple de rythme ternaire dans une phrase qui suggère plusieurs éventualités.

simulacre rituel d'arrangement) des catleyas fut depuis longtemps tombé en désuétude, la métaphore « faire catleya[1] », devenue un simple vocable qu'ils employaient sans y penser quand ils voulaient signifier l'acte de la possession physique — où d'ailleurs l'on ne possède rien[2] — survécut dans leur langage, où elle le commémorait, à cet usage oublié. Et peut-être cette manière particulière de dire « faire l'amour » ne signifiait-elle pas exactement la même chose que ses synonymes. On a beau être blasé sur les femmes, considérer la possession des plus différentes comme toujours la même et connue d'avance, elle devient au contraire un plaisir nouveau s'il s'agit de femmes assez difficiles — ou crues telles par nous — pour que nous soyons obligés de la faire naître de quelque épisode imprévu de nos relations avec elles, comme avait été la première fois pour Swann l'arrangement des catleyas. Il espérait en tremblant, ce soir-là (mais Odette, se disait-il, si elle était dupe de sa ruse, ne pouvait le deviner), que c'était la possession de cette femme qui allait sortir d'entre leurs larges pétales mauves ; et le plaisir qu'il éprouvait déjà et qu'Odette ne tolérait peut-être, pensait-il, que parce qu'elle ne l'avait pas reconnu, lui semblait, à cause de cela — comme il put paraître au premier homme qui le goûta parmi les fleurs du paradis terrestre — un plaisir qui n'avait pas existé jusque-là, qu'il cherchait à créer, un plaisir — ainsi que le nom spécial qu'il lui donna en garda la trace — entièrement particulier et nouveau.

---

1. *Faire catleya* : ici, la deuxième des cinq références aux catléyas d'*Un amour de Swann*.

2. *Où d'ailleurs l'on ne possède rien* : nouvel exemple de la présence de la voix de l'auteur, mise en évidence par les tirets.

Maintenant, tous les soirs, quand il l'avait ramenée chez elle, il fallait qu'il entrât, et souvent elle ressortait en robe de chambre et le conduisait jusqu'à sa voiture, l'embrassait aux yeux du cocher, disant : « Qu'est-ce que cela peut me faire, que me font les autres ? » Les soirs où il n'allait pas chez les Verdurin (ce qui arrivait parfois depuis qu'il pouvait la voir autrement), les soirs de plus en plus rares où il allait dans le monde, elle lui demandait de venir chez elle avant de rentrer, quelque heure qu'il fût. C'était le printemps, un printemps pur et glacé[1]. En sortant de soirée, il montait dans sa victoria, étendait une couverture sur ses jambes, répondait[2] aux amis qui s'en allaient en même temps que lui et lui demandaient de revenir avec eux, qu'il ne pouvait pas, qu'il n'allait pas du même côté, et le cocher partait au grand trot sachant où on allait. Eux s'étonnaient, et de fait, Swann n'était plus le même. On ne recevait plus jamais de lettre de lui où il demandât à connaître une femme. Il ne faisait plus attention à aucune, s'abstenait d'aller dans les endroits où on en rencontre. Dans un restaurant, à la campagne, il avait l'attitude inverse de celle à quoi, hier encore, on l'eût reconnu et qui avait semblé devoir toujours être la sienne. Tant une passion est en nous comme un caractère momentané et différent qui se substitue à l'autre et abolit les signes jusque-là invariables par lesquels il s'exprimait ! En revanche ce qui était invariable maintenant, c'était que, où que Swann se trouvât, il ne manquât pas d'aller rejoindre Odette. Le

---

1. *Un printemps pur et glacé* : le printemps marque, ici, un des points de repère de la chronologie interne du récit.

2. *Il montait* [...] *étendait* [...] *répondait* : comme pour les adjectifs, l'emploi des verbes est aussi caractérisé par un rythme ternaire.

trajet qui le séparait d'elle était celui qu'il parcourait inévitablement et comme la pente même, irrésistible et rapide, de sa vie. À vrai dire, souvent resté tard dans le monde, il aurait mieux aimé rentrer directement chez lui sans faire cette longue course et ne la voir que le lendemain ; mais le fait même de se déranger à une heure anormale pour aller chez elle, de deviner que les amis qui le quittaient se disaient : « Il est très tenu, il y a certainement une femme qui le force à aller chez elle à n'importe quelle heure », lui faisait sentir qu'il menait la vie des hommes qui ont une affaire amoureuse dans leur existence et en qui le sacrifice qu'ils font de leur repos et de leurs intérêts à une rêverie voluptueuse fait naître un charme intérieur. Puis, sans qu'il s'en rendît compte, cette certitude qu'elle l'attendait, qu'elle n'était pas ailleurs avec d'autres, qu'il ne reviendrait pas sans l'avoir vue, neutralisait cette angoisse oubliée, mais toujours prête à renaître, qu'il avait éprouvée le soir où Odette n'était plus chez les Verdurin, et dont l'apaisement actuel était si doux que cela pouvait s'appeler du bonheur. Peut-être était-ce à cette angoisse qu'il était redevable de l'importance qu'Odette avait prise pour lui. Les êtres nous sont d'habitude si indifférents que, quand nous avons mis dans l'un d'eux de telles possibilités de souffrance et de joie pour nous, il nous semble appartenir à un autre univers, il s'entoure de poésie, il fait de notre vie comme une étendue émouvante où il sera plus ou moins rapproché de nous. Swann ne pouvait se demander sans trouble ce qu'Odette deviendrait pour lui dans les années qui allaient venir. Parfois, en voyant, de sa victoria, dans ces belles nuits froides, la lune brillante qui répandait sa clarté entre ses yeux et les rues désertes, il pensait à cette autre figure claire et légèrement rosée comme celle de la lune, qui, un jour, avait surgi devant sa pensée et, depuis, projetait sur le monde la lumière mystérieuse dans laquelle il le voyait. S'il arrivait après l'heure où Odette envoyait ses domestiques se coucher, avant de sonner à la porte du petit jardin, il allait d'abord dans la rue où donnait au rez-de-chaussée, entre les fenêtres toutes pareilles, mais obscures, des hôtels contigus, la fenêtre, seule éclairée, de sa chambre. Il frappait au carreau, et elle, avertie, répondait et allait l'attendre de l'autre côté, à la porte d'entrée. Il trouvait ouverts sur son piano quelques-uns des morceaux qu'elle préférait : la *Valse des Roses* ou *Pauvre Fou*[1] de Tagliafico (qu'on devait, selon sa volonté écrite, faire exécuter à son enterrement), il lui demandait de jouer à la place la petite phrase de la sonate de Vinteuil, bien qu'Odette jouât fort mal, mais la vision la plus belle qui nous reste d'une œuvre est souvent celle qui s'éleva au-dessus des sons faux tirés par des doigts malhabiles, d'un piano désaccordé. La petite phrase continuait à s'associer pour Swann à l'amour qu'il avait pour Odette. Il sentait bien que cet amour, c'était quelque chose qui ne correspondait à rien d'extérieur, de constatable par d'autres que lui ; il se rendait compte que les qualités d'Odette ne justifiaient pas qu'il attachât tant de prix aux moments passés auprès d'elle[2]. Et souvent, quand c'était l'intelligence positive qui régnait seule en Swann, il voulait cesser de

---

1. La *Valse des roses* est d'Olivier Métra (1830-1889) qui dirigea les orchestres du Châtelet (1867), des Folies-Bergères (1872) et de l'Opéra (1878). La ballade *Pauvre Fou !* est de Joseph-Dieudonné Tagliafico (1821-1900), compositeur, chanteur, d'origine italienne et imprésario à Monte-Carlo et à Covent Garden.

2. *Il sentait bien* [...] *auprès d'elle* : première prise de conscience de Swann du caractère subjectif de l'amour.

sacrifier tant d'intérêts intellectuels et sociaux à ce plaisir imaginaire. Mais la petite phrase, dès qu'il l'entendait, savait rendre libre en lui l'espace qui pour elle était nécessaire, les proportions de l'âme de Swann s'en trouvaient changées ; une marge y était réservée à une jouissance qui elle non plus ne correspondait à aucun objet extérieur et qui pourtant, au lieu d'être purement individuelle comme celle de l'amour, s'imposait à Swann comme une réalité supérieure aux choses concrètes. Cette soif d'un charme inconnu, la petite phrase l'éveillait en lui, mais ne lui apportait rien de précis pour l'assouvir. De sorte que ces parties de l'âme de Swann où la petite phrase avait effacé le souci des intérêts matériels, les considérations humaines et valables pour tous, elle les avait laissées vacantes et en blanc, et il était libre d'y inscrire le nom d'Odette. Puis à ce que l'affection d'Odette pouvait avoir d'un peu court et décevant, la petite phrase venait ajouter, amalgamer son essence mystérieuse. À voir le visage de Swann pendant qu'il écoutait la phrase, on aurait dit qu'il était en train d'absorber un anesthésique qui donnait plus d'amplitude à sa respiration. Et le plaisir que lui donnait la musique et qui allait bientôt créer chez lui un véritable besoin, ressemblait en effet, à ces moments-là, au plaisir qu'il aurait eu à expérimenter des parfums, à entrer en contact avec un monde pour lequel nous ne sommes pas faits, qui nous semble sans forme parce nos yeux ne le perçoivent pas, sans signification parce qu'il échappe à notre intelligence, que nous n'atteignons que par un seul sens. Grand repos, mystérieuse rénovation pour Swann — pour lui dont les yeux, quoique délicats amateurs de peinture, dont l'esprit, quoique fin observateur des mœurs, portaient à jamais la trace indélébile de la sécheresse de sa vie — de se sentir transformé en une créature étrangère à l'humanité, aveugle, dépourvue de facultés logiques, presque une fantastique licorne, une créature chimérique ne percevant le monde que par l'ouïe. Et comme dans la petite phrase il cherchait cependant un sens où son intelligence ne pouvait descendre, quelle étrange ivresse il avait à dépouiller son âme la plus intérieure de tous les secours du raisonnement et à la faire passer seule dans le couloir, dans le filtre obscur du son ! Il commençait à se rendre compte de tout ce qu'il y avait de douloureux, peut-être même de secrètement inapaisé au fond de la douceur de cette phrase, mais il ne pouvait pas en souffrir. Qu'importait qu'elle lui dît que l'amour est fragile, le sien était si fort ! Il jouait avec la tristesse qu'elle répandait, il la sentait passer sur lui, mais comme une caresse qui rendait plus profond et plus doux le sentiment qu'il avait de son bonheur. Il la faisait rejouer dix fois, vingt fois à Odette, exigeant qu'en même temps elle ne cessât pas de l'embrasser. Chaque baiser appelle un autre baiser. Ah ! dans ces premiers temps où l'on aime, les baisers naissent si naturellement ! Ils foisonnent si pressés les uns contre les autres ; et l'on aurait autant de peine à compter les baisers qu'on s'est donnés pendant une heure que les fleurs d'un champ au mois de mai. Alors elle faisait mine de s'arrêter, disant : « Comment veux-tu que je joue comme cela si tu me tiens ? je ne peux tout faire à la fois, sache au moins ce que tu veux, est-ce que je dois jouer la phrase ou faire des petites caresses ? », lui se fâchait et elle éclatait d'un rire qui se changeait et retombait sur lui, en une pluie de baisers. Ou bien elle le regardait d'un air maussade, il revoyait un visage digne de figurer dans la *Vie de Moïse* de Botticelli, il l'y situait, il donnait au cou d'Odette l'inclinaison nécessaire ; et quand il l'avait bien peinte à la détrempe [1], au XVe siècle, sur la muraille de la Sixtine, l'idée qu'elle était cependant restée là, près du piano, dans le moment actuel, prête à être embrassée et possédée, l'idée de sa matérialité et de sa vie venait l'enivrer avec une telle force que, l'œil égaré, les mâchoires tendues comme pour dévorer, il se précipitait sur cette vierge de Botticelli et se mettait à lui pincer les joues. Puis, une fois qu'il l'avait quittée, non sans être rentré pour l'embrasser encore parce qu'il avait oublié d'emporter dans son souvenir quelque particularité de son odeur ou de ses traits, tandis qu'il revenait dans sa victoria, il bénissait Odette de lui permettre ces visites quotidiennes dont il sentait qu'elles ne devaient pas lui causer à elle une bien grande joie, mais qui en le préservant de devenir jaloux — en lui ôtant l'occasion de souffrir de nouveau du mal qui s'était déclaré en lui le soir où il ne l'avait pas trouvée chez les Verdurin — l'aideraient à arriver, sans avoir plus d'autres de ces crises dont la première avait été si douloureuse et resterait la seule, au bout de ces heures singulières de sa vie, heures presque enchantées, à la façon de celles où il traversait Paris au clair de lune. Et, remarquant, pendant ce retour, que l'astre était maintenant déplacé par rapport à lui et presque au bout de l'horizon, sentant que son amour obéissait, lui aussi, à des lois immuables et naturelles, il se demandait si cette période où il était entré durerait encore longtemps, si bientôt sa pensée ne verrait plus le cher visage qu'occupant une position lointaine et diminuée, et près de cesser de répandre du charme. Car Swann en

---

1. *À la détrempe* : les retouches données par Botticelli à la fresque de la Chapelle Sixtine furent données par le procédé de la détrempe (couleur délayée dans l'eau additionnée d'un agglutinant).

trouvait aux choses, depuis qu'il était amoureux, comme au temps où, adolescent, il se croyait artiste ; mais ce n'était plus le même charme ; celui-ci, c'est Odette seule qui le leur conférait. Il sentait renaître en lui les inspirations de sa jeunesse qu'une vie frivole avait dissipées, mais elles portaient toutes le reflet, la marque d'un être particulier ; et, dans les longues heures qu'il prenait maintenant un plaisir délicat à passer chez lui, seul avec son âme en convalescence, il redevenait peu à peu lui-même, mais à une autre.

Il n'allait chez elle que le soir, et il ne savait rien de l'emploi de son temps pendant le jour, pas plus que de son passé, au point qu'il lui manquait même ce petit renseignement initial qui, en nous permettant de nous imaginer ce que nous ne savons pas, nous donne envie de le connaître. Aussi ne se demandait-il pas ce qu'elle pouvait faire, ni quelle avait été sa vie. Il souriait seulement quelquefois en pensant qu'il y a quelques années, quand il ne la connaissait pas, on lui avait parlé d'une femme qui, s'il se rappelait bien, devait certainement être elle, comme d'une fille, d'une femme entretenue, une de ces femmes auxquelles il attribuait encore, comme il avait peu vécu dans leur société, le caractère entier, foncièrement pervers, dont les dota longtemps l'imagination de certains romanciers. Il se disait qu'il n'y a souvent qu'à prendre le contre-pied des réputations que fait le monde pour juger exactement une personne, quand à un tel caractère il opposait celui d'Odette, bonne, naïve, éprise d'idéal, presque si incapable de ne pas dire la vérité que, l'ayant un jour priée, pour pouvoir dîner seul avec elle, d'écrire aux Verdurin qu'elle était souffrante, le lendemain, il l'avait vue, devant Mme Verdurin qui lui demandait si elle allait mieux, rougir, balbutier et refléter malgré elle, sur son visage, le chagrin, le supplice que cela lui était de mentir, et, tandis qu'elle multipliait dans sa réponse les détails inventés sur sa prétendue indisposition de la veille, avoir l'air de faire demander pardon, par ses regards suppliants et sa voix désolée, de la fausseté de ses paroles.

Certains jours[1] pourtant, mais rares, elle venait chez lui dans l'après-midi, interrompre sa rêverie ou cette étude sur Ver Meer à laquelle il s'était remis dernièrement. On venait lui dire que Mme de Crécy était dans son petit salon. Il allait l'y retrouver, et quand il ouvrait la porte, au visage rosé d'Odette, dès qu'elle avait aperçu Swann, venait — changeant la forme de sa bouche, le regard de ses yeux, le modelé de ses joues — se mélanger un sourire. Une fois seul, il revoyait ce sourire, celui qu'elle avait eu la veille, un autre dont elle l'avait accueilli telle ou telle fois, celui qui avait été sa réponse, en voiture, quand il lui avait demandé s'il lui était désagréable en redressant les catleyas ; et la vie d'Odette pendant le reste du temps, comme il n'en connaissait rien, lui apparaissait, avec son fond neutre et sans couleurs semblable à ces feuilles d'études de Watteau[2] où on voit çà et là, à toutes les places, dans tous les sens, dessinés aux trois crayons sur le papier chamois, d'innombrables sourires. Mais, parfois, dans un coin de cette vie que Swann voyait toute vide, si même son esprit lui disait qu'elle ne l'était pas, parce qu'il ne pouvait pas l'imaginer, quelque ami, qui, se doutant qu'ils s'aimaient, ne se fût pas risqué à lui rien dire d'elle que d'insignifiant, lui décrivait la silhouette d'Odette, qu'il avait aperçue, le matin même, montant

---

1. La narration alterne, dans ces pages, un récit de type singulatif à un récit de type itératif.
2. *Jean-Antoine Watteau* (1684-1721) : peintre français, un des plus grands représentants du style rococo.

à pied la rue Abbattucci dans une « visite[1] » garnie de skunks, sous un chapeau « à la Rembrandt » et un bouquet de violettes à son corsage. Ce simple croquis bouleversait Swann parce qu'il lui faisait tout d'un coup apercevoir qu'Odette avait une vie qui n'était pas tout entière à lui ; il voulait savoir à qui elle avait cherché à plaire par cette toilette qu'il ne lui connaissait pas ; il se promettait de lui demander où elle allait, à ce moment-là, comme si dans toute la vie incolore — presque inexistante, parce qu'elle lui était invisible — de sa maîtresse, il n'y avait qu'une seule chose en dehors de tous ces sourires adressés à lui : sa démarche sous un chapeau à la Rembrandt, avec un bouquet de violettes au corsage.

Sauf en lui demandant la petite phrase de Vinteuil au lieu de la *Valse des Roses*, Swann ne cherchait pas à lui faire jouer plutôt des choses qu'il aimât et, pas plus en musique qu'en littérature, à corriger son mauvais goût. Il se rendait bien compte qu'elle n'était pas intelligente. En lui disant qu'elle aimerait tant qu'il lui parlât des grands poètes, elle s'était imaginée qu'elle allait connaître tout de suite des couplets héroïques et romanesques dans le genre de ceux du vicomte de Borelli[2], en plus émouvant encore. Pour Ver Meer de Delft, elle lui demanda s'il avait souffert par une femme, si c'était une femme qui l'avait inspiré, et Swann lui ayant avoué qu'on n'en savait rien, elle s'était désintéressée de ce peintre. Elle disait souvent : « Je crois bien, la poésie, naturellement, il n'y aurait rien de

---

1. *Visite* (f.) : il s'agit ici d'un manteau que les dames utilisaient pour sortir en visite. Le skunk est une fourrure. Bien connus les « chapeaux à la Rembrandt », avec une plume.

2. *Le Vicomte de Borelli* : trois fois primé à l'Académie française; il a été auteur de poèmes, et d'une pièce intitulée *Alain Chartier*.

plus beau si c'était vrai, si les poètes pensaient tout ce qu'ils disent. Mais bien souvent, il n'y a pas plus intéressé que ces gens-là. J'en sais quelque chose, j'avais une amie qui a aimé une espèce de poète. Dans ses vers il ne parlait que de l'amour, du ciel, des étoiles Ah ! ce qu'elle a été refaite ! Il lui a croqué plus de trois cent mille francs. » Si alors Swann cherchait à lui apprendre en quoi consistait la beauté artistique, comment il fallait admirer les vers ou les tableaux, au bout d'un instant elle cessait d'écouter, disant « Oui... je ne me figurais pas que c'était comme cela. » Et il sentait qu'elle éprouvait une telle déception qu'il préférait mentir en lui disant que tout cela n'était rien, que ce n'était encore que des bagatelles, qu'il n'avait pas le temps d'aborder le fond, qu'il y avait autre chose. Mais elle lui disait vivement : « Autre chose ? quoi ? ... Dis-le alors », mais il ne le disait pas, sachant combien cela lui paraîtrait mince et différent de ce qu'elle espérait, moins sensationnel et moins touchant, et craignant que, désillusionnée de l'art, elle ne le fût en même temps de l'amour.

Et en effet, elle trouvait Swann, intellectuellement, inférieur à ce qu'elle aurait cru. « Tu gardes toujours ton sang-froid, je ne peux te définir. » Elle s'émerveillait davantage de son indifférence à l'argent, de sa gentillesse pour chacun, de sa délicatesse. Et il arrive, en effet, souvent pour de plus grands que n'était Swann, pour un savant, pour un artiste, quand il n'est pas méconnu par ceux qui l'entourent, que celui de leurs sentiments qui prouve que la supériorité de son intelligence s'est imposée à eux, ce n'est pas leur admiration pour ses idées, car elles leur échappent, mais leur respect pour sa bonté. C'est aussi du respect qu'inspirait à Odette la situation qu'avait Swann dans le monde, mais elle ne désirait pas qu'il cherchât à l'y faire recevoir. Peut-être sentait-elle qu'il ne pourrait pas y réussir, et même craignait-elle que rien qu'en parlant d'elle il ne provoquât des révélations qu'elle redoutait. Toujours est-il qu'elle lui avait fait promettre de ne jamais prononcer son nom. La raison pour laquelle elle ne voulait pas aller dans le monde, lui avait-elle dit, était une brouille qu'elle avait eue autrefois avec une amie qui, pour se venger, avait ensuite dit du mal d'elle. Swann objectait : « Mais tout le monde n'a pas connu ton amie. — Mais si, ça fait la tache d'huile [1], le monde est si méchant. » D'une part Swann ne comprit pas cette histoire, mais d'autre part il savait que ces propositions : « Le monde est si méchant », « un propos calomnieux fait la tache d'huile », sont généralement tenues pour vraies ; il devait y avoir des cas auxquels elles s'appliquaient. Celui d'Odette était-il l'un de ceux-là ? Il se le demandait, mais pas longtemps, car il était sujet, lui aussi, à cette lourdeur d'esprit qui s'appesantissait sur son père, quand il se posait un problème difficile. D'ailleurs ce monde qui faisait si peur à Odette, ne lui inspirait peut-être pas de grands désirs, car pour qu'elle se le représentât bien nettement, il était trop éloigné de celui qu'elle connaissait. Pourtant, tout en étant restée à certains égards vraiment simple (elle avait par exemple gardé pour amie une petite couturière retirée dont elle grimpait presque chaque jour l'escalier raide, obscur et fétide), elle avait soif de chic, mais ne s'en faisait pas la même idée que les gens du monde. Pour eux, le chic est une émanation de quelques personnes peu nombreuses qui le projettent jusqu'à un degré assez éloigné — et plus ou moins affaibli dans la mesure où l'on est distant du centre de leur intimité — dans le

---

1. *Ça fait la tache d'huile* : ça se propage, ça se répand.

cercle de leurs amis ou des amis de leurs amis dont les noms forment une sorte de répertoire. Les gens du monde le possèdent dans leur mémoire, ils ont sur ces matières une érudition d'où ils ont extrait une sorte de goût, de tact, si bien que Swann par exemple, sans avoir besoin de faire appel à son savoir mondain, s'il lisait dans un journal les noms des personnes qui se trouvaient à un dîner pouvait dire immédiatement la nuance du chic de ce dîner, comme un lettré, à la simple lecture d'une phrase, apprécie exactement la qualité littéraire de son auteur. Mais Odette faisait partie des personnes (extrêmement nombreuses, quoi qu'en pensent les gens du monde, et comme il y en a dans toutes les classes de la société) qui ne possèdent pas ces notions, imaginent un chic tout autre, qui revêt divers aspects selon le milieu auquel elles appartiennent, mais a pour caractère particulier — que ce soit celui dont rêvait Odette, ou celui devant lequel s'inclinait Mme Cottard — d'être directement accessible à tous. L'autre, celui des gens du monde, l'est à vrai dire aussi, mais il y faut quelque délai. Odette disait de quelqu'un :

— Il ne va jamais que dans les endroits chics.

Et si Swann lui demandait ce qu'elle entendait par là, elle lui répondait avec un peu de mépris :

— Mais les endroits chics, parbleu ! Si à ton âge il faut t'apprendre ce que c'est que les endroits chics, que veux-tu que je te dise, moi ? par exemple, le dimanche matin l'avenue de l'Impératrice[1], à cinq

---

1. *L'avenue de l'Impératrice* : actuellement avenue Foch, qui conduit de l'Étoile à la Porte Dauphine. On l'appela ainsi en 1854, quand Napoléon III fit construire les douze boulevards qui convergent vers l'Arc de Triomphe.

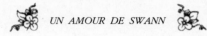

heures le tour du Lac[1], le jeudi l'Éden Théâtre[2], le vendredi l'Hippodrome[3], les bals...

— Mais quels bals ?

— Mais les bals qu'on donne à Paris, les bals chics, je veux dire. Tiens, Herbinger, tu sais, celui qui est chez un coulissier ? mais si, tu dois savoir, c'est un des hommes les plus lancés de Paris, ce grand jeune homme blond qui est tellement snob, il a toujours une fleur à la boutonnière, une raie dans le dos, des paletots clairs ; il est avec ce vieux tableau qu'il promène à toutes les premières. Eh bien ! il a donné un bal, l'autre soir, il y avait tout ce qu'il y a de chic à Paris. Ce que j'aurais aimé y aller ! mais il fallait présenter sa carte d'invitation à la porte et je n'avais pas pu en avoir. Au fond, j'aime autant ne pas y être allée, c'était une tuerie, je n'aurais rien vu. C'est plutôt pour pouvoir dire qu'on était chez Herbinger. Et tu sais, moi, la gloriole ! Du reste, tu peux bien te dire que sur cent qui racontent qu'elles y étaient, il y a bien la moitié dont ça n'est pas vrai... Mais ça m'étonne que toi, un homme si « pschutt », tu n'y étais pas.

Mais Swann ne cherchait nullement à lui faire modifier cette conception du chic ; pensant que la sienne n'était pas plus vraie, était aussi sotte, dénuée d'importance, il ne trouvait aucun intérêt à en instruire sa maîtresse, si bien qu'après des mois elle ne s'intéressait aux personnes chez qui il allait que pour

---

1. *Le lac du Bois de Boulogne* : constitué par le lac inférieur et le lac supérieur.

2. *L'Éden Théâtre* : près de l'Opéra, inauguré en 1883 et démoli en 1894. Toutefois, pendant ces années-là, il a été la salle la plus grande et la plus luxueuse de la ville de Paris.

3. *L'Hippodrome* : salle de 10.000 spectateurs, construite en 1875 près de l'avenue Narceu, et démolie en 1892. On y organisa des ballets, des courses et des concerts.

les cartes de pesage, de concours hippique, les billets de première qu'il pouvait avoir par elles. Elle souhaitait qu'il cultivât des relations si utiles, mais elle était par ailleurs portée à les croire peu chics, depuis qu'elle avait vu passer dans la rue la marquise de Villeparisis en robe de laine noire, avec un bonnet à brides.

— Mais elle a l'air d'une ouvreuse, d'une vieille concierge, *darling* ! Ça, une marquise ! Je ne suis pas marquise, mais il faudrait me payer bien cher pour me faire sortir nippée comme ça !

Elle ne comprenait pas que Swann habitât l'hôtel du quai d'Orléans que, sans oser le lui avouer, elle trouvait indigne de lui.

Certes, elle avait la prétention d'aimer les « antiquités » et prenait un air ravi et fin pour dire qu'elle adorait passer toute une journée à « bibeloter », à chercher « du bric-à-brac », des choses « du temps ». Bien qu'elle s'entêtât dans une sorte de point d'honneur (et semblât pratiquer quelque précepte familial) en ne répondant jamais aux questions et en ne « rendant pas de comptes » sur l'emploi de ses journées, elle parla une fois à Swann d'une amie qui l'avait invitée et chez qui tout était « de l'époque ». Mais Swann ne put arriver à lui faire dire quelle était cette époque. Pourtant, après avoir réfléchi, elle répondit que c'était « moyenâgeux ». Elle entendait par là qu'il y avait des boiseries. Quelque temps après elle lui reparla de son amie et ajouta, sur le ton hésitant et de l'air entendu dont on cite quelqu'un avec qui on a dîné la veille et dont on n'avait jamais entendu le nom, mais que vos amphitryons avaient l'air de considérer comme quelqu'un de si célèbre qu'on espère que l'interlocuteur saura bien de qui vous voulez parler : « Elle a une salle à manger... du... dix-huitième ! » Elle trouvait du reste cela affreux, nu, comme si la maison n'était pas finie, les femmes y paraissaient affreuses et la mode n'en prendrait jamais. Enfin, une troisième fois, elle en reparla et montra à Swann l'adresse de l'homme qui avait fait cette salle à manger et qu'elle avait envie de faire venir, quand elle aurait de l'argent, pour voir s'il ne pourrait pas lui en faire, non pas certes une pareille, mais celle qu'elle rêvait et que malheureusement les dimensions de son petit hôtel ne comportaient pas, avec de hauts dressoirs, des meubles Renaissance et des cheminées comme au château de Blois. Ce jour-là, elle laissa échapper devant Swann ce qu'elle pensait de son habitation du quai d'Orléans ; comme il avait critiqué que l'amie d'Odette donnât, non pas dans le Louis XVI, car, disait-il, bien que cela ne se fasse pas, cela peut être charmant, mais dans le faux ancien : « Tu ne voudrais pas qu'elle vécût comme toi au milieu de meubles cassés et de tapis usés », lui dit-elle, le respect humain de la bourgeoisie l'emportant encore chez elle sur le dilettantisme de la cocotte.

De ceux qui aimaient à bibeloter, qui aimaient les vers, méprisaient les bas calculs, rêvaient d'honneur et d'amour, elle faisait une élite supérieure au reste de l'humanité. Il n'y avait pas besoin qu'on eût réellement ces goûts, pourvu qu'on les proclamât ; d'un homme qui lui avait avoué à dîner qu'il aimait à flâner[1], à se salir les doigts dans les vieilles boutiques, qu'il ne serait jamais apprécié par ce siècle commercial, car il ne se souciait pas de ses intérêts, et qu'il était pour cela d'un autre temps, elle revenait en disant : « Mais c'est une âme adorable, un sensible, je ne m'en étais jamais doutée ! » et elle se sentait pour lui une immense et soudaine amitié. Mais, en revanche ceux qui, comme

---

1. *Flâner* : se promener au hasard, sans hâte.

Swann, avaient ces goûts, mais n'en parlaient pas, la laissaient froide. Sans doute elle était obligée d'avouer que Swann ne tenait pas à l'argent, mais elle ajoutait d'un air boudeur : « Mais lui, ça n'est pas la même chose » ; et en effet, ce qui parlait à son imagination, ce n'était pas la pratique du désintéressement, c'en était le vocabulaire.

Sentant que souvent il ne pouvait pas réaliser ce qu'elle rêvait, il cherchait du moins à ce qu'elle se plût avec lui, à ne pas contrecarrer ces idées vulgaires, ce mauvais goût qu'elle avait en toutes choses, et qu'il aimait d'ailleurs comme tout ce qui venait d'elle, qui l'enchantaient même, car c'était autant de traits particuliers grâce auxquels l'essence de cette femme lui apparaissait, devenait visible. Aussi, quand elle avait l'air heureux parce qu'elle devait aller à la *Reine Topaze*[1], ou que son regard devenait sérieux, inquiet et volontaire, si elle avait peur de manquer la fête des fleurs ou simplement l'heure du thé, avec muffins et toasts, au « Thé de la Rue Royale[2] » où elle croyait que l'assiduité était indispensable pour consacrer la réputation d'élégance d'une femme, Swann, transporté comme nous le sommes par le naturel d'un enfant ou par la vérité d'un portrait qui semble sur le point de parler, sentait si bien l'âme de sa maîtresse affleurer à son visage qu'il ne pouvait résister à venir l'y toucher avec ses lèvres. « Ah ! elle veut qu'on la mène à la fête des fleurs, la petite Odette, elle veut se faire admirer, eh bien, on l'y mènera, nous n'avons qu'à nous incliner. » Comme la vue de Swann était un peu basse, il dut se

---

1. *La Reine Topaze* : opéra-comique de Victor Massé (1822-1884) dont la première représentation a été donnée en 1856.

2. *Thé de la Rue Royale* : il s'agissait d'un très célèbre salon de thé où l'on servait cette boisson avec un parfait style anglais.

résigner à se servir de lunettes pour travailler chez lui et à adopter, pour aller dans le monde, le monocle qui le défigurait moins. La première fois qu'elle lui en vit un dans l'œil, elle ne put contenir sa joie : « Je trouve que pour un homme, il n'y a pas à dire, ça a beaucoup de chic ! Comme tu es bien ainsi ! tu as l'air d'un vrai gentleman. Il ne te manque qu'un titre ! » ajouta-t-elle, avec une nuance de regret. Il aimait qu'Odette fût ainsi, de même que, s'il avait été épris d'une Bretonne, il aurait été heureux de la voir en coiffe et de lui entendre dire qu'elle croyait aux revenants. Jusque-là, comme beaucoup d'hommes chez qui leur goût pour les arts se développe indépendamment de la sensualité, un disparate bizarre avait existé entre les satisfactions qu'il accordait à l'un et à l'autre, jouissant, dans la compagnie de femmes de plus en plus grossières, des séductions d'œuvres de plus en plus raffinées, emmenant une petite bonne dans une baignoire grillée à la représentation d'une pièce décadente qu'il avait envie d'entendre ou à une exposition de peinture impressionniste, et persuadé d'ailleurs qu'une femme du monde cultivée n'y eût pas compris davantage, mais n'aurait pas su se taire aussi gentiment. Mais, au contraire, depuis qu'il aimait Odette, sympathiser avec elle, tâcher de n'avoir qu'une âme à eux deux lui était si doux, qu'il cherchait à se plaire aux choses qu'elle aimait, et il trouvait un plaisir d'autant plus profond non seulement à imiter ses habitudes, mais à adopter ses opinions, que, comme elles n'avaient aucune racine dans sa propre intelligence, elles lui rappelaient seulement son amour, à cause duquel il les avait préférées. S'il retournait à *Serge Panine*[1], s'il recherchait

---

1. *Serge Panine* : un roman de Georges Ohnet (1848-1918), romancier et dramaturge, mis en scène en 1882.

les occasions d'aller voir conduire Olivier Métra, c'était pour la douceur d'être initié dans toutes les conceptions d'Odette, de se sentir de moitié dans tous ses goûts. Ce charme de le rapprocher d'elle, qu'avaient les ouvrages ou les lieux qu'elle aimait, lui semblait plus mystérieux que celui qui est intrinsèque à de plus beaux, mais qui ne la lui rappelaient pas. D'ailleurs, ayant laissé s'affaiblir les croyances intellectuelles de sa jeunesse, et son scepticisme d'homme du monde ayant à son insu pénétré jusqu'à elles, il pensait (ou du moins il avait si longtemps pensé cela qu'il le disait encore) que les objets de nos goûts n'ont pas en eux une valeur absolue, mais que tout est affaire d'époque, de classe, consiste en modes, dont les plus vulgaires valent celles qui passent pour les plus distinguées. Et comme il jugeait que l'importance attachée par Odette à avoir des cartes pour le vernissage n'était pas en soi quelque chose de plus ridicule que le plaisir qu'il avait autrefois à déjeuner chez le prince de Galles, de même, il ne pensait pas que l'admiration qu'elle professait pour Monte-Carlo ou pour le Righi fût plus déraisonnable que le goût qu'il avait, lui, pour la Hollande qu'elle se figurait laide et pour Versailles qu'elle trouvait triste. Aussi, se privait-il d'y aller, ayant plaisir à se dire que c'était pour elle, qu'il voulait ne sentir, n'aimer qu'avec elle.

Comme tout ce qui environnait Odette et n'était en quelque sorte que le mode selon lequel il pouvait la voir, causer avec elle, il aimait la société des Verdurin. Là, comme au fond de tous les divertissements, repas, musique, jeux, soupers costumés, parties de campagne, parties de théâtre, même les rares « grandes soirées » données pour les « ennuyeux », il y avait la présence d'Odette, la vue d'Odette, la conversation avec Odette, dont les Verdurin faisaient à Swann, en l'invitant, le don inestimable, il se plaisait mieux que partout ailleurs dans le « petit noyau » et cherchait à lui attribuer des mérites réels, car il s'imaginait ainsi que, par goût, il le fréquenterait toute sa vie. Or, n'osant pas se dire, par peur de ne pas le croire, qu'il aimerait toujours Odette, du moins en supposant qu'il fréquenterait toujours les Verdurin (proposition qui, *a priori,* soulevait moins d'objections de principe de la part de son intelligence), il se voyait dans l'avenir continuant à rencontrer chaque soir Odette ; cela ne revenait peut-être pas tout à fait au même que l'aimer toujours, mais pour le moment, pendant qu'il aimait, croire qu'il ne cesserait pas un jour de la voir, c'est tout ce qu'il demandait. « Quel charmant milieu, se disait-il. Comme c'est au fond la vraie vie qu'on mène là ! Comme on y est plus intelligent, plus artiste que dans le monde ! Comme Mme Verdurin, malgré de petites exagérations un peu risibles, a un amour sincère de la peinture, de la musique, quelle passion pour les œuvres, quel désir de faire plaisir aux artistes ! Elle se fait une idée inexacte des gens du monde ; mais avec cela que le monde n'en a pas une plus fausse encore, des milieux artistes ! Peut-être n'ai-je pas de grands besoins intellectuels à assouvir dans la conversation, mais je me plais parfaitement bien avec Cottard, quoiqu'il fasse des calembours ineptes. Et quant au peintre, si sa prétention est déplaisante quand il cherche à étonner, en revanche c'est une des plus belles intelligences que j'aie connues. Et puis surtout, là, on se sent libre, on fait ce qu'on veut sans contrainte, sans cérémonie. Quelle dépense de bonne humeur il se fait par jour dans ce salon-là ! Décidément, sauf quelques rares exceptions, je n'irai plus jamais que dans ce milieu. C'est là que j'aurai de plus en plus mes habitudes et ma vie. »

Et comme les qualités qu'il croyait intrinsèques aux

Verdurin n'étaient que le reflet sur eux de plaisirs qu'avait goûtés chez eux son amour pour Odette, ces qualités devenaient plus sérieuses, plus profondes, plus vitales, quand ces plaisirs l'étaient aussi. Comme Mme Verdurin donnait parfois à Swann ce qui seul pouvait constituer pour lui le bonheur ; comme, tel soir où il se sentait anxieux parce qu'Odette avait causé avec un invité plus qu'avec un autre, et où, irrité contre elle, il ne voulait pas prendre l'initiative de lui demander si elle reviendrait avec lui, Mme Verdurin lui apportait la paix et la joie en disant spontanément : « Odette, vous allez ramener M. Swann, n'est-ce pas ? » ; comme, cet été qui venait et où il s'était d'abord demandé avec inquiétude si Odette ne s'absenterait pas sans lui, s'il pourrait continuer à la voir tous les jours, Mme Verdurin allait les inviter à le passer tous deux chez elle à la campagne — Swann, laissant à son insu la reconnaissance et l'intérêt s'infiltrer dans son intelligence et influer sur ses idées, allait jusqu'à proclamer que Mme Verdurin était une grande âme. De quelques gens exquis ou éminents que tel de ses anciens camarades de l'école du Louvre lui parlât : « Je préfère cent fois les Verdurin », lui répondait-il. Et, avec une solennité qui était nouvelle chez lui : « Ce sont des êtres magnanimes, et la magnanimité est, au fond, la seule chose qui importe et qui distingue ici-bas. Vois-tu, il n'y a que deux classes d'êtres : les magnanimes et les autres ; et je suis arrivé à un âge où il faut prendre parti, décider une fois pour toutes qui on veut aimer et qui on veut dédaigner, se tenir à ceux qu'on aime et, pour réparer le temps qu'on a gâché avec les autres, ne plus les quitter jusqu'à sa mort. Eh bien ! ajoutait-il avec cette légère émotion qu'on éprouve quand, même sans bien s'en rendre compte, on dit une chose non parce qu'elle est vraie, mais parce qu'on a plaisir à la dire et qu'on l'écoute dans sa propre voix comme si elle venait d'ailleurs que de nous-mêmes, le sort en est jeté, j'ai choisi d'aimer les seuls cœurs magnanimes et de ne plus vivre que dans la magnanimité. Tu me demandes si Mme Verdurin est véritablement intelligente. Je t'assure qu'elle m'a donné les preuves d'une noblesse de cœur, d'une hauteur d'âme où, que veux-tu, on n'atteint pas sans une hauteur égale de pensée. Certes elle a la profonde intelligence des arts. Mais ce n'est peut-être pas là qu'elle est le plus admirable ; et telle petite action ingénieusement, exquisement bonne, qu'elle a accomplie pour moi, telle géniale attention, tel geste familièrement sublime, révèlent une compréhension plus profonde de l'existence que tous les traités de philosophie. »

Il aurait pourtant pu se dire qu'il y avait des anciens amis de ses parents aussi simples que les Verdurin, des camarades de sa jeunesse aussi épris d'art, qu'il connaissait d'autres êtres d'un grand cœur, et que, pourtant, depuis qu'il avait opté pour la simplicité, les arts et la magnanimité, il ne les voyait plus jamais. Mais ceux-là ne connaissaient pas Odette, et, s'ils l'avaient connue, ne se seraient pas souciés de la rapprocher de lui.

Ainsi il n'y avait sans doute pas, dans tout le milieu Verdurin, un seul fidèle qui les aimât ou crût les aimer autant que Swann. Et pourtant, quand M. Verdurin avait dit que Swann ne lui revenait pas[1], non seulement il avait exprimé sa propre pensée, mais il avait deviné celle de sa femme. Sans doute Swann avait pour Odette une affection trop particulière et dont il avait négligé de faire de Mme Verdurin la confidente quotidienne ; sans doute la discrétion même avec laquelle il usait de

---

1. *Swann ne lui revenait pas* : Swann ne lui plaisait pas.

l'hospitalité des Verdurin, s'abstenant souvent de venir dîner pour une raison qu'ils ne soupçonnaient pas et à la place de laquelle ils voyaient le désir de ne pas manquer une invitation chez des « ennuyeux », sans doute aussi, et malgré toutes les précautions qu'il avait prises pour la leur cacher, la découverte progressive qu'ils faisaient de sa brillante situation mondaine, tout cela contribuait à leur irritation contre lui. Mais la raison profonde en était autre. C'est qu'ils avaient très vite senti en lui un espace réservé, impénétrable, où il continuait à professer silencieusement pour lui-même que la princesse de Sagan n'était pas grotesque et que les plaisanteries de Cottard n'étaient pas drôles, enfin, et bien que jamais il ne se départît de son amabilité et ne se révoltât contre leurs dogmes, une impossibilité de les lui imposer, de l'y convertir entièrement, comme ils n'en avaient jamais rencontré une pareille chez personne. Ils lui auraient pardonné de fréquenter des ennuyeux (auxquels d'ailleurs, dans le fond de son cœur, il préférait mille fois les Verdurin et tout le petit noyau), s'il avait consenti, pour le bon exemple, à les renier en présence des fidèles. Mais c'est une abjuration qu'ils comprirent qu'on ne pourrait pas lui arracher.

Quelle différence avec un « nouveau » qu'Odette leur avait demandé d'inviter, quoiqu'elle ne l'eût rencontré que peu de fois, et sur lequel ils fondaient beaucoup d'espoirs, le comte de Forcheville[1] ! (Il se trouva qu'il était justement le beau-frère de Saniette, ce qui remplit d'étonnement les fidèles : le vieil archiviste avait des manières si humbles qu'ils l'avaient toujours cru d'un rang social inférieur au leur et ne s'attendaient pas à apprendre qu'il appartenait à un monde riche et

---

1. *Le comte de Forcheville* : première apparition du rival de Swann, futur mari d'Odette après la mort de Swann.

relativement aristocratique.) Sans doute Forcheville était grossièrement snob, alors que Swann ne l'était pas ; sans doute il était bien loin de placer, comme lui, le milieu des Verdurin au-dessus de tous les autres. Mais il n'avait pas cette délicatesse de nature qui empêchait Swann de s'associer aux critiques trop manifestement fausses que dirigeait Mme Verdurin contre des gens qu'il connaissait. Quant aux tirades prétentieuses et vulgaires que le peintre lançait à certains jours, aux plaisanteries de commis voyageur que risquait Cottard et auxquelles Swann, qui les aimait l'un et l'autre, trouvait facilement des excuses mais n'avait pas le courage et l'hypocrisie d'applaudir, Forcheville était au contraire d'un niveau intellectuel qui lui permettait d'être abasourdi[1], émerveillé par les unes, sans d'ailleurs les comprendre, et de se délecter aux autres. Et justement le premier dîner chez les Verdurin auquel assista Forcheville mit en lumière toutes ces différences, fit ressortir ses qualités et précipita la disgrâce de Swann.

Il y avait à ce dîner, en dehors des habitués, un professeur de la Sorbonne, Brichot[2], qui avait rencontré M. et Mme Verdurin aux eaux[3] et, si ses fonctions universitaires et ses travaux d'érudition n'avaient pas rendu très rares ses moments de liberté, serait volontiers venu souvent chez eux. Car il avait cette curiosité, cette superstition de la vie qui, unie à un certain scepticisme relatif à l'objet de leurs études, donne dans n'importe quelle profession, à certains hommes intelligents,

1. *Abasourdi* : étourdi par un grand bruit, ou par ce qui surprend.
2. *Brichot* : professeur à la Sorbonne, amant des étymologies, lui aussi un des fidèles du clan des Verdurin.
3. *Aller aux eaux* : faire une cure thermale.

médecins qui ne croient pas à la médecine, professeurs de lycée qui ne croient pas au thème latin, la réputation d'esprits larges, brillants, et même supérieurs. Il affectait chez Mme Verdurin de chercher ses comparaisons dans ce qu'il y avait de plus actuel quand il parlait de philosophie et d'histoire, d'abord parce qu'il croyait qu'elles ne sont qu'une préparation à la vie et qu'il s'imaginait trouver en action dans le petit clan ce qu'il n'avait connu jusqu'ici que dans les livres, puis peut-être aussi parce que, s'étant vu inculquer autrefois, et ayant gardé à son insu, le respect de certains sujets, il croyait dépouiller l'universitaire en prenant avec eux des hardiesses qui, au contraire, ne lui paraissaient telles que parce qu'il l'était resté.

Dès le commencement du repas, comme M. de Forcheville, placé à la droite de Mme Verdurin qui avait fait pour le « nouveau » de grands frais de toilette[1], lui disait : « C'est original, cette robe blanche », le docteur qui n'avait cessé de l'observer, tant il était curieux de savoir comment était fait ce qu'il appelait un « de », et qui cherchait une occasion d'attirer son attention et d'entrer plus en contact avec lui, saisit au vol le mot « blanche », et sans lever le nez de son assiette, dit : « blanche ? Blanche de Castille[2] ? », puis sans bouger la tête lança furtivement de droite et de gauche des regards incertains et souriants. Tandis que Swann, par l'effort douloureux et vain qu'il fit pour sourire, témoigna qu'il jugeait ce calembour stupide, Forcheville avait montré à la fois qu'il en goûtait la finesse et qu'il

---

1. *Faire des frais de toilette* : s'habiller, se parer, d'une façon très élégante.

2. *Blanche de Castille* (1188-1252) : régente en France pendant la minorité de son fils, Louis IX. Elle montra un caractère énergique et ferme en réaffirmant l'autorité de la monarchie contre les révoltes des feudataires.

savait vivre, en contenant dans de justes limites une gaîté dont la franchise avait charmé Mme Verdurin.

— Qu'est-ce que vous dites d'un savant comme cela ? avait-elle demandé à Forcheville. Il n'y a pas moyen de causer sérieusement deux minutes avec lui. Est-ce que vous leur en dites comme cela, à votre hôpital ? avait-elle ajouté en se tournant vers le docteur, ça ne doit pas être ennuyeux tous les jours, alors. Je vois qu'il va falloir que je demande à m'y faire admettre.

— Je crois avoir entendu que le docteur parlait de cette vieille chipie de Blanche de Castille, si j'ose m'exprimer ainsi. N'est-il pas vrai, Madame ? demanda Brichot à Mme Verdurin qui, pâmant, les yeux fermés, précipita sa figure dans ses mains d'où s'échappèrent des cris étouffés. — Mon Dieu, Madame, je ne voudrais pas alarmer les âmes respectueuses s'il y en a autour de cette table, *sub rosa*[1]... Je reconnais d'ailleurs que notre ineffable république athénienne — ô combien ! — pourrait honorer en cette capétienne obscurantiste le premier des préfets de police à poigne[2]. Si fait, mon cher hôte, si fait, si fait, reprit-il de sa voix bien timbrée qui détachait chaque syllabe, en réponse à une objection de M. Verdurin. La *Chronique de Saint-Denis*[3] dont nous ne pouvons contester la sûreté d'information ne laisse aucun doute à cet égard. Nulle ne pourrait être

---

1. *Sub rosa dicta vel acta* : formule devenue dicton, qui renvoie à l'ancien usage de peindre une rose au plafond, au-dessus de la personne qui était assise au bout de la table. Il s'agissait de rappeler aux invités de ne pas révéler aux étrangers ce qui était dit pendant le dîner.

2. *À poigne* : fig. : énergique, ferme, autoritaire.

3. *Les Chroniques de Saint-Denis ou Grandes Chroniques de France* : elles relatent les grands événements de la Monarchie française des origines jusqu'à l'époque de Louis XII (1498-1515). Elles furent écrites par les moines de l'Abbaye de Saint-Denis.

mieux choisie comme patronne par un prolétariat laïcisateur que cette mère d'un saint à qui elle en fit d'ailleurs voir de saumâtres [1], comme dit Suger et autres saint Bernard [2] ; car avec elle chacun en prenait pour son grade.

— Quel est ce monsieur ? demanda Forcheville à Mme Verdurin, il a l'air d'être de première force.

— Comment, vous ne connaissez pas le fameux Brichot ? il est célèbre dans toute l'Europe.

— Ah ! c'est Bréchot, s'écria Forcheville qui n'avait pas bien entendu, vous m'en direz tant, ajouta-t-il tout en attachant sur l'homme célèbre des yeux écarquillés. C'est toujours intéressant de dîner avec un homme en vue. Mais, dites-moi, vous nous invitez là avec des convives de choix. On ne s'ennuie pas chez vous.

— Oh ! vous savez, ce qu'il y a surtout, dit modestement Mme Verdurin, c'est qu'ils se sentent en confiance. Ils parlent de ce qu'ils veulent, et la conversation rejaillit en fusées. Ainsi Brichot, ce soir, ce n'est rien : je l'ai vu, vous savez, chez moi, éblouissant, à se mettre à genoux devant ; eh bien ! chez les autres, ce n'est plus le même homme, il n'a plus d'esprit, il faut lui arracher les mots, il est même ennuyeux.

— C'est curieux ! dit Forcheville étonné.

Un genre d'esprit comme celui de Brichot aurait été tenu pour stupidité pure dans la coterie où Swann avait passé sa jeunesse, bien qu'il soit compatible avec une

---

1. *En faire voir de saumâtres* : (de saumastre) qui est mélangé avec de l'eau de mer et a un goût salé ; fig. : amer, désagréable. L'expression signifie donc faire accepter, subir des méchancetés.

2. *Suger* (1081-1151) : puissant abbé de l'Abbaye de Saint-Denis ; il écrivit des œuvres de contenu historique ; Saint Bernard (1090-1153), fut le fondateur de l'ordre des cisterciens.

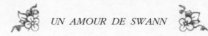

intelligence réelle. Et celle du professeur, vigoureuse et bien nourrie, aurait probablement pu être enviée par bien des gens du monde que Swann trouvait spirituels[1]. Mais ceux-ci avaient fini par lui inculquer si bien leurs goûts et leurs répugnances, au moins en tout ce qui touche à la vie mondaine et même en celle de ses parties annexes qui devrait plutôt relever du domaine de l'intelligence : la conversation, que Swann ne put trouver les plaisanteries de Brichot que pédantesques, vulgaires et grasses à écœurer. Puis il était choqué dans l'habitude qu'il avait des bonnes manières, par le ton rude et militaire qu'affectait, en s'adressant à chacun, l'universitaire cocardier[2]. Enfin, peut-être avait-il surtout perdu, ce soir-là, de son indulgence, en voyant l'amabilité que Mme Verdurin déployait pour ce Forcheville qu'Odette avait eu la singulière idée d'amener. Un peu gênée vis-à-vis de Swann, elle lui avait demandé en arrivant :

— Comment trouvez-vous mon invité ?

Et lui, s'apercevant pour la première fois que Forcheville qu'il connaissait depuis longtemps pouvait plaire à une femme et était assez bel homme, avait répondu : « Immonde ! » Certes, il n'avait pas l'idée d'être jaloux d'Odette, mais il ne se sentait pas aussi heureux que d'habitude et quand Brichot, ayant commencé à raconter l'histoire de la mère de Blanche de Castille qui « avait été avec Henri Plantagenet[3] des années avant de l'épouser », voulut s'en faire demander la suite par Swann en lui disant : « n'est-ce pas,

---

1. *Spirituel* : ironique, incisif, brillant.
2. *Cocardier* (m.) : patriote exalté.
3. *Henri Plantagenet* (1133-1189) : Henri II, duc de Normandie et (à partir de 1154) roi d'Angleterre, il n'était pas le père mais le grand-père de Blanche de Castille.

monsieur Swann ? » sur le ton martial qu'on prend pour se mettre à la portée d'un paysan ou pour donner du cœur à un troupier, Swann coupa l'effet de Brichot, à la grande fureur de la maîtresse de la maison, en répondant qu'on voulut bien l'excuser de s'intéresser si peu à Blanche de Castille, mais qu'il avait quelque chose à demander au peintre. Celui-ci, en effet, était allé dans l'après-midi visiter l'exposition d'un artiste, ami de Mme Verdurin, qui était mort récemment, et Swann aurait voulu savoir par lui (car il appréciait son goût) si vraiment il y avait dans ces dernières œuvres plus que la virtuosité qui stupéfiait déjà dans les précédentes.

— À ce point de vue-là, c'était extraordinaire, mais cela ne me semblait pas d'un art, comme on dit, très « élevé », dit Swann en souriant.

— Élevé... à la hauteur d'une institution, interrompit Cottard en levant les bras avec une gravité simulée.

Toute la table éclata de rire.

— Quand je vous disais qu'on ne peut pas garder son sérieux avec lui, dit Mme Verdurin à Forcheville. Au moment où on s'y attend le moins, il vous sort une calembredaine[1].

Mais elle remarqua que seul Swann ne s'était pas déridé[2]. Du reste il n'était pas très content que Cottard fît rire de lui devant Forcheville. Mais le peintre, au lieu de répondre d'une façon intéressante à Swann, ce qu'il eût probablement fait s'il eût été seul avec lui, préféra se faire admirer des convives en plaçant un morceau sur l'habileté du maître disparu.

— Je me suis approché, dit-il, pour voir comment

---

1. *Calembredaine* (f.) : propos extravagant et vain; plaisanterie cocasse.
2. *Se dérider* : s'égayer, se réjouir.

c'était fait, j'ai mis le nez dessus. Ah ! bien ouiche ! on ne pourrait pas dire si c'est fait avec de la colle, avec du rubis, avec du savon, avec du bronze, avec du soleil, avec du caca !

— Et un font douze, s'écria trop tard le docteur dont personne ne comprit l'interruption.

— Ça a l'air fait avec rien, reprit le peintre, pas plus moyen de découvrir le truc que dans *la Ronde* ou *les Régentes*[1] et c'est encore plus fort comme patte que Rembrandt et que Hals. Tout y est, mais non, je vous jure.

Et comme les chanteurs parvenus à la note la plus haute qu'ils puissent donner continuent en voix de tête, piano, il se contenta de murmurer, et en riant, comme si en effet cette peinture eût été dérisoire à force de beauté :

— Ça sent bon, ça vous prend à la tête, ça vous coupe la respiration, ça vous fait des chatouilles, et pas mèche de savoir avec quoi c'est fait, c'en est sorcier, c'est de la rouerie, c'est du miracle (éclatant tout à fait de rire) : c'en est malhonnête ! Et s'arrêtant, redressant gravement la tête, prenant une note de basse profonde qu'il tâcha de rendre harmonieuse, il ajouta : « et c'est si loyal ! ».

Sauf au moment où il avait dit : « plus fort que *la Ronde* », blasphème qui avait provoqué une protestation de Mme Verdurin qui tenait la Ronde pour le plus grand chef-d'œuvre de l'univers avec *la Neuvième* et *la Samothrace*, et à : « fait avec du caca », qui avait fait jeter à Forcheville un coup d'œil circulaire

---

1. *La Ronde ou les Régentes* : *La Ronde de nuit* est une œuvre de Rembrandt (1606-1669); *Les Régentes* (ou *Portrait des Régentes de l'hospice des vieillards*), de Frans Hals (1580-1666), peintre hollandais, personnalité dominante de l'école de Haarlem.

sur la table pour voir si le mot passait et avait ensuite amené sur sa bouche un sourire prude et conciliant, tous les convives, excepté Swann, avaient attaché sur le peintre des regards fascinés par l'admiration.

— Ce qu'il m'amuse quand il s'emballe comme ça, s'écria, quand il eut terminé, Mme Verdurin, ravie que la table fût justement si intéressante le jour où M. de Forcheville venait pour la première fois. Et toi, qu'est-ce que tu as à rester comme cela, bouche bée comme une grande bête ? dit-elle à son mari. Tu sais pourtant qu'il parle bien ; on dirait que c'est la première fois qu'il vous entend. Si vous l'aviez vu pendant que vous parliez, il vous buvait. Et demain il nous récitera tout ce que vous avez dit sans manger un mot.

— Mais non, c'est pas de la blague, dit le peintre, enchanté de son succès, vous avez l'air de croire que je fais le boniment[1], que c'est du chiqué[2] ; je vous y mènerai voir, vous direz si j'ai exagéré, je vous fiche mon billet que vous revenez plus emballée que moi !

— Mais nous ne croyons pas que vous exagérez, nous voulons seulement que vous mangiez, et que mon mari mange aussi ; redonnez de la sole normande à Monsieur, vous voyez bien que la sienne est froide. Nous ne sommes pas si pressés, vous servez comme s'il y avait le feu, attendez donc un peu pour donner la salade.

Mme Cottard, qui était modeste et parlait peu, savait pourtant ne pas manquer d'assurance quand une heureuse inspiration lui avait fait trouver un mot juste. Elle sentait qu'il aurait du succès, cela la mettait en

---

1. *Faire le boniment* : de bonnir, en dire des bonnes ; séduire, tromper par des discours mensongers.
2. *Chiqué* (m.) : affection, épate, esbroufe.

confiance, et ce qu'elle en faisait était moins pour briller que pour être utile à la carrière de son mari. Aussi ne laissa-t-elle pas échapper le mot de salade que venait de prononcer Mme Verdurin.

— Ce n'est pas de la salade japonaise ? dit-elle à mi-voix en se tournant vers Odette.

Et ravie et confuse de l'à-propos et de la hardiesse qu'il y avait à faire ainsi une allusion discrète, mais claire, à la nouvelle et retentissante pièce de Dumas, elle éclata d'un rire charmant d'ingénue, peu bruyant, mais si irrésistible qu'elle resta quelques instants sans pouvoir le maîtriser. « Qui est cette dame ? elle a de l'esprit », dit Forcheville.

— Non, mais nous vous en ferons si vous venez tous dîner vendredi.

— Je vais vous paraître bien provinciale, Monsieur, dit Mme Cottard à Swann, mais je n'ai pas encore vu cette fameuse *Francillon*[1] dont tout le monde parle. Le docteur y est déjà allé (je me rappelle même qu'il m'a dit avoir eu le très grand plaisir de passer la soirée avec vous) et j'avoue que je n'ai pas trouvé raisonnable qu'il louât des places pour y retourner avec moi. Évidemment, au Théâtre-Français, on ne regrette jamais sa soirée, c'est toujours si bien joué, mais comme nous avons des amis très aimables (Mme Cottard prononçait rarement un nom propre et se contentait de dire « des amis à nous », « une de mes amies », par « distinction », sur un ton factice, et avec l'air d'importance d'une personne qui ne nomme que qui elle veut) qui ont souvent des loges et ont la bonne idée de nous

---

1. *Francillon* : représenté pour la première fois au Théâtre-Français le 17 janvier 1887. La « salade japonaise » dont il s'agit ici est donnée par Annette de Riverolle à Henri de Symeux, personnages du roman.

emmener à toutes les nouveautés qui en valent la peine, je suis toujours sûre de voir *Francillon* un peu plus tôt ou un peu plus tard, et de pouvoir me former une opinion. Je dois pourtant confesser que je me trouve assez sotte, car, dans tous les salons où je vais en visite, on ne parle naturellement que de cette malheureuse salade japonaise. On commence même à en être un peu fatigué, ajouta-t-elle en voyant que Swann n'avait pas l'air aussi intéressé qu'elle aurait cru par une si brûlante actualité. Il faut avouer pourtant que cela donne quelquefois prétexte à des idées assez amusantes. Ainsi j'ai une de mes amies qui est très originale, quoique très jolie femme, très entourée, très lancée, et qui prétend qu'elle a fait faire chez elle cette salade japonaise, mais en faisant mettre tout ce qu'Alexandre Dumas fils dit dans la pièce. Elle avait invité quelques amies à venir en manger. Malheureusement je n'étais pas des élues. Mais elle nous l'a raconté tantôt, à son jour ; il paraît que c'était détestable, elle nous a fait rire aux larmes. Mais vous savez, tout est dans la manière de raconter, dit-elle en voyant que Swann gardait un air grave.

Et supposant que c'était peut-être parce qu'il n'aimait pas *Francillon* :

— Du reste je crois que j'aurai une déception. Je ne crois pas que cela vaille *Serge Panine*, l'idole de Mme de Crécy. Voilà au moins des sujets qui ont du fond, qui font réfléchir ; mais donner une recette de salade sur la scène du Théâtre-Français ! Tandis que *Serge Panine* ! Du reste, c'est comme tout ce qui vient de la plume de Georges Ohnet, c'est toujours si bien écrit. Je ne sais pas si vous connaissez le *Maître de Forges*[1] que

---

1. *Le Maître de Forges* : roman de Georges Ohnet, adapté pour la scène du Gymnase Dramatique, obtint en 1883 un grand succès.

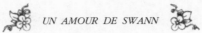

je préférerais encore à *Serge Panine*.

— Pardonnez-moi, lui dit Swann d'un air ironique, mais j'avoue que mon manque d'admiration est à peu près égal pour ces deux chefs-d'œuvre.

— Vraiment, qu'est-ce que vous leur reprochez ? Est-ce un parti pris ? Trouvez-vous peut-être que c'est un peu triste ? D'ailleurs, comme je dis toujours, il ne faut jamais discuter sur les romans ni sur les pièces de théâtre. Chacun a sa manière de voir et vous pouvez trouver détestable ce que j'aime le mieux.

Elle fut interrompue par Forcheville qui interpellait Swann. En effet, tandis que Mme Cottard parlait de *Francillon*, Forcheville avait exprimé à Mme Verdurin son admiration pour ce qu'il avait appelé le petit « speech » du peintre.

— Monsieur a une facilité de parole, une mémoire ! avait-il dit à Mme Verdurin quand le peintre eut terminé, comme j'en ai rarement rencontré. Bigre ! je voudrais bien en avoir autant. Il ferait un excellent prédicateur. On peut dire qu'avec M. Bréchot, vous avez là deux numéros qui se valent, je ne sais même pas si comme platine[1], celui-ci ne damerait pas encore le pion[2] au professeur. Ça vient plus naturellement, c'est moins recherché. Quoiqu'il ait dit, chemin faisant, quelques mots un peu réalistes, mais c'est le goût du jour, je n'ai pas souvent vu tenir le crachoir avec une pareille dextérité, comme nous disions au régiment, où pourtant j'avais un camarade que justement Monsieur me rappelait un peu. À propos de n'importe quoi, je ne sais que vous dire, sur ce verre, par exemple, il

---

1. *Platine* (f.) : disposition à parler facilement.
2. *Damer le pion* : être victorieux, l'emporter sur quelqu'un.

pouvait dégoiser[1] pendant des heures ; non, pas à propos de ce verre, ce que je dis est stupide ; mais à propos de la bataille de Waterloo, de tout ce que vous voudrez, et il nous envoyait chemin faisant des choses auxquelles vous n'auriez jamais pensé. Du reste Swann était dans le même régiment ; il a dû le connaître.

— Vous voyez souvent M. Swann ? demanda Mme Verdurin.

— Mais non, répondit M. de Forcheville, et comme, pour se rapprocher plus aisément d'Odette, il désirait être agréable à Swann, voulant saisir cette occasion, pour le flatter, de parler de ses belles relations, mais d'en parler en homme du monde, sur un ton de critique cordiale et n'avoir pas l'air de l'en féliciter comme d'un succès inespéré : « N'est-ce pas, Swann ? je ne vous vois jamais. D'ailleurs, comment faire pour le voir ? Cet animal-là est tout le temps fourré chez les La Trémoïlle[2], chez les Laumes, chez tout ça !... » Imputation d'autant plus fausse d'ailleurs que depuis un an Swann n'allait plus guère que chez les Verdurin. Mais le seul nom de personnes qu'ils ne connaissaient pas était accueilli chez eux par un silence réprobateur. M. Verdurin, craignant la pénible impression que ces noms d'« ennuyeux », surtout lancés ainsi sans tact à la face de tous les fidèles, avaient dû produire sur sa femme, jeta sur elle à la dérobée un regard plein d'inquiète sollicitude. Il vit alors que dans sa résolution de ne pas prendre acte, de ne pas avoir été touchée par la nouvelle qui venait de lui être notifiée, de ne pas

---

1. *Dégoiser* : de de- et gosier ; chanter, débiter, parler.

2. *Charles-Louis de La Trémoïlle* (1838-1911) : il appartenait à une des plus anciennes familles aristocratiques de France et publia de nombreuses œuvres historiques dédiées aux entreprises de ses ancêtres.

seulement rester muette, mais d'avoir été sourde, comme nous l'affectons quand un ami fautif essaye de glisser dans la conversation une excuse que ce serait avoir l'air d'admettre que de l'avoir écoutée sans protester, ou quand on prononce devant nous le nom défendu d'un ingrat, Mme Verdurin, pour que son silence n'eût pas l'air d'un consentement, mais du silence ignorant des choses inanimées, avait soudain dépouillé son visage de toute vie, de toute motilité ; son front bombé n'était plus qu'une belle étude de ronde-bosse[1] où le nom de ces La Trémoïlle chez qui était toujours fourré Swann, n'avait pu pénétrer ; son nez légèrement froncé laissait voir une échancrure qui semblait calquée sur la vie. On eût dit que sa bouche entrouverte allait parler. Ce n'était plus qu'une cire perdue, qu'un masque de plâtre, qu'une maquette pour un monument, qu'un buste pour le Palais de l'Industrie, devant lequel le public s'arrêterait certainement pour admirer comment le sculpteur, en exprimant l'imprescriptible dignité des Verdurin opposée à celle des La Trémoïlle et des Laumes qu'ils valent certes ainsi que tous les ennuyeux de la terre, était arrivé à donner une majesté presque papale à la blancheur et à la rigidité de la pierre. Mais le marbre finit par s'animer et fit entendre qu'il fallait ne pas être dégoûté pour aller chez ces gens-là, car la femme était toujours ivre et le mari si ignorant qu'il disait collidor pour corridor.

— On me paierait bien cher que je ne laisserais pas entrer ça chez moi, conclut Mme Verdurin, en regardant Swann d'un air impérieux.

Sans doute elle n'espérait pas qu'il se soumettrait jusqu'à imiter la sainte simplicité de la tante du pianiste

---

1. *Ronde-bosse* (f.) : sculpture en relief.

qui venait de s'écrier :

— Voyez-vous ça ? Ce qui m'étonne, c'est qu'ils trouvent encore des personnes qui consentent à leur causer ! il me semble que j'aurais peur : un mauvais coup est si vite reçu ! Comment y a-t-il encore du peuple assez brute pour leur courir après ?

Mais que ne répondait-il du moins comme Forcheville : « Dame, c'est une duchesse ! il y a des gens que ça impressionne encore », ce qui avait permis au moins à Mme Verdurin de répliquer : « Grand bien leur fasse ! » Au lieu de cela, Swann se contenta de rire d'un air qui signifiait qu'il ne pouvait même pas prendre au sérieux une pareille extravagance. M. Verdurin, continuant à jeter sur sa femme des regards furtifs, voyait avec tristesse et comprenait trop bien qu'elle éprouvait la colère d'un grand inquisiteur qui ne parvient pas à extirper l'hérésie, et pour tâcher d'amener Swann à une rétractation, comme le courage de ses opinions paraît toujours un calcul et une lâcheté aux yeux de ceux à l'encontre de qui il s'exerce, M. Verdurin l'interpella :

— Dites donc franchement votre pensée, nous n'irons pas le leur répéter.

À quoi Swann répondit :

— Mais ce n'est pas du tout par peur de la duchesse (si c'est des La Trémoïlle que vous parlez). Je vous assure que tout le monde aime aller chez elle. Je ne vous dis pas qu'elle soit « profonde » (il prononça profonde, comme si ç'avait été un mot ridicule, car son langage gardait la trace d'habitudes d'esprit qu'une certaine rénovation, marquée par l'amour de la musique, lui avait momentanément fait perdre — il exprimait parfois ses opinions avec chaleur —) mais, très sincèrement, elle est intelligente et son mari est un véritable lettré. Ce sont des gens charmants.

Si bien que Mme Verdurin, sentant que par ce seul infidèle elle serait empêchée de réaliser l'unité morale du petit noyau, ne put pas s'empêcher dans sa rage contre cet obstiné qui ne voyait pas combien ses paroles la faisaient souffrir, de lui crier du fond du cœur :

— Trouvez-le si vous voulez, mais du moins ne nous le dites pas.

— Tout dépend de ce que vous appelez intelligence, dit Forcheville qui voulait briller à son tour. Voyons, Swann, qu'entendez-vous par intelligence ?

— Voilà ! s'écria Odette, voilà les grandes choses dont je lui demande de me parler, mais il ne veut jamais.

— Mais si... protesta Swann.

— Cette blague ! dit Odette.

— Blague à tabac ? demanda le docteur.

— Pour vous, reprit Forcheville, l'intelligence, est-ce le bagout[1] du monde, les personnes qui savent s'insinuer ?

— Finissez votre entremets qu'on puisse enlever votre assiette, dit Mme Verdurin d'un ton aigre en s'adressant à Saniette, lequel absorbé dans des réflexions, avait cessé de manger. Et peut-être un peu honteuse du ton qu'elle avait pris : — Cela ne fait rien, vous avez votre temps, mais si je vous le dis, c'est pour les autres, parce que cela empêche de servir.

— Il y a, dit Brichot en martelant les syllabes, une définition bien curieuse de l'intelligence dans ce doux anarchiste de Fénelon[2]...

---

1. *Bagout* (m.) : de bagouler, parler inconsidérément; loquacité tendant parfois à duper, ou à faire illusion.

2. *François de Salignac de La Mothe* (1651-1715) : archevêque de Cambrai, précepteur du duc de Bourgogne, auteur de plusieurs œuvres parmi lesquelles le célèbre *Télémaque*.

— Écoutez ! dit à Forcheville et au docteur Mme Verdurin, il va nous dire la définition de l'intelligence par Fénelon, c'est intéressant, on n'a pas toujours l'occasion d'apprendre cela.

Mais Brichot attendait que Swann eût donné la sienne. Celui-ci ne répondit pas et en se dérobant fit manquer la brillante joute[1] que Mme Verdurin se réjouissait d'offrir à Forcheville.

— Naturellement, c'est comme avec moi, dit Odette d'un ton boudeur, je ne suis pas fâchée de voir que je ne suis pas la seule qu'il ne trouve pas à la hauteur.

— Ces de La Trémouaille que Mme Verdurin nous a montrés comme si peu recommandables, demanda Brichot en articulant avec force, descendent-ils de ceux que cette bonne snob de Mme de Sévigné avouait être heureuse de connaître parce que cela faisait bien pour ses paysans ? Il est vrai que la marquise avait une autre raison, et qui pour elle devait primer celle-là, car gendelettre dans l'âme, elle faisait passer la copie avant tout. Or dans le journal qu'elle envoyait régulièrement à sa fille, c'est Mme de La Trémouaille, bien documentée par ses grandes alliances, qui faisait la politique étrangère.

— Mais non, je ne crois pas que ce soit la même famille, dit à tout hasard Mme Verdurin.

Saniette[2] qui, depuis qu'il avait rendu précipitamment au maître d'hôtel son assiette encore pleine, s'était replongé dans un silence méditatif, en sortit enfin pour raconter en riant l'histoire d'un dîner qu'il avait fait avec le duc de La Trémoïlle et d'où il résultait que celui-ci

---

1. *Joute* (f.) : de jouter, rivaliser dans une lutte, combattre de près à pied ou à cheval, avec des lances ; ici : joute oratoire.
2. *Saniette* : un archiviste, un des fidèles et des souffre-douleurs des Verdurin.

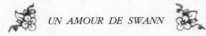

ne savait pas que George Sand[1] était le pseudonyme d'une femme. Swann, qui avait de la sympathie pour Saniette, crut devoir lui donner sur la culture du duc des détails montrant qu'une telle ignorance de la part de celui-ci était matériellement impossible ; mais tout d'un coup il s'arrêta, il venait de comprendre que Saniette n'avait pas besoin de ces preuves et savait que l'histoire était fausse, pour la raison qu'il venait de l'inventer il y avait un moment. Cet excellent homme souffrait d'être trouvé si ennuyeux par les Verdurin ; et ayant conscience d'avoir été plus terne encore à ce dîner que d'habitude, il n'avait pas voulu le laisser finir sans avoir réussi à amuser. Il capitula si vite, eut l'air si malheureux de voir manqué l'effet sur lequel il avait compté, et répondit d'un ton si lâche à Swann pour que celui-ci ne s'acharnât pas à une réfutation désormais inutile : « C'est bon, c'est bon ; en tous cas, même si je me trompe, ce n'est pas un crime, je pense », que Swann aurait voulu pouvoir dire que l'histoire était vraie et délicieuse. Le docteur qui les avait écoutés eut l'idée que c'était le cas de dire : « *Se non è vero*[2] », mais il n'était pas assez sûr des mots et craignit de s'embrouiller.

Après le dîner, Forcheville alla de lui-même vers le docteur.

— Elle n'a pas dû être mal, Mme Verdurin, et puis c'est une femme avec qui on peut causer, pour moi tout est là. Évidemment elle commence à avoir un peu de bouteille[3]. Mais Mme de Crécy, voilà une petite

---

1. *George Sand* (1804-1876) : pseudonyme d'Aurore Dupin, baronne Dudevant, écrivain français, auteur de *François le Champi*.

2. *Se non è vero* : il s'agit de la première partie du dicton : *Se non è vero, è ben detto*.

3. *Avoir un peu de bouteille* : (fam.) vieillir.

femme qui a l'air intelligente, ah! saperlipopette, on voit tout de suite qu'elle a l'œil américain, celle-là! Nous parlons de Mme de Crécy, dit-il à M. Verdurin qui s'approchait, la pipe à la bouche. Je me figure que comme corps de femme...

— J'aimerais mieux l'avoir dans mon lit que le tonnerre, dit précipitamment Cottard qui depuis quelques instants attendait en vain que Forcheville reprît haleine pour placer cette vieille plaisanterie dont il craignait que ne revînt pas l'à-propos si la conversation changeait de cours, et qu'il débita avec cet excès de spontanéité et d'assurance qui cherche à masquer la froideur et l'émoi inséparables d'une récitation. Forcheville la connaissait, il la comprit et s'en amusa. Quant à M. Verdurin, il ne marchanda pas sa gaîté, car il avait trouvé depuis peu pour la signifier un symbole autre que celui dont usait sa femme, mais aussi simple et aussi clair. À peine avait-il commencé à faire le mouvement de tête et d'épaules de quelqu'un qui s'esclaffe qu'aussitôt il se mettait à tousser comme si, en riant trop fort, il avait avalé la fumée de sa pipe. Et la gardant toujours au coin de sa bouche, il prolongeait indéfiniment le simulacre de suffocation et d'hilarité. Ainsi lui et Mme Verdurin qui, en face, écoutant le peintre qui lui racontait une histoire, fermait les yeux avant de précipiter son visage dans ses mains, avaient l'air de deux masques de théâtre qui figuraient différemment la gaîté.

M. Verdurin avait d'ailleurs fait sagement en ne retirant pas sa pipe de sa bouche, car Cottard qui avait besoin de s'éloigner un instant fit à mi-voix une plaisanterie qu'il avait apprise depuis peu et qu'il renouvelait chaque fois qu'il avait à aller au même endroit : « Il faut que j'aille entretenir un instant le duc d'Aumale[1] », de sorte que la quinte[2] de M. Verdurin recommença.

— Voyons, enlève donc ta pipe de ta bouche, tu vois bien que tu vas t'étouffer à te retenir de rire comme ça, lui dit Mme Verdurin qui venait offrir des liqueurs.

— Quel homme charmant que votre mari, il a de l'esprit comme quatre, déclara Forcheville à Mme Cottard. Merci Madame. Un vieux troupier comme moi, ça ne refuse jamais la goutte.

— M. de Forcheville trouve Odette charmante, dit M. Verdurin à sa femme.

— Mais justement elle voudrait déjeuner une fois avec vous. Nous allons combiner ça, mais il ne faut pas que Swann le sache. Vous savez, il met un peu de froid. Ça ne vous empêchera pas de venir dîner, naturellement, nous espérons vous avoir très souvent. Avec la belle saison qui vient, nous allons souvent dîner en plein air. Cela ne vous ennuie pas, les petits dîners au Bois ? bien, bien, ce sera très gentil. Est-ce que vous n'allez pas travailler de votre métier, vous ! cria-t-elle au petit pianiste, afin de faire montre, devant un nouveau de l'importance de Forcheville, à la fois de son esprit et de son pouvoir tyrannique sur les fidèles.

— M. de Forcheville était en train de me dire du mal de toi, dit Mme Cottard à son mari quand il rentra au salon.

---

1. *Henri-Eugène-Philippe-Louis d'Orléans* (1822-1897) : duc d'Aumale, quatrième fils du roi Louis-Philippe, politicien et historien renommé. Ici Cottard fait un jeu de mots, car Aumale se prononce comme aux mâles, qui correspond à l'indication Messieurs qu'on applique aux toilettes pour les hommes.

2. *Quinte* (f.) : accès de toux.

Et lui, poursuivant l'idée de la noblesse de Forcheville qui l'occupait depuis le commencement du dîner, lui dit :

— Je soigne en ce moment une baronne, la baronne Putbus ; les Putbus étaient aux Croisades, n'est-ce pas ? Ils ont, en Poméranie, un lac qui est grand comme dix fois la place de la Concorde. Je la soigne pour de l'arthrite sèche, c'est une femme charmante. Elle connaît du reste Mme Verdurin, je crois.

Ce qui permit à Forcheville, quand il se retrouva, un moment après, seul avec Mme Cottard, de compléter le jugement favorable qu'il avait porté sur son mari :

— Et puis il est intéressant, on voit qu'il connaît du monde. Dame, ça sait tant de choses, les médecins !

— Je vais jouer la phrase de la *Sonate* pour M. Swann, dit le pianiste.

— Ah ! bigre ! ce n'est pas au moins le *Serpent à Sonates* ? demanda M. de Forcheville pour faire de l'effet.

Mais le docteur Cottard, qui n'avait jamais entendu ce calembour, ne le comprit pas et crut à une erreur de M. de Forcheville. Il s'approcha vivement pour la rectifier :

— Mais non, ce n'est pas serpent à sonates qu'on dit, c'est serpent à sonnettes, dit-il d'un ton zélé, impatient et triomphal.

Forcheville lui expliqua le calembour. Le docteur rougit.

— Avouez qu'il est drôle, Docteur ?

— Oh ! je le connais depuis si longtemps, répondit Cottard.

Mais ils se turent ; sous l'agitation des trémolos de violon qui la protégeaient de leur tenue frémissante à deux octaves de là — et comme dans un pays de montagne, derrière l'immobilité apparente et vertigineuse d'une cascade, on aperçoit, deux cents pieds plus bas, la forme minuscule d'une promeneuse

— la petite phrase[1] venait d'apparaître, lointaine, gracieuse, protégée par le long déferlement du rideau transparent, incessant et sonore. Et Swann, en son cœur, s'adressa à elle comme à une confidente de son amour, comme à une amie d'Odette qui devrait bien lui dire de ne pas faire attention à ce Forcheville.

— Ah ! vous arrivez tard, dit Mme Verdurin à un fidèle qu'elle n'avait invité qu'en « cure-dents », nous avons eu « un » Brichot incomparable, d'une éloquence ! Mais il est parti. N'est-ce pas, monsieur Swann ? Je crois que c'est la première fois que vous vous rencontriez avec lui, dit-elle pour lui faire remarquer que c'était à elle qu'il devait de le connaître. N'est-ce pas, il a été délicieux, notre Brichot ?

Swann s'inclina poliment.

— Non ? il ne vous a pas intéressé ? lui demanda sèchement Mme Verdurin.

— Mais si, Madame, beaucoup, j'ai été ravi. Il est peut-être un peu péremptoire et un peu jovial pour mon goût. Je lui voudrais parfois un peu d'hésitations et de douceur, mais on sent qu'il sait tant de choses et il a l'air d'un bien brave homme.

Tout le monde se retira fort tard. Les premiers mots de Cottard à sa femme furent :

— J'ai rarement vu Mme Verdurin aussi en verve que ce soir.

— Qu'est-ce que c'est exactement que cette Mme Verdurin, un demi-castor[2] ? dit Forcheville au peintre à qui il proposa de revenir avec lui.

---

1. *La petite phrase* : deuxième audition, chez les Verdurin, de la sonate de Vinteuil. Ici elle se lie à la naissance de la jalousie de Swann.

2. *Demi-castor* (m.) : expression qui signifie personne qui ne vaut pas grand-chose.

Odette le vit s'éloigner avec regret, elle n'osa pas ne pas revenir avec Swann, mais fut de mauvaise humeur en voiture, et quand il lui demanda s'il devait entrer chez elle, elle lui dit « Bien entendu », en haussant les épaules avec impatience. Quand tous les invités furent partis, Mme Verdurin dit à son mari :

— As-tu remarqué comme Swann a ri d'un rire niais quand nous avons parlé de Mme La Trémoïlle ?

Elle avait remarqué que devant ce nom Swann et Forcheville avaient plusieurs fois supprimé la particule. Ne doutant pas que ce fût pour montrer qu'ils n'étaient pas intimidés par les titres, elle souhaitait d'imiter leur fierté, mais n'avait pas bien saisi par quelle forme grammaticale elle se traduisait. Aussi sa vicieuse façon de parler l'emportant sur son intransigeance républicaine, elle disait encore les de La Trémoïlle ou plutôt par une abréviation en usage dans les paroles des chansons de café-concert et les légendes des caricaturistes et qui dissimulait le de, les d'La Trémoïlle, mais elle se rattrapait en disant : « Madame La Trémoïlle. » « La *Duchesse*, comme dit Swann », ajouta-t-elle ironiquement avec un sourire qui prouvait qu'elle ne faisait que citer et ne prenait pas à son compte une dénomination aussi naïve et ridicule.

— Je te dirai que je l'ai trouvé extrêmement bête.

Et M. Verdurin lui répondit :

— Il n'est pas franc, c'est un monsieur cauteleux, toujours entre le zist et le zest[1]. Il veut toujours ménager la chèvre et le chou. Quelle différence avec Forcheville ! Voilà au moins un homme qui vous dit carrément sa façon de penser. Ça vous plaît ou ça ne vous plaît pas. Ce n'est pas comme l'autre qui n'est jamais ni figue ni

---

1. *Entre le zist et le zest* : se dit d'une personne indécise, d'une personne difficile à définir ou juger.

raisin. Du reste Odette a l'air de préférer joliment le Forcheville, et je lui donne raison. Et puis enfin, puisque Swann veut nous la faire à l'homme du monde, au champion des duchesses, au moins l'autre a son titre ; il est toujours comte de Forcheville, ajouta-t-il d'un air délicat, comme si, au courant de l'histoire de ce comté, il en soupesait minutieusement la valeur particulière.

— Je te dirai, dit Mme Verdurin, qu'il a cru devoir lancer contre Brichot quelques insinuations venimeuses et assez ridicules. Naturellement, comme il a vu que Brichot était aimé dans la maison, c'était une manière de nous atteindre, de bêcher notre dîner[1]. On sent le bon petit camarade qui vous débinera[2] en sortant.

— Mais je te l'ai dit, répondit M. Verdurin, c'est le raté, le petit individu envieux de tout ce qui est un peu grand.

En réalité il n'y avait pas un fidèle qui ne fût plus malveillant que Swann ; mais tous ils avaient la précaution d'assaisonner leurs médisances de plaisanteries connues, d'une petite pointe d'émotion et de cordialité ; tandis que la moindre réserve que se permettait Swann, dépouillée des formules de convention telles que : « Ce n'est pas du mal que nous disons » et auxquelles il dédaignait de s'abaisser, paraissait une perfidie. Il y a des auteurs originaux dont la moindre hardiesse révolte parce qu'ils n'ont pas d'abord flatté les goûts du public et ne lui ont pas servi les lieux communs auxquels il est habitué ; c'est de la même manière que Swann indignait M. Verdurin. Pour Swann comme pour eux, c'était la nouveauté de son langage qui faisait croire à la noirceur de ses intentions. Swann ignorait encore la disgrâce dont il était

---

1. *Bêcher notre dîner* : nous critiquer vivement.
2. *Débiner* : dénigrer, médire.

menacé chez les Verdurin et continuait à voir leurs ridicules en beau, au travers de son amour.

Il n'avait de rendez-vous avec Odette, au moins le plus souvent, que le soir ; mais le jour, ayant peur de la fatiguer de lui en allant chez elle, il aurait aimé du moins ne pas cesser d'occuper sa pensée et à tous moments il cherchait à trouver une occasion d'y intervenir, mais d'une façon agréable pour elle. Si, à la devanture[1] d'un fleuriste ou d'un joaillier, la vue d'un arbuste ou d'un bijou le charmait, aussitôt il pensait à les envoyer à Odette, imaginant le plaisir qu'ils lui avaient procuré, ressenti par elle, venant accroître la tendresse qu'elle avait pour lui, et les faisait porter immédiatement rue La Pérouse, pour ne pas retarder l'instant où, comme elle recevrait quelque chose de lui, il se sentirait en quelque sorte près d'elle. Il voulait surtout qu'elle les reçût avant de sortir pour que la reconnaissance qu'elle éprouverait lui valût un accueil plus tendre quand elle le verrait chez les Verdurin, ou même, qui sait ? si le fournisseur faisait assez diligence, peut-être une lettre qu'elle lui enverrait avant le dîner, ou sa venue à elle en personne chez lui, en une visite supplémentaire, pour le remercier. Comme jadis quand il expérimentait sur la nature d'Odette les réactions du dépit, il cherchait par celles de la gratitude à tirer d'elle des parcelles intimes de sentiment qu'elle ne lui avait pas révélées encore.

Souvent elle avait des embarras d'argent et, pressée par une dette, le priait de lui venir en aide. Il en était heureux comme de tout ce qui pouvait donner à Odette une grande idée de l'amour qu'il avait pour elle, ou simplement une grande idée de son influence, de

---

1. *Devanture* (f.) : étalage.

l'utilité dont il pouvait lui être. Sans doute si on lui avait dit au début : « c'est ta situation qui lui plaît », et maintenant : « c'est pour ta fortune qu'elle t'aime », il ne l'aurait pas cru, et n'aurait pas été d'ailleurs très mécontent qu'on se la figurât tenant à lui — qu'on les sentît unis l'un à l'autre — par quelque chose d'aussi fort que le snobisme ou l'argent. Mais, même s'il avait pensé que c'était vrai, peut-être n'eût-il pas souffert de découvrir à l'amour d'Odette pour lui cet étai plus durable que l'agrément ou les qualités qu'elle pouvait lui trouver : l'intérêt, l'intérêt qui empêcherait de venir jamais le jour où elle aurait pu être tentée de cesser de le voir. Pour l'instant, en la comblant de présents, en lui rendant des services, il pouvait se reposer sur des avantages extérieurs à sa personne, à son intelligence, du soin épuisant de lui plaire par lui-même. Et cette volupté d'être amoureux, de ne vivre que d'amour, de la réalité de laquelle il doutait parfois, le prix dont en somme il la payait, en dilettante de sensations immatérielles, lui en augmentait la valeur — comme on voit des gens incertains si le spectacle de la mer et le bruit de ses vagues sont délicieux, s'en convaincre ainsi que de la rare qualité de leurs goûts désintéressés, en louant cent francs par jour la chambre d'hôtel qui leur permet de les goûter.

Un jour que des réflexions de ce genre le ramenaient encore au souvenir du temps où on lui avait parlé d'Odette comme d'une femme entretenue, et où une fois de plus il s'amusait à opposer cette personnification étrange : la femme entretenue — chatoyant amalgame d'éléments inconnus et diaboliques, serti, comme une

---

1. *Gustave Moreau* : peintre symboliste (1826-1898), un des modèles d'Elstir. Proust a beaucoup écrit sur ses œuvres (cf. les trois fragments ayant pour titre « Notes sur le monde mystérieux de Gustave Moreau », dans *Contre Sainte-Beuve*, pp. 667-674).

apparition de Gustave Moreau[1], de fleurs vénéneuses entrelacées à des joyaux précieux — et cette Odette sur le visage de qui il avait vu passer les mêmes sentiments de pitié pour un malheureux, de révolte contre une injustice, de gratitude pour un bienfait, qu'il avait vu éprouver autrefois par sa propre mère, par ses amis, cette Odette dont les propos avaient si souvent trait aux choses qu'il connaissait le mieux lui-même, à ses collections, à sa chambre, à son vieux domestique, au banquier chez qui il avait ses titres, il se trouva que cette dernière image du banquier lui rappela qu'il aurait à y prendre de l'argent. En effet, si ce mois-ci il venait moins largement à l'aide d'Odette dans ses difficultés matérielles qu'il n'avait fait le mois dernier où il lui avait donné cinq mille francs, et s'il ne lui offrait pas une rivière de diamants qu'elle désirait, il ne renouvellerait pas en elle cette admiration qu'elle avait pour sa générosité, cette reconnaissance, qui le rendaient si heureux, et même il risquerait de lui faire croire que son amour pour elle, comme elle en verrait les manifestations devenir moins grandes, avait diminué. Alors, tout d'un coup, il se demanda si cela, ce n'était pas précisément l'« entretenir » (comme si, en effet, cette notion d'entretenir pouvait être extraite d'éléments non pas mystérieux ni pervers, mais appartenant au fond quotidien et privé de sa vie, tels que ce billet de mille francs, domestique et familier, déchiré et recollé, que son valet de chambre, après lui avoir payé les comptes du mois et le terme, avait serré dans le tiroir du vieux bureau où Swann l'avait repris pour l'envoyer avec quatre autres à Odette) et si on ne pouvait pas appliquer à Odette, depuis qu'il la connaissait (car il ne soupçonna pas un instant qu'elle eût jamais pu recevoir d'argent de personne avant lui), ce mot qu'il avait cru si inconciliable avec elle, de « femme entretenue ». Il ne put approfondir cette idée, car un accès d'une paresse d'esprit qui était chez lui congénitale, intermittente et providentielle, vint à ce moment éteindre toute lumière dans son intelligence, aussi brusquement que, plus tard, quand on eut installé partout l'éclairage électrique, on put couper l'électricité dans une maison. Sa pensée tâtonna un instant dans l'obscurité, il retira ses lunettes, en essuya les verres, se passa la main sur les yeux, et ne revit la lumière que quand il se retrouva en présence d'une idée toute différente, à savoir qu'il faudrait tâcher d'envoyer le mois prochain six ou sept mille francs à Odette au lieu de cinq, à cause de la surprise et de la joie que cela lui causerait.

Le soir, quand il ne restait pas chez lui à attendre l'heure de retrouver Odette chez les Verdurin ou plutôt dans un des restaurants d'été qu'ils affectionnaient au Bois et surtout à Saint-Cloud, il allait dîner dans quelqu'une de ces maisons élégantes dont il était jadis le convive habituel. Il ne voulait pas perdre contact avec des gens qui — savait-on ? — pourraient peut-être un jour être utiles à Odette et grâce auxquels, en attendant, il réussissait souvent à lui être agréable. Puis l'habitude qu'il avait eue longtemps du monde, du luxe, lui en avait donné, en même temps que le dédain, le besoin, de sorte qu'à partir du moment où les réduits[1] les plus modestes lui étaient apparus exactement sur le même pied que les plus princières demeures, ses sens étaient tellement accoutumés aux secondes qu'il eût éprouvé quelque malaise à se trouver dans les premiers. Il avait la même considération — à un degré d'identité qu'ils n'auraient pu croire — pour des petits bourgeois qui

---

1. *Réduit* (m.) : local de petites dimensions.

faisaient danser au cinquième étage d'un escalier D, palier à gauche, que pour la princesse de Parme qui donnait les plus belles fêtes de Paris ; mais il n'avait pas la sensation d'être au bal en se tenant avec les pères dans la chambre à coucher de la maîtresse de la maison, et la vue des lavabos recouverts de serviettes, des lits, transformés en vestiaires, sur le couvre-pied desquels s'entassaient les pardessus et les chapeaux, lui donnait la même sensation d'étouffement que peut causer aujourd'hui à des gens habitués à vingt ans d'électricité l'odeur d'une lampe qui charbonne ou d'une veilleuse qui file.

Le jour où il dînait en ville, il faisait atteler pour sept heures et demie ; il s'habillait tout en songeant à Odette et ainsi il ne se trouvait pas seul, car la pensée constante d'Odette donnait aux moments où il était loin d'elle le même charme particulier qu'à ceux où elle était là. Il montait en voiture, mais il sentait que cette pensée y avait sauté en même temps et s'installait sur ses genoux comme une bête aimée qu'on emmène partout et qu'il garderait avec lui à table, à l'insu des convives. Il la caressait, se réchauffait à elle et, éprouvant une sorte de langueur, se laissait aller à un léger frémissement qui crispait son cou et son nez, et était nouveau chez lui, tout en fixant à sa boutonnière le bouquet d'ancolies. Se sentant souffrant et triste depuis quelque temps, surtout depuis qu'Odette avait présenté Forcheville aux Verdurin, Swann aurait aimé aller se reposer un peu à la campagne. Mais il n'aurait pas eu le courage de quitter Paris un seul jour pendant qu'Odette y était. L'air était chaud ; c'étaient les plus beaux jours du printemps. Et il avait beau traverser une ville de pierre pour se rendre en quelque hôtel clos, ce qui était sans cesse devant ses yeux, c'était un parc qu'il possédait près de Combray, où, dès quatre heures, avant d'arriver au plant d'asperges, grâce au vent qui vient des champs de Méséglise, on pouvait goûter sous une charmille [1] autant de fraîcheur qu'au bord de l'étang cerné de myosotis et de glaïeuls, et où, quand il dînait, enlacées par son jardinier, couraient autour de la table les groseilles et les roses.

Après dîner, si le rendez-vous au Bois ou à Saint-Cloud était de bonne heure, il partait si vite en sortant de table — surtout si la pluie menaçait de tomber et de faire rentrer plus tôt les « fidèles » — qu'une fois la princesse des Laumes (chez qui on avait dîné tard et que Swann avait quittée avant qu'on servît le café pour rejoindre les Verdurin dans l'île du Bois) dit :

— Vraiment, si Swann avait trente ans de plus et une maladie de la vessie, on l'excuserait de filer ainsi. Mais tout de même il se moque du monde.

Il se disait que le charme du printemps qu'il ne pouvait pas aller goûter à Combray, il le trouverait du moins dans l'île des Cygnes ou à Saint-Cloud. Mais comme il ne pouvait penser qu'à Odette, il ne savait même pas s'il avait senti l'odeur des feuilles, s'il y avait eu du clair de lune. Il était accueilli par la petite phrase de la sonate jouée dans le jardin sur le piano du restaurant. S'il n'y en avait pas là, les Verdurin prenaient une grande peine pour en faire descendre un d'une chambre ou d'une salle à manger : ce n'est pas que Swann fût rentré en faveur auprès d'eux, au contraire. Mais l'idée d'organiser un plaisir ingénieux pour quelqu'un, même pour quelqu'un qu'ils n'aimaient pas, développait chez eux, pendant les moments nécessaires à ces préparatifs, des sentiments éphémères et occasionnels de sympathie et de cordialité. Parfois il se

---

1. *Charmille* (f.) : de charme (arbuste) ;   allée, haie de charmes, berceau de verdure.

disait que c'était un nouveau soir de printemps de plus qui passait, il se contraignait à faire attention aux arbres, au ciel. Mais l'agitation où le mettait la présence d'Odette, et aussi un léger malaise fébrile qui ne le quittait guère depuis quelque temps, le privaient du calme et du bien-être qui sont le fond indispensable aux impressions que peut donner la nature.

Un soir où Swann avait accepté de dîner avec les Verdurin, comme pendant le dîner il venait de dire que le lendemain il avait un banquet d'anciens camarades, Odette lui avait répondu en pleine table, devant Forcheville, qui était maintenant un des fidèles, devant le peintre, devant Cottard :

— Oui, je sais que vous avez votre banquet ; je ne vous verrai donc que chez moi, mais ne venez pas trop tard.

Bien que Swann n'eût encore jamais bien pris sérieusement ombrage de l'amitié d'Odette pour tel ou tel fidèle, il éprouvait une douceur profonde à l'entendre avouer ainsi devant tous, avec cette tranquille impudeur, leurs rendez-vous quotidiens du soir, la situation privilégiée qu'il avait chez elle et la préférence pour lui qui y était impliquée. Certes Swann avait souvent pensé qu'Odette n'était à aucun degré une femme remarquable, et la suprématie qu'il exerçait sur un être qui lui était si inférieur n'avait rien qui dût lui paraître si flatteur à voir proclamer à la face des « fidèles », mais depuis qu'il s'était aperçu qu'à beaucoup d'hommes Odette semblait une femme ravissante et désirable, le charme qu'avait pour eux son corps avait éveillé en lui un besoin douloureux de la maîtriser entièrement dans les moindres parties de son cœur. Et il avait commencé d'attacher un prix inestimable à ces moments passés chez elle le soir, où il l'asseyait sur ses genoux, lui faisait dire ce qu'elle pensait d'une chose, d'une autre, où il recensait les seuls biens à la possession desquels il tînt maintenant sur terre. Aussi, après ce dîner, la prenant à part, il ne manqua pas de la remercier avec effusion, cherchant à lui enseigner selon les degrés de la reconnaissance qu'il lui témoignait, l'échelle des plaisirs qu'elle pouvait lui causer, et dont le suprême était de le garantir, pendant le temps que son amour durerait et l'y rendrait vulnérable, des atteintes de la jalousie.

Quand il sortit le lendemain du banquet, il pleuvait à verse[1], il n'avait à sa disposition que sa victoria ; un ami lui proposa de le reconduire chez lui en coupé, et comme Odette, par le fait qu'elle lui avait demandé de venir, lui avait donné la certitude qu'elle n'attendait personne, c'est l'esprit tranquille et le cœur content que, plutôt que de partir ainsi dans la pluie, il serait rentré chez lui se coucher. Mais peut-être, si elle voyait qu'il n'avait pas l'air de tenir à passer toujours avec elle, sans aucune exception, la fin de la soirée, négligerait-elle de la lui réserver, justement une fois où il l'aurait particulièrement désiré.

Il arriva chez elle après onze heures et, comme il s'excusait de n'avoir pu venir plus tôt, elle se plaignit que ce fût en effet bien tard, l'orage l'avait rendue souffrante, elle se sentait mal à la tête et le prévint qu'elle ne le garderait pas plus d'une demi-heure, qu'à minuit elle le renverrait ; et, peu après, elle se sentit fatiguée et désira s'endormir.

— Alors, pas de catleyas ce soir ? lui dit-il, moi qui espérais un bon petit catleya.

Et d'un air un peu boudeur et nerveux, elle lui répondit :

1. *À verse* : en abondance.

— Mais non, mon petit, pas de catleyas ce soir, tu vois bien que je suis souffrante !

— Cela t'aurait peut-être fait du bien, mais enfin je n'insiste pas.

Elle le pria d'éteindre la lumière avant de s'en aller, il referma lui-même les rideaux du lit et partit. Mais quand il fut rentré chez lui, l'idée lui vint brusquement que peut-être Odette attendait quelqu'un ce soir, qu'elle avait seulement simulé la fatigue et qu'elle ne lui avait demandé d'éteindre que pour qu'il crût qu'elle allait s'endormir, qu'aussitôt qu'il avait été parti, elle avait rallumé, et fait entrer celui qui devait passer la nuit auprès d'elle. Il regarda l'heure. Il y avait à peu près une heure et demie qu'il l'avait quittée, il ressortit, prit un fiacre et se fit arrêter tout près de chez elle, dans une petite rue perpendiculaire à celle sur laquelle donnait, derrière, son hôtel et où il allait quelquefois frapper à la fenêtre de sa chambre à coucher pour qu'elle vînt lui ouvrir ; il descendit de voiture, tout était désert et noir dans ce quartier, il n'eut que quelques pas à faire à pied et déboucha presque devant chez elle. Parmi l'obscurité de toutes les fenêtres éteintes depuis longtemps dans la rue, il en vit une seule d'où débordait — entre les volets qui en pressaient la pulpe mystérieuse et dorée — la lumière qui remplissait la chambre et qui, tant d'autres soirs, du plus loin qu'il l'apercevait en arrivant dans la rue, le réjouissait et lui annonçait : « Elle est là qui t'attend » et qui maintenant le torturait en lui disant : « Elle est là avec celui qu'elle attendait. » Il voulait savoir qui ; il se glissa le long du mur jusqu'à la fenêtre, mais entre les lames obliques des volets il ne pouvait rien voir ; il entendait seulement dans le silence de la nuit le murmure d'une conversation.

Certes, il souffrait de voir cette lumière dans

l'atmosphère d'or de laquelle se mouvait derrière le châssis [1] le couple invisible et détesté, d'entendre ce murmure qui révélait la présence de celui qui était venu après son départ, la fausseté d'Odette, le bonheur qu'elle était en train de goûter avec lui. Et pourtant il était content d'être venu : le tourment qui l'avait forcé de sortir de chez lui avait perdu de son acuité en perdant de son vague, maintenant que l'autre vie d'Odette dont il avait eu, à ce moment-là, le brusque et impuissant soupçon, il la tenait là, éclairée en plein par la lampe, prisonnière sans le savoir dans cette chambre où, quand il le voudrait, il entrerait la surprendre et la capturer ; ou plutôt il allait frapper aux volets comme il faisait souvent quand il venait très tard ; ainsi du moins, Odette apprendrait qu'il avait su, qu'il avait vu la lumière et entendu la causerie, et lui, qui tout à l'heure, se la représentait comme se riant avec l'autre de ses illusions, maintenant, c'était eux qu'il voyait, confiants dans leur erreur, trompés en somme par lui qu'ils croyaient bien loin d'ici et qui, lui, savait déjà qu'il allait frapper aux volets. Et peut-être, ce qu'il ressentait en ce moment de presque agréable, c'était autre chose aussi que l'apaisement d'un doute et d'une douleur : un plaisir de l'intelligence. Si, depuis qu'il était amoureux, les choses avaient repris pour lui un peu de l'intérêt délicieux qu'il leur trouvait autrefois, mais seulement là où elles étaient éclairées par le souvenir d'Odette, maintenant, c'était une autre faculté de sa studieuse jeunesse que sa jalousie ranimait, la passion de la vérité, mais d'une vérité, elle aussi, interposée entre lui et sa maîtresse, ne recevant sa lumière que d'elle, vérité tout individuelle qui avait

---

1. *Châssis* (m.) : de châsse, cadre de bois ou de métal ; encadrement d'une ouverture ou d'un vitrage.

pour objet unique, d'un prix infini et presque d'une beauté désintéressée, les actions d'Odette, ses relations, ses projets, son passé. À toute autre époque de sa vie, les petits faits et gestes quotidiens d'une personne avaient toujours paru sans valeur à Swann : si on lui en faisait le commérage[1], il le trouvait insignifiant, et, tandis qu'il l'écoutait, ce n'était que sa plus vulgaire attention qui y était intéressée ; c'était pour lui un des moments où il se sentait le plus médiocre. Mais dans cette étrange période de l'amour, l'individuel prend quelque chose de si profond que cette curiosité qu'il sentait s'éveiller en lui à l'égard des moindres occupations d'une femme, c'était celle qu'il avait eue autrefois pour l'Histoire. Et tout ce dont il aurait eu honte jusqu'ici, espionner devant une fenêtre, qui sait ? demain peut-être, faire parler habilement les indifférents, soudoyer[2] les domestiques, écouter aux portes, ne lui semblait plus, aussi bien que le déchiffrement des textes, la comparaison des témoignages et l'interprétation des monuments, que des méthodes d'investigation scientifique d'une véritable valeur intellectuelle et appropriées à la recherche de la vérité.

Sur le point de frapper contre les volets, il eut un moment de honte en pensant qu'Odette allait savoir qu'il avait eu des soupçons, qu'il était revenu, qu'il s'était posté dans la rue. Elle lui avait dit souvent l'horreur qu'elle avait des jaloux, des amants qui espionnent. Ce qu'il allait faire était bien maladroit, et elle allait le détester désormais, tandis qu'en ce moment encore, tant qu'il n'avait pas frappé, peut-être, même

---

1. *Commérage* (m.) : propos de commère, bavardage, potin.
2. *Soudoyer* : acheter, corrompre.

en le trompant, l'aimait-elle. Que de bonheurs possibles dont on sacrifie ainsi la réalisation à l'impatience d'un plaisir immédiat ! Mais le désir de connaître la vérité était plus fort et lui sembla plus noble. Il savait que la réalité de circonstances qu'il eût donné sa vie pour restituer exactement, était lisible derrière cette fenêtre striée de lumière, comme sous la couverture enluminée d'or d'un de ces manuscrits précieux à la richesse artistique elle-même desquels le savant qui les consulte ne peut rester indifférent. Il éprouvait une volupté à connaître la vérité qui le passionnait dans cet exemplaire unique, éphémère et précieux, d'une matière translucide, si chaude et si belle. Et puis l'avantage qu'il se sentait — qu'il avait tant besoin de se sentir — sur eux, était peut-être moins de savoir, que de pouvoir leur montrer qu'il savait. Il se haussa sur la pointe des pieds. Il frappa. On n'avait pas entendu, il refrappa plus fort, la conversation s'arrêta. Une voix d'homme dont il chercha à distinguer auquel de ceux des amis d'Odette qu'il connaissait elle pouvait appartenir, demanda :

— Qui est là ?

Il n'était pas sûr de la reconnaître. Il frappa encore une fois. On ouvrit la fenêtre, puis les volets. Maintenant, il n'y avait plus moyen de reculer et, puisqu'elle allait tout savoir, pour ne pas avoir l'air trop malheureux, trop jaloux et curieux, il se contenta de crier d'un air négligent et gai :

— Ne vous dérangez pas, je passais par là, j'ai vu de la lumière, j'ai voulu savoir si vous n'étiez plus souffrante.

Il regarda. Devant lui, deux vieux messieurs étaient à la fenêtre, l'un tenant une lampe, et alors, il vit la chambre, une chambre inconnue. Ayant l'habitude, quand il venait chez Odette très tard, de reconnaître sa

fenêtre à ce que c'était la seule éclairée entre les
fenêtres toutes pareilles, il s'était trompé et avait frappé
à la fenêtre suivante qui appartenait à la maison voisine.
Il s'éloigna en s'excusant et rentra chez lui, heureux
que la satisfaction de sa curiosité eût laissé leur amour
intact et qu'après avoir simulé depuis si longtemps
vis-à-vis d'Odette une sorte d'indifférence, il ne lui eût
pas donné, par sa jalousie, cette preuve qu'il l'aimait
trop, qui, entre deux amants, dispense, à tout jamais,
d'aimer assez, celui qui la reçoit.

Il ne lui parla pas de cette mésaventure, lui-même
n'y songeait plus. Mais par moments un mouvement de
sa pensée venait en rencontrer le souvenir qu'elle
n'avait pas aperçu, le heurtait, l'enfonçait plus avant, et
Swann avait ressenti une douleur brusque et profonde.
Comme si ç'avait été une douleur physique, les pensées
de Swann ne pouvaient pas l'amoindrir ; mais du moins
la douleur physique, parce qu'elle est indépendante de
la pensée, la pensée peut s'arrêter sur elle, constater
qu'elle a diminué, qu'elle a momentanément cessé. Mais
cette douleur-là, la pensée, rien qu'en se la rappelant,
la recréait. Vouloir n'y pas penser, c'était y penser
encore, en souffrir encore. Et quand, causant avec des
amis, il oubliait son mal, tout d'un coup un mot qu'on
lui disait le faisait changer de visage, comme un blessé
dont un maladroit vient de toucher sans précaution le
membre douloureux. Quand il quittait Odette, il était
heureux, il se sentait calme, il se rappelait les sourires
qu'elle avait eus, railleurs en parlant de tel ou tel autre,
et tendres pour lui, la lourdeur de sa tête qu'elle avait
détachée de son axe pour l'incliner, la laisser tomber,
presque malgré elle, sur ses lèvres, comme elle avait
fait la première fois en voiture, les regards mourants
qu'elle lui avait jetés pendant qu'elle était dans ses
bras, tout en contractant frileusement contre l'épaule

sa tête inclinée.

Mais aussitôt sa jalousie, comme si elle était l'ombre de son amour, se complétait du double de ce nouveau sourire qu'elle lui avait adressé le soir même — et qui, inverse maintenant, raillait Swann et se chargeait d'amour pour un autre — , de cette inclinaison de sa tête mais renversée vers d'autres lèvres, et, données à un autre, de toutes les marques de tendresse qu'elle avait eues pour lui. Et tous les souvenirs voluptueux qu'il emportait de chez elle étaient comme autant d'esquisses, de « projets » pareils à ceux que vous soumet un décorateur, et qui permettaient à Swann de se faire une idée des attitudes ardentes ou pâmées qu'elle pouvait avoir avec d'autres. De sorte qu'il en arrivait à regretter chaque plaisir qu'il goûtait près d'elle, chaque caresse inventée et dont il avait eu l'imprudence de lui signaler la douceur, chaque grâce qu'il lui découvrait, car il savait qu'un instant après, elles allaient enrichir d'instruments nouveaux son supplice.

Celui-ci était rendu plus cruel encore quand revenait à Swann le souvenir d'un bref regard qu'il avait surpris, il y avait quelques jours, et pour la première fois, dans les yeux d'Odette. C'était après dîner, chez les Verdurin. Soit que Forcheville, sentant que Saniette, son beau-frère, n'était pas en faveur chez eux, eût voulu le prendre comme tête de Turc et briller devant eux à ses dépens, soit qu'il eût été irrité par un mot maladroit que celui-ci venait de lui dire et qui, d'ailleurs, passa inaperçu pour les assistants qui ne savaient pas quelle allusion désobligeante il pouvait renfermer, bien contre le gré de celui qui le prononçait sans malice aucune, soit enfin qu'il cherchât depuis quelque temps une occasion de faire sortir de la maison quelqu'un qui le connaissait trop bien et qu'il savait trop délicat pour qu'il ne se sentît pas gêné à certains moments rien que de sa présence, Forcheville répondit à ce propos maladroit de Saniette avec une telle grossièreté, se mettant à l'insulter, s'enhardissant, au fur et à mesure qu'il vociférait, de l'effroi, de la douleur, des supplications de l'autre, que le malheureux, après avoir demandé à Mme Verdurin s'il devait rester, et n'ayant pas reçu de réponse, s'était retiré en balbutiant, les larmes aux yeux. Odette avait assisté impassible à cette scène, mais quand la porte se fut refermée sur Saniette, faisant descendre en quelque sorte de plusieurs crans [1] l'expression habituelle de son visage, pour pouvoir se trouver, dans la bassesse, de plain-pied [2] avec Forcheville, elle avait brillanté ses prunelles d'un sourire sournois de félicitations pour l'audace qu'il avait eue, d'ironie pour celui qui en avait été victime ; elle lui avait jeté un regard de complicité dans le mal, qui voulait si bien dire : « Voilà une exécution, ou je ne m'y connais pas. Avez-vous vu son air penaud ? il en pleurait », que Forcheville, quand ses yeux rencontrèrent ce regard, dégrisé soudain de la colère ou de la simulation de colère dont il était encore chaud, sourit et répondit :

— Il n'avait qu'à être aimable, il serait encore ici, une bonne correction peut être utile à tout âge.

Un jour que Swann était sorti au milieu de l'après-midi pour faire une visite, n'ayant pas trouvé la personne qu'il voulait rencontrer, il eut l'idée d'entrer chez Odette à cette heure où il n'allait jamais chez elle, mais où il savait qu'elle était toujours à la maison à faire sa sieste ou à écrire des lettres avant l'heure du thé, et où il aurait plaisir à la voir un peu sans la déranger. Le

---

1. *Faire descendre de plusieurs crans* : Saniette a l'expression encore plus abattue que d'habitude.

2. *Se trouver de plain-pied* : se trouver au même niveau.

concierge lui dit qu'il croyait qu'elle était là ; il sonna, crut entendre du bruit, entendre marcher, mais on n'ouvrit pas. Anxieux, irrité, il alla dans la petite rue où donnait l'autre face de l'hôtel, se mit devant la fenêtre de la chambre d'Odette ; les rideaux l'empêchaient de rien voir, il frappa avec force aux carreaux, appela ; personne n'ouvrit. Il vit que des voisins le regardaient. Il partit, pensant qu'après tout, il s'était peut-être trompé en croyant entendre des pas ; mais il en resta si préoccupé qu'il ne pouvait penser à autre chose. Une heure après, il revint. Il la trouva ; elle lui dit qu'elle était chez elle tantôt quand il avait sonné, mais dormait ; la sonnette l'avait éveillée, elle avait deviné que c'était Swann, elle avait couru après lui, mais il était déjà parti. Elle avait bien entendu frapper aux carreaux. Swann reconnut tout de suite dans ce dire un de ces fragments d'un fait exact que les menteurs pris de court[1] se consolent de faire entrer dans la composition du fait faux qu'ils inventent, croyant y faire sa part et y dérober sa ressemblance à la Vérité. Certes quand Odette venait de faire quelque chose qu'elle ne voulait pas révéler, elle le cachait bien au fond d'elle-même. Mais dès qu'elle se trouvait en présence de celui à qui elle voulait mentir, un trouble la prenait, toutes ses idées s'effondraient, ses facultés d'invention et de raisonnement étaient paralysées, elle ne trouvait plus dans sa tête que le vide, il fallait pourtant dire quelque chose, et elle rencontrait à sa portée précisément la chose qu'elle avait voulu dissimuler et qui, étant vraie, était seule restée là. Elle en détachait un petit morceau, sans importance par lui-même, se disant qu'après tout c'était mieux ainsi puisque c'était un détail vérifiable

---

1. *Prendre de court* : surprendre.

qui n'offrait pas les mêmes dangers qu'un détail faux.
« Ça du moins, c'est vrai, se disait-elle, c'est toujours
autant de gagné, il peut s'informer, il reconnaîtra que
c'est vrai, ce n'est toujours pas ça qui me trahira. » Elle
se trompait, c'était cela qui la trahissait, elle ne se
rendait pas compte que ce détail vrai avait des angles
qui ne pouvaient s'emboîter que dans les détails
contigus du fait vrai dont elle l'avait arbitrairement
détaché et qui, quels que fussent les détails inventés
entre lesquels elle le placerait, révéleraient toujours par
la matière excédente et les vides non remplis, que ce
n'était pas d'entre ceux-là qu'il venait. « Elle avoue
qu'elle m'avait entendu sonner, puis frapper, et qu'elle
avait cru que c'était moi, qu'elle avait envie de me voir,
se disait Swann. Mais cela ne s'arrange pas avec le fait
qu'elle n'ait pas fait ouvrir. »

Mais il ne lui fit pas remarquer cette contradiction,
car il pensait que, livrée à elle-même, Odette produirait
peut-être quelque mensonge qui serait un faible indice
de la vérité ; elle parlait ; il ne l'interrompait pas, il
recueillait avec une piété avide et douloureuse ces mots
qu'elle lui disait et qu'il sentait (justement parce qu'elle
la cachait derrière eux tout en lui parlant) garder
vaguement, comme le voile sacré, l'empreinte, dessiner
l'incertain modelé, de cette réalité infiniment précieuse
et hélas ! introuvable : — ce qu'elle faisait tantôt à trois
heures, quand il était venu — de laquelle il ne
posséderait jamais que ces mensonges, illisibles et
divins vestiges, et qui n'existait plus que dans le
souvenir receleur de cet être qui la contemplait sans
savoir l'apprécier, mais ne la lui livrerait pas. Certes il
se doutait bien par moments qu'en elles-mêmes les
actions quotidiennes d'Odette n'étaient pas
passionnément intéressantes et que les relations qu'elle
pouvait avoir avec d'autres hommes n'exhalaient pas

naturellement, d'une façon universelle et pour tout être pensant, une tristesse morbide, capable de donner la fièvre du suicide. Il se rendait compte alors que cet intérêt, cette tristesse n'existaient qu'en lui comme une maladie, et que, quand celle-ci serait guérie, les actes d'Odette, les baisers qu'elle aurait pu donner redeviendraient inoffensifs comme ceux de tant d'autres femmes. Mais que la curiosité douloureuse que Swann y portait maintenant n'eût sa cause qu'en lui, n'était pas pour lui faire trouver déraisonnable de considérer cette curiosité comme importante et de mettre tout en œuvre pour lui donner satisfaction. C'est que Swann arrivait à un âge dont la philosophie — favorisée par celle de l'époque, par celle aussi du milieu où Swann avait beaucoup vécu, de cette coterie de la princesse des Laumes où il était convenu qu'on est intelligent dans la mesure où on doute de tout et où on ne trouvait de réel et d'incontestable que les goûts de chacun — n'est déjà plus celle de la jeunesse, mais une philosophie positive, presque médicale, d'hommes qui au lieu d'extérioriser les objets de leurs aspirations, essayent de dégager de leurs années déjà écoulées un résidu fixe d'habitudes, de passions qu'ils puissent considérer en eux comme caractéristiques et permanentes et auxquelles, délibérément, ils veilleront d'abord que le genre d'existence qu'ils adoptent puisse donner satisfaction. Swann trouvait sage de faire dans sa vie la part de la souffrance qu'il éprouvait à ignorer ce qu'avait fait Odette, aussi bien que la part de la recrudescence qu'un climat humide causait à son eczéma ; de prévoir dans son budget une disponibilité importante pour obtenir sur l'emploi des journées d'Odette des renseignements sans lesquels il se sentirait malheureux, aussi bien qu'il en réservait pour d'autres goûts dont il savait qu'il pouvait attendre du plaisir, au moins avant qu'il fût amoureux, comme celui des collections et de la bonne cuisine.

Quand il voulut dire adieu à Odette pour rentrer, elle lui demanda de rester encore et le retint même vivement, en lui prenant le bras, au moment où il allait ouvrir la porte pour sortir. Mais il n'y prit pas garde, car dans la multitude des gestes, des propos, des petits incidents qui remplissent une conversation, il est inévitable que nous passions, sans y rien remarquer qui éveille notre attention, près de ceux qui cachent une vérité que nos soupçons cherchent au hasard, et que nous nous arrêtions au contraire à ceux sous lesquels il n'y a rien. Elle lui redisait tout le temps : « Quel malheur que toi, qui ne viens jamais l'après-midi, pour une fois que cela t'arrive, je ne t'aie pas vu. » Il savait bien qu'elle n'était pas assez amoureuse de lui pour avoir un regret si vif d'avoir manqué sa visite, mais, comme elle était bonne, désireuse de lui faire plaisir, et souvent triste quand elle l'avait contrarié, il trouva tout naturel qu'elle le fût cette fois de l'avoir privé de ce plaisir de passer une heure ensemble qui était très grand, non pour elle, mais pour lui. C'était pourtant une chose assez peu importante pour que l'air douloureux qu'elle continuait d'avoir finît par l'étonner. Elle rappelait ainsi plus encore qu'il ne le trouvait d'habitude, les figures de femmes du peintre de la Primavera[1]. Elle avait en ce moment leur visage abattu et navré qui semble succomber sous le poids d'une douleur trop lourde pour elles, simplement quand elles laissent l'enfant Jésus jouer avec une grenade[2] ou

---

1. *Le peintre de La Primavera* : Botticelli déjà cité.
2. *Grenade* (f.) : fruit du grenadier, de la grosseur d'une orange renfermant de nombreux pépins entourés d'une pulpe rouge.

regardent Moïse verser de l'eau dans une auge[1]. Il lui avait déjà vu une fois une telle tristesse, mais ne savait plus quand. Et tout d'un coup, il se rappela : c'était quand Odette avait menti en parlant à Mme Verdurin, le lendemain de ce dîner où elle n'était pas venue sous prétexte qu'elle était malade et en réalité pour rester avec Swann. Certes, eût-elle été la plus scrupuleuse des femmes qu'elle n'aurait pu avoir de remords d'un mensonge aussi innocent. Mais ceux que faisait couramment Odette l'étaient moins et servaient à empêcher des découvertes qui auraient pu lui créer, avec les uns ou avec les autres, de terribles difficultés. Aussi quand elle mentait, prise de peur, se sentant peu armée pour se défendre, incertaine du succès, elle avait envie de pleurer, par fatigue, comme certains enfants qui n'ont pas dormi. Puis elle savait que son mensonge lésait[2] d'ordinaire gravement l'homme à qui elle le faisait et à la merci duquel elle allait peut-être tomber si elle mentait mal. Alors elle se sentait à la fois humble et coupable devant lui. Et quand elle avait à faire un mensonge insignifiant et mondain, par association de sensations et de souvenirs, elle éprouvait le malaise d'un surmenage et le regret d'une méchanceté.

Quel mensonge déprimant était-elle en train de faire à Swann pour qu'elle eût ce regard douloureux, cette voix plaintive qui semblaient fléchir sous l'effort qu'elle s'imposait, et demander grâce ? Il eut l'idée que ce n'était pas seulement la vérité sur l'incident de l'après-midi qu'elle s'efforçait de lui cacher, mais quelque chose de plus actuel, peut-être de non encore survenu et de tout prochain, et qui pourrait l'éclairer

---

1. *Auge* (f.) : bassin, crèche, binée.
2. *Léser* : blesser, nuire.

sur cette vérité. À ce moment, il entendit un coup de sonnette. Odette ne cessa plus de parler, mais ses paroles n'étaient qu'un gémissement : son regret de ne pas avoir vu Swann dans l'après-midi, de ne pas lui avoir ouvert, était devenu un véritable désespoir.

On entendit la porte d'entrée se refermer et le bruit d'une voiture, comme si repartait une personne — celle probablement que Swann ne devait pas rencontrer — à qui on avait dit qu'Odette était sortie. Alors en songeant que rien qu'en venant à une heure où il n'en avait pas l'habitude, il s'était trouvé déranger tant de choses qu'elle ne voulait pas qu'il sût, il éprouva un sentiment de découragement, presque de détresse. Mais comme il aimait Odette, comme il avait l'habitude de tourner vers elle toutes ses pensées, la pitié qu'il eût pu s'inspirer à lui-même, ce fut pour elle qu'il la ressentit, et il murmura : « Pauvre chérie ! » Quand il la quitta, elle prit plusieurs lettres qu'elle avait sur sa table et lui demanda s'il ne pourrait pas les mettre à la poste. Il les emporta et, une fois rentré, s'aperçut qu'il avait gardé les lettres sur lui. Il retourna jusqu'à la poste, les tira de sa poche et avant de les jeter dans la boîte regarda les adresses. Elles étaient toutes pour des fournisseurs, sauf une pour Forcheville. Il la tenait dans sa main. Il se disait : « Si je voyais ce qu'il y a dedans, je saurais comment elle l'appelle, comment elle lui parle, s'il y a quelque chose entre eux. Peut-être même qu'en ne la regardant pas, je commets une indélicatesse à l'égard d'Odette, car c'est la seule manière de me délivrer d'un soupçon peut-être calomnieux pour elle, destiné en tous cas à la faire souffrir et que rien ne pourrait plus détruire, une fois la lettre partie. »

Il rentra chez lui en quittant la poste, mais il avait gardé sur lui cette dernière lettre. Il alluma une bougie et en approcha l'enveloppe qu'il n'avait pas osé ouvrir.

D'abord il ne put rien lire, mais l'enveloppe était mince, et en la faisant adhérer à la carte dure qui y était incluse, il put à travers sa transparence lire les derniers mots. C'était une formule finale très froide. Si, au lieu que ce fût lui qui regardât une lettre adressée à Forcheville, c'eût été Forcheville qui eût lu une lettre adressée à Swann, il aurait pu voir des mots autrement tendres ! Il maintint immobile la carte qui dansait dans l'enveloppe plus grande qu'elle, puis, la faisant glisser avec le pouce, en amena successivement les différentes lignes sous la partie de l'enveloppe qui n'était pas doublée, la seule à travers laquelle on pouvait lire.

Malgré cela il ne distinguait pas bien. D'ailleurs cela ne faisait rien, car il en avait assez vu pour se rendre compte qu'il s'agissait d'un petit événement sans importance et qui ne touchait nullement à des relations amoureuses ; c'était quelque chose qui se rapportait à un oncle d'Odette. Swann avait bien lu au commencement de la ligne : « J'ai eu raison », mais ne comprenait pas ce qu'Odette avait eu raison de faire, quand soudain, un mot qu'il n'avait pas pu déchiffrer d'abord apparut et éclaira le sens de la phrase tout entière : « J'ai eu raison d'ouvrir, c'était mon oncle. » D'ouvrir ! alors Forcheville était là tantôt quand Swann avait sonné et elle l'avait fait partir, d'où le bruit qu'il avait entendu.

Alors il lut toute la lettre ; à la fin elle s'excusait d'avoir agi aussi sans façon avec lui et lui disait qu'il avait oublié ses cigarettes chez elle, la même phrase qu'elle avait écrite à Swann une des premières fois qu'il était venu. Mais pour Swann elle avait ajouté : « Puissiez-vous y avoir laissé votre cœur, je ne vous aurais pas laissé le reprendre. » Pour Forcheville rien de tel : aucune allusion qui put faire supposer une intrigue entre eux. À vrai dire d'ailleurs, Forcheville était en tout ceci plus trompé que lui, puisque Odette lui écrivait pour lui faire croire que le visiteur était son oncle. En somme, c'était lui, Swann, l'homme à qui elle attachait de l'importance et pour qui elle avait congédié l'autre. Et pourtant, s'il n'y avait rien entre Odette et Forcheville, pourquoi n'avoir pas ouvert tout de suite, pourquoi avoir dit : « J'ai bien fait d'ouvrir, c'était mon oncle » ? si elle ne faisait rien de mal à ce moment-là, comment Forcheville pourrait-il même s'expliquer qu'elle eût pu ne pas ouvrir ? Swann restait là, désolé, confus et pourtant heureux, devant cette enveloppe qu'Odette lui avait remise sans crainte, tant était absolue la confiance qu'elle avait en sa délicatesse, mais à travers le vitrage transparent de laquelle se dévoilait à lui, avec le secret d'un incident qu'il n'aurait jamais cru possible de connaître, un peu de la vie d'Odette, comme dans une étroite section lumineuse pratiquée à même l'inconnu. Puis sa jalousie s'en réjouissait, comme si cette jalousie eût eu une vitalité indépendante, égoïste, vorace de tout ce qui la nourrirait, fût-ce aux dépens de lui-même. Maintenant elle avait un aliment et Swann allait pouvoir commencer à s'inquiéter chaque jour des visites qu'Odette avait reçues vers cinq heures, à chercher à apprendre où se trouvait Forcheville à cette heure-là. Car la tendresse de Swann continuait à garder le même caractère que lui avait imprimé dès le début à la fois l'ignorance où il était de l'emploi des journées d'Odette et la paresse cérébrale qui l'empêchait de suppléer à l'ignorance par l'imagination. Il ne fut pas jaloux d'abord de toute la vie d'Odette, mais des seuls moments où une circonstance, peut-être mal interprétée, l'avait amené à supposer qu'Odette avait pu le tromper. Sa jalousie, comme une pieuvre qui jette une première, puis une seconde, puis une troisième amarre, s'attacha solidement à ce moment de cinq heures du soir, puis à un autre, puis à un autre encore. Mais Swann ne savait pas inventer ses souffrances. Elles n'étaient que le souvenir, la perpétuation d'une souffrance qui lui était venue du dehors.

Mais là tout lui en apportait. Il voulut éloigner Odette de Forcheville, l'emmener quelques jours dans le Midi. Mais il croyait qu'elle était désirée par tous les hommes qui se trouvaient dans l'hôtel et qu'elle-même les désirait. Aussi lui qui jadis en voyage recherchait les gens nouveaux, les assemblées nombreuses, on le voyait sauvage, fuyant la société des hommes comme si elle l'eût cruellement blessé. Et comment n'aurait-il pas été misanthrope, quand dans tout homme il voyait un amant possible pour Odette ? Et ainsi sa jalousie, plus encore que n'avait fait le goût voluptueux et riant qu'il avait eu d'abord pour Odette, altérait le caractère de Swann et changeait du tout au tout, aux yeux des autres, l'aspect même des signes extérieurs par lesquels ce caractère se manifestait.

Un mois après le jour où il avait lu la lettre adressée par Odette à Forcheville, Swann alla à un dîner que les Verdurin donnaient au Bois. Au moment où on se préparait à partir, il remarqua des conciliabules entre Mme Verdurin et plusieurs des invités et crut comprendre qu'on rappelait au pianiste de venir le lendemain à une partie à Chatou ; or, lui, Swann, n'y était pas invité.

Les Verdurin n'avaient parlé qu'à mi-voix et en termes vagues, mais le peintre, distrait sans doute, s'écria :

— Il ne faudra aucune lumière et qu'il joue la sonate *Clair de lune* dans l'obscurité pour mieux voir s'éclairer les choses.

Mme Verdurin, voyant que Swann était à deux pas, prit cette expression où le désir de faire taire celui qui

parle et de garder un air innocent aux yeux de celui qui entend, se neutralise en une nullité intense du regard, où l'immobile signe d'intelligence du complice se dissimule sous les sourires de l'ingénu et qui enfin, commune à tous ceux qui s'aperçoivent d'une gaffe, la révèle instantanément sinon à ceux qui la font, du moins à celui qui en est l'objet. Odette eut soudain l'air d'une désespérée qui renonce à lutter contre les difficultés écrasantes de la vie, et Swann comptait anxieusement les minutes qui le séparaient du moment où, après avoir quitté ce restaurant, pendant le retour avec elle, il allait pouvoir lui demander des explications, obtenir qu'elle n'allât pas le lendemain à Chatou ou qu'elle l'y fît inviter et apaiser dans ses bras l'angoisse qu'il ressentait. Enfin on demanda les voitures. Mme Verdurin dit à Swann :

— Alors, adieu, à bientôt, n'est-ce pas ? tâchant par l'amabilité du regard et la contrainte du sourire de l'empêcher de penser qu'elle ne lui disait pas, comme elle eût toujours fait jusqu'ici :

— À demain à Chatou, à après-demain chez moi.

M. et Mme Verdurin firent monter avec eux Forcheville, la voiture de Swann s'était rangée derrière la leur dont il attendait le départ pour faire monter Odette dans la sienne.

— Odette, nous vous ramenons, dit Mme Verdurin, nous avons une petite place pour vous à côté de M. de Forcheville.

— Oui, Madame, répondit Odette.

— Comment, mais je croyais que je vous reconduisais, s'écria Swann, disant sans dissimulation les mots nécessaires, car la portière était ouverte, les secondes étaient comptées, et il ne pouvait rentrer sans elle dans l'état où il était.

— Mais Mme Verdurin m'a demandé...

— Voyons, vous pouvez bien revenir seul, nous vous l'avons laissée assez de fois, dit Mme Verdurin.

— Mais c'est que j'avais une chose importante à dire à Madame.

— Eh bien ! vous la lui écrirez...

— Adieu, lui dit Odette en lui tendant la main.

Il essaya de sourire, mais il avait l'air atterré[1].

— As-tu vu les façons que Swann se permet maintenant avec nous ? dit Mme Verdurin à son mari quand ils furent rentrés. J'ai cru qu'il allait me manger, parce que nous ramenions Odette. C'est d'une inconvenance, vraiment ! Alors, qu'il dise tout de suite que nous tenons une maison de rendez-vous ! Je ne comprends pas qu'Odette supporte des manières pareilles. Il a absolument l'air de dire : vous m'appartenez. Je dirai ma manière de penser à Odette, j'espère qu'elle comprendra.

Et elle ajouta encore un instant après, avec colère :

— Non, mais voyez-vous cette sale bête ! employant sans s'en rendre compte, et peut-être en obéissant au même besoin obscur de se justifier — comme Françoise à Combray quand le poulet ne voulait pas mourir[2] — les mots qu'arrachent les derniers sursauts d'un animal inoffensif qui agonise, au paysan qui est en train de l'écraser.

Et quand la voiture de Mme Verdurin fut partie et que celle de Swann s'avança, son cocher le regardant lui demanda s'il n'était pas malade ou s'il n'était pas arrivé de malheur.

---

1. *L'air atterré* : l'air accablé, consterné, stupéfait.
2. *Françoise* : cuisinière de tante Léonie à Combray, Françoise, est l'un des personnages les plus importants de la *Recherche* ; elle entre au service de la famille du narrateur après la mort de tante Léonie.

Swann le renvoya, il voulait marcher et ce fut à pied, par le Bois, qu'il rentra. Il parlait seul, à haute voix, et sur le même ton un peu factice qu'il avait pris jusqu'ici quand il détaillait les charmes du petit noyau et exaltait la magnanimité des Verdurin. Mais, de même que les propos, les sourires, les baisers d'Odette lui devenaient aussi odieux qu'il les avait trouvés doux, s'ils étaient adressés à d'autres que lui, de même, le salon des Verdurin, qui tout à l'heure encore lui semblait amusant, respirant un goût vrai pour l'art et même une sorte de noblesse morale, maintenant que c'était un autre que lui qu'Odette allait y rencontrer, y aimer librement, lui exhibait ses ridicules, sa sottise, son ignominie.

Il se représentait avec dégoût la soirée du lendemain à Chatou. « D'abord cette idée d'aller à Chatou ! Comme des merciers qui viennent de fermer leur boutique ! Vraiment ces gens sont sublimes de bourgeoisisme, ils ne doivent pas exister réellement, ils doivent sortir du théâtre de Labiche [1] ! »

Il y aurait là les Cottard, peut-être Brichot. « Est-ce assez grotesque, cette vie de petites gens qui vivent les uns sur les autres, qui se croiraient perdus, ma parole, s'ils ne se retrouvaient pas tous demain *à Chatou !* » Hélas ! il y aurait aussi le peintre, le peintre qui aimait « à faire des mariages », qui inviterait Forcheville à venir avec Odette à son atelier. Il voyait Odette avec une toilette trop habillée pour cette partie de campagne, « car elle est si vulgaire, et surtout, la pauvre petite, elle est tellement bête ! ! ! »

Il entendait les plaisanteries que ferait Mme Verdurin après dîner, les plaisanteries qui, quel que fût

---

1. *Eugène Labiche* (1815-1888) : auteur de vaudevilles, pièces peignant les mœurs de la bourgeoisie française sous le Second Empire.

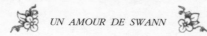

l'ennuyeux qu'elles eussent pour cible, l'avaient toujours amusé parce qu'il voyait Odette en rire, en rire avec lui, presque en lui. Maintenant il sentait que c'était peut-être de lui qu'on allait faire rire Odette. « Quelle gaîté fétide ! disait-il en donnant à sa bouche une expression de dégoût si forte qu'il avait lui-même la sensation musculaire de sa grimace jusque dans son cou révulsé[1] contre le col de sa chemise. Et comment une créature dont le visage est fait à l'image de Dieu peut-elle trouver matière à rire dans ces plaisanteries nauséabondes ? Toute narine un peu délicate se détournerait avec horreur pour ne pas se laisser offusquer par de tels relents[2]. C'est vraiment incroyable de penser qu'un être humain peut ne pas comprendre qu'en se permettant un sourire à l'égard d'un semblable qui lui a tendu loyalement la main, il se dégrade jusqu'à une fange d'où il ne sera plus possible à la meilleure volonté du monde de jamais le relever. J'habite à trop de milliers de mètres d'altitude au-dessus des bas-fonds où clapotent et clabaudent de tels sales papotages[3], pour que je puisse être éclaboussé[4] par les plaisanteries d'une Verdurin, s'écria-t-il en relevant la tête, en

---

1. *Révulsé* : de révulsion, qui est un procédé thérapeutique qui consiste à produire un afflux de sang dans une région déterminée de manière à dégager un organe atteint de congestion ou d'inflammation.

2. *Relent* (m.) : mauvaise odeur qui persiste ; fig. : trace, soupçon.

3. *Où clapotent et clabaudent de tels sales papotages* : expression relevant de la métaphore liquide qui souligne les différences de Swann par rapport aux Verdurin, qui, associés aux bas-fonds, se laissent contaminer par des commérages et des médisances.

4. *Éclabousser* : au sens propre : couvrir d'un liquide salissant qu'on a fait rejaillir accidentellement. Au sens figuré : salir par contrecoup.

redressant fièrement son corps en arrière. Dieu m'est témoin que j'ai sincèrement voulu tirer Odette de là, et l'élever dans une atmosphère plus noble et plus pure. Mais la patience humaine a des bornes, et la mienne est à bout », se disait-il, comme si cette mission d'arracher Odette à une atmosphère de sarcasmes datait de plus longtemps que de quelques minutes et comme s'il ne se l'était pas donnée seulement depuis qu'il pensait que ces sarcasmes l'avaient peut-être lui-même pour objet et tentaient de détacher Odette de lui.

Il voyait le pianiste prêt à jouer la sonate *Clair de lune* et les mines de Mme Verdurin s'effrayant du mal que la musique de Beethoven allait faire à ses nerfs : « Idiote, menteuse ! s'écria-t-il, et ça croit aimer *l'Art ! »* Elle dira à Odette, après lui avoir insinué adroitement quelques mots louangeurs pour Forcheville, comme elle avait fait si souvent pour lui : « Vous allez faire une petite place à côté de vous à M. de Forcheville. » « Dans l'obscurité ! maquerelle, entremetteuse ! » « Entremetteuse », c'était le nom qu'il donnait aussi à la musique qui les convierait à se taire, à rêver ensemble, à se regarder, à se prendre la main. Il trouvait du bon à la sévérité contre les arts, de Platon, de Bossuet[1], et de la vieille éducation française.

En somme la vie qu'on menait chez les Verdurin et qu'il avait appelée si souvent « la vraie vie » lui semblait la pire de toutes, et leur petit noyau le dernier des milieux. « C'est vraiment, disait-il, ce qu'il y a de plus bas dans l'échelle sociale, le dernier cercle de Dante.

---

1. *Il trouvait du bon* [...] *Bossuet* : allusion à Platon qui bannissait les poètes de sa République, et à Bossuet (1627-1704), célèbre prédicateur français, jésuite, qui, quand il a été nommé évêque à Meaux, écrivit de violentes *Maximes et Réflexions sur la Comédie* (1694).

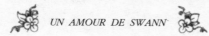

Nul doute que le texte auguste ne se réfère aux Verdurin ! Au fond, comme les gens du monde, dont on peut médire, mais qui tout de même sont autre chose que ces bandes de voyous, montrent leur profonde sagesse en refusant de les connaître, d'y salir même le bout de leurs doigts ! Quelle divination dans ce *Noli me tangere*[1] du faubourg Saint-Germain ! » Il avait quitté depuis bien longtemps les allées du Bois, il était presque arrivé chez lui, que, pas encore dégrisé de sa douleur et de la verve d'insincérité dont les intonations menteuses, la sonorité artificielle de sa propre voix lui versaient d'instant en instant plus abondamment l'ivresse, il continuait encore à pérorer tout haut dans le silence de la nuit : « Les gens du monde ont leurs défauts que personne ne reconnaît mieux que moi, mais enfin ce sont tout de même des gens avec qui certaines choses sont impossibles. Telle femme élégante que j'ai connue était loin d'être parfaite, mais enfin il y avait tout de même chez elle un fond de délicatesse, une loyauté dans les procédés qui l'auraient rendue, quoi qu'il arrivât, incapable d'une félonie et qui suffisent à mettre des abîmes entre elle et une mégère comme la Verdurin. Verdurin ! quel nom ! Ah ! on peut dire qu'ils sont complets, qu'ils sont beaux dans leur genre ! Dieu merci, il n'était que temps de ne plus condescendre à la promiscuité avec cette infamie, avec ces ordures. »

Mais, comme les vertus qu'il attribuait tantôt encore aux Verdurin n'auraient pas suffi, même s'ils les avaient vraiment possédées, mais s'ils n'avaient pas favorisé et protégé son amour, à provoquer chez Swann cette ivresse où il s'attendrissait sur leur magnanimité et qui,

---

1. *Noli me tangere* : ce sont les premiers mots adressés par Jésus-Christ à Madeleine (dans l'Évangile de saint Jean, XX, 17).

même propagée à travers d'autres personnes, ne pouvait lui venir que d'Odette — de même, l'immoralité, eût-elle été réelle, qu'il trouvait aujourd'hui aux Verdurin aurait été impuissante, s'ils n'avaient pas invité Odette avec Forcheville et sans lui, à déchaîner son indignation et à lui faire flétrir « leur infamie ». Et sans doute la voix de Swann était plus clairvoyante que lui-même, quand elle se refusait à prononcer ces mots pleins de dégoût pour le milieu Verdurin et de la joie d'en avoir fini avec lui, autrement que sur un ton factice et comme s'ils étaient choisis plutôt pour assouvir sa colère que pour exprimer sa pensée. Celle-ci, en effet, pendant qu'il se livrait à ces invectives, était probablement, sans qu'il s'en aperçût, occupée d'un objet tout à fait différent, car une fois arrivé chez lui, à peine eut-il refermé la porte cochère, que brusquement il se frappa le front, et, la faisant rouvrir, ressortit en s'écriant d'une voix naturelle cette fois : « Je crois que j'ai trouvé le moyen de me faire inviter demain au dîner de Chatou ! » Mais le moyen devait être mauvais, car Swann ne fut pas invité : le docteur Cottard qui, appelé en province pour un cas grave, n'avait pas vu les Verdurin depuis plusieurs jours et n'avait pu aller à Chatou, dit, le lendemain de ce dîner, en se mettant à table chez eux :

— Mais, est-ce que nous ne verrons pas M. Swann ce soir ? Il est bien ce qu'on appelle un ami personnel du...

— Mais j'espère bien que non ! s'écria Mme Verdurin, Dieu nous en préserve, il est assommant, bête et mal élevé.

Cottard à ces mots manifesta en même temps son étonnement et sa soumission, comme devant une vérité contraire à tout ce qu'il avait cru jusque-là, mais d'une évidence irrésistible ; et, baissant d'un air ému et

peureux son nez dans son assiette, il se contenta de répondre : « Ah !-ah !-ah !-ah !-ah ! » en traversant à reculons, dans sa retraite repliée en bon ordre jusqu'au fond de lui-même, le long d'une gamme descendante, tout le registre de sa voix. Et il ne fut plus question de Swann chez les Verdurin[1].

---

1. *Et il ne fut plus question de Swann chez les Verdurin* : l'éloignement de Swann par les Verdurin marque à la fois le début de la troisième partie du roman et celui de la chute de son amour pour Odette.

Deuxième partie
(pages 55 à 155)

Lectures

1. Au niveau de la diégèse, quelles sont les étapes de l'amour de Swann dans cette section du texte ?

2. Quels sont les lieux et les espaces dans lesquels se développe le récit ?

3. Relevez les dates ou les points de repère chronologiques qui marquent l'évolution du temps du récit.

4. Quelles sont les œuvres d'art réelles citées dans cette partie du texte ?

5. Quels sont les artistes, réels ou imaginaires, rappelés au cours de la narration ?

6. Quelles sont les œuvres historiques citées ?

7. Swann écoute chez Odette, qui joue du piano, la musique de Vinteuil : quel est son rôle dans le développement de son amour ?

8. Deuxième apparition de la « petite phrase » chez les Verdurin : quel message cache-t-elle et qu'est-ce qu'elle annonce ?

9. La voix du narrateur, tout au long du récit, souligne, par des remarques d'ordre général, l'évolution des sentiments de Swann pour Odette : son désir d'abord, son angoisse, la naissance de la jalousie. Retracez, à l'aide de ces commentaires, les contradictions qui caractérisent chez Swann les mouvements de la passion amoureuse.

Personnages

1. Quels sont les personnages nouveaux ou secondaires qui apparaissent dans cette partie du roman ?

2. Quels sont les goûts esthétiques d'Odette ? Quels sont les traits qui trahissent en elle la « demi-mondaine » ?

3. Qu'est-ce qu'elle représente dans l'imaginaire de Swann ? À qui la compare-t-il ?

4. Quelle est la signification de la métaphore « faire catleya » ? Pourquoi devient-elle essentielle à la relation de Swann et Odette ?

5. Swann, se rendant chez les Verdurin, n'y trouve pas Odette. Il part donc à sa recherche. Retracez son parcours, aux longs détours, dans Paris.

6. Charles Swann est avant tout un « amateur d'art ». Quelle est l'œuvre sur laquelle il voudrait écrire un essai critique ?

7. Crise de Swann et début de la jalousie : identifiez les phases et le caractère de la « maladie » de Swann.

8. Pourquoi les Verdurin décident de ne plus accepter Swann dans leur milieu ? Retracez les étapes de l'éloignement progressif de Swann.

9. Quelle avait été l'attitude de Swann à l'égard du « Clan » ?

10. La « vie » des Verdurin n'est plus pour Swann celle qu'il croyait être la « vraie » : quelle est l'évolution de Swann par rapport à ses relations mondaines ?

11. Odette de Crécy apparaît de plus en plus dans sa nature de « demi-mondaine » : étudiez son changement par rapport à Swann.

12. Odette, « être de fuite » : analysez son attitude face aux questions que lui pose Swann.

13. Swann, amoureux d'Odette, change ses goûts : analysez les variations des plaisirs de Swann dans cette partie du texte.

Style

1. Gérard Genette a remarqué que le style proustien est caractérisé par l'alternance de deux types de discours : le *discours singulatif* (« raconter une fois ce qui n'est arrivé qu'une fois seulement ») et le *discours itératif* (« raconter une seule fois ce qui est arrivé plusieurs fois ») : identifiez cette alternance dans le développement du récit.

2. Analysez au niveau des éléments stylistiques et des images la présence et le rôle de la *fenêtre* dans cette partie du roman.

3. Quels sont les traits caractéristiques du langage des personnages ? Quel est l'« idiolecte » de chacun ?

4. Identifiez la voix de l'auteur, ses observations par rapport à l'histoire racontée, à travers et à la lumière des « maximes » qui lui appartiennent.

5. Comme toute production culturelle, la théorie esthétique de Proust s'inscrit en marge de systèmes préexistants qu'elle résorbe dans une formule nouvelle : ainsi, par un réseau d'interférences textuelles, l'auteur de la *Recherche* assimile Swann, qui manifeste son mépris pour les mélodrames, à un personnage de Dumas fils ; et Odette, à son tour, en tant que « dame aux catleyas » renvoie à une autre femme célèbre du demi-monde. À quoi renvoie ce « jeu » intertextuel ?

Langue

1. Le petit hôtel d'Odette, rue La Pérouse, est l'objet d'une description assez détaillée : relevez, au niveau du lexique, ce qui fait de son appartement une sorte de « jardin d'hiver » de style oriental.

2. Le « catleya » est la fleur la plus aimée d'Odette : en quoi se distingue-t-elle de l'orchidée ?

3. Quelles sont les expressions qui révèlent la « timidité » de Swann lorsqu'il a possédé Odette ?

4. Relevez les exemples du lexique de la passion amoureuse en tant que « maladie » dans l'évolution de l'amour de Swann.

5. Les *triades* d'adjectifs, de mots, de verbes, sont caractéristiques du style proustien : relevez quelques exemples.

6. La critique a remarqué l'emploi tout particulier des *tirets* dans la phrase proustienne : quel usage en fait l'auteur et pourquoi deviennent-ils un trait caractéristique de son style ?

7. En lisant cette deuxième partie pouvez-vous apprécier le commentaire de Léo Spitzer : « Le nom, ce signe linguistique, devient ainsi une formule magique d'évocation ». Trouvez des passages du texte qui illustrent cette réflexion.

8. Quelle est la signification du mot « calembredaine » ?

9. Qu'est-ce qu'une « charmille » ? Qu'évoque-t-elle dans l'imaginaire de Swann ?

10. Quelles sont les connotations de la deuxième audition de la *Sonate* de Vinteuil ? Dites ce qui a changé dans ce nouveau contexte par rapport à la première audition.

11. À quoi renvoie l'expression « en faire voir de saumâtres » ?

12. Odette refuse à Swann le rituel des « catleyas », et Swann épie de la rue sa fenêtre éclairée : les soupçons du jaloux excitent en lui le « plaisir de l'intelligence » et la « passion de la vérité » : commentez cette scène et les réflexions du protagoniste.

13. Analysez toute expression qui souligne le changement de Swann en tant que prisonnier de sa jalousie.

14. Élément purement littéraire, la « salade japonaise » de *Francillon* exige un tout autre mode de consommation. D'autre part, l'esthète qu'est Swann, loin de ramener la littérature à la réalité, prétend plutôt hausser celle-ci au rang de l'art. Essayez d'expliquer cette double observation.

Sujets de dissertation

1. « Marcel Proust a fait en cinquante pages une analyse de la jalousie qui est remarquable par sa précision, sa diversité, son acuité (...) Et il nous a laissé la plus émouvante image d'un homme assez fort pour n'être dupe de rien et trop faible pour se détacher d'une femme qui le retient par tout le mystère qu'elle renferme ». Partagez-vous cette double appréciation ? Commentez-la en vous référant aux diverses étapes de l'évolution de la « maladie » de Swann.

2. Recréez l'imaginaire de Swann par les représentations picturales disséminées dans le roman.

3. Les jeux d'ombre et de lumière, l'alternance du jour et de la nuit jouent un rôle prépondérant dans l'écriture de cette partie du texte. Décrivez-les en vous référant aux épisodes les plus saillants.

Alors ce salon qui avait réuni Swann et Odette devint un obstacle à leurs rendez-vous. Elle ne lui disait plus comme au premier temps de leur amour : « Nous nous verrons en tous cas demain soir, il y a un souper chez les Verdurin », mais : « Nous ne pourrons pas nous voir demain soir, il y a un souper chez les Verdurin. » Ou bien les Verdurin devaient l'emmener à l'Opéra-Comique voir *Une Nuit de Cléopâtre*[1] et Swann lisait dans les yeux d'Odette cet effroi qu'il lui demandât de n'y pas aller, que naguère il n'aurait pu se retenir de baiser au passage sur le visage de sa maîtresse, et qui maintenant l'exaspérait. « Ce n'est pas de la colère, pourtant, se disait-il à lui-même, que j'éprouve en voyant l'envie qu'elle a d'aller picorer[2] dans cette musique stercoraire. C'est du chagrin, non pas certes pour moi, mais pour elle ; du chagrin de voir qu'après avoir vécu plus de six mois en contact quotidien avec moi, elle n'a pas su devenir assez une autre pour éliminer spontanément Victor Massé[3] ! Surtout pour ne pas être arrivée à comprendre qu'il y a des soirs où un être d'une essence un peu délicate doit savoir renoncer à un plaisir, quand on le lui demande. Elle devrait savoir dire « je n'irai pas », ne fût-ce que par intelligence, puisque c'est sur sa réponse qu'on classera une fois pour toutes sa qualité d'âme. » Et s'étant persuadé à lui-même que c'était seulement en effet pour

---

1. *Une Nuit de Cléopâtre* : œuvre de Victor Massé sur un texte de Jean Barbier inspiré par un récit de Théophile Gautier. Première représentation en 1885, à l'Œuvre-Comique.

2. *Picorer* : de piquer, voler au passage, chercher sa nourriture, harceler, irriter par de légères piqûres, becqueter.

3. *Victor Massé* (1822-1884) : compositeur français qui a surtout créé pour le théâtre. Ses opéras-comiques, d'un style aimable, ont connu une longue popularité.

pouvoir porter un jugement plus favorable sur la valeur spirituelle d'Odette qu'il désirait que ce soir-là elle restât avec lui au lieu d'aller à l'Opéra-Comique, il lui tenait le même raisonnement, au même degré d'insincérité qu'à soi-même, et même à un degré de plus, car alors il obéissait aussi au désir de la prendre par l'amour-propre.

— Je te jure, lui disait-il, quelques instants avant qu'elle partît pour le théâtre, qu'en te demandant de ne pas sortir, tous mes souhaits, si j'étais égoïste, seraient pour que tu me refuses, car j'ai mille choses à faire ce soir, et je me trouverai moi-même pris au piège et bien ennuyé si contre toute attente tu me réponds que tu n'iras pas. Mais mes occupations, mes plaisirs, ne sont pas tout, je dois penser à toi. Il peut venir un jour où, me voyant à jamais détaché de toi, tu auras le droit de me reprocher de ne pas t'avoir avertie dans les minutes décisives où je sentais que j'allais porter sur toi un de ces jugements sévères auxquels l'amour ne résiste pas longtemps. Vois-tu, *Une Nuit de Cléopâtre* (quel titre !) n'est rien dans la circonstance. Ce qu'il faut savoir, c'est si vraiment tu es cet être qui est au dernier rang de l'esprit, et même du charme, l'être méprisable qui n'est pas capable de renoncer à un plaisir. Alors, si tu es cela, comment pourrait-on t'aimer, car tu n'es même pas une personne, une créature définie, imparfaite, mais du moins perfectible ? Tu es une eau informe qui coule selon la pente qu'on lui offre, un poisson sans mémoire et sans réflexion qui, tant qu'il vivra dans son aquarium, se heurtera cent fois par jour contre le vitrage qu'il continuera à prendre pour de l'eau. Comprends-tu que ta réponse, je ne dis pas aura pour effet que je cesserai de t'aimer immédiatement, bien entendu, mais te rendra moins séduisante à mes yeux quand je comprendrai que tu n'es pas une personne, que tu es au-dessous de toutes les choses et ne sais te placer au-dessus d'aucune ? Évidemment j'aurais mieux aimé te demander comme une chose sans importance de renoncer à *Une Nuit de Cléopâtre* (puisque tu m'obliges à me souiller les lèvres de ce nom abject) dans l'espoir que tu irais cependant. Mais, décidé à tenir un tel compte, à tirer de telles conséquences de ta réponse, j'ai trouvé plus loyal de t'en prévenir.

Odette depuis un moment donnait des signes d'émotion et d'incertitude. À défaut du sens de ce discours, elle comprenait qu'il pouvait rentrer dans le genre commun des « laïus[1] » et scènes de reproches ou de supplications, dont l'habitude qu'elle avait des hommes lui permettait, sans s'attacher aux détails des mots, de conclure qu'ils ne les prononceraient pas s'ils n'étaient pas amoureux, que du moment qu'ils étaient amoureux, il était inutile de leur obéir, qu'ils ne le seraient que plus après. Aussi aurait-elle écouté Swann avec le plus grand calme si elle n'avait vu que l'heure passait et que pour peu qu'il parlât encore quelque temps, elle allait, comme elle le lui dit avec un sourire tendre, obstiné et confus, « finir par manquer l'Ouverture ! ».

D'autres fois il lui disait que ce qui plus que tout ferait qu'il cesserait de l'aimer, c'est qu'elle ne voulût pas renoncer à mentir. « Même au simple point de vue de la coquetterie, lui disait-il, ne comprends-tu donc pas combien tu perds de ta séduction en t'abaissant à mentir ? Par un aveu, combien de fautes tu pourrais racheter ! Vraiment tu es bien moins intelligente que je ne croyais ! » Mais c'est en vain que Swann lui exposait ainsi toutes les raisons qu'elle avait de ne pas mentir ;

---

1.   *Laïus* (m.) : du nom de Laïus, père d'Œdipe, qui peut signifier allocution, discours, ou encore manière de parler ou écrire, vague et emphatique.

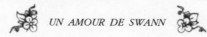

elles auraient pu ruiner chez Odette un système général du mensonge ; mais Odette n'en possédait pas ; elle se contentait seulement, dans chaque cas où elle voulait que Swann ignorât quelque chose qu'elle avait fait, de ne pas le lui dire. Ainsi le mensonge était pour elle un expédient d'ordre particulier ; et ce qui seul pouvait décider si elle devait s'en servir ou avouer la vérité, c'était une raison d'ordre particulier aussi, la chance plus ou moins grande qu'il y avait pour que Swann pût découvrir qu'elle n'avait pas dit la vérité.

Physiquement, elle traversait une mauvaise phase : elle épaississait ; et le charme expressif et dolent, les regards étonnés et rêveurs qu'elle avait autrefois semblaient avoir disparu avec sa première jeunesse. De sorte qu'elle était devenue si chère à Swann au moment pour ainsi dire où il la trouvait précisément bien moins jolie. Il la regardait longuement pour tâcher de ressaisir le charme qu'il lui avait connu, et ne le retrouvait pas. Mais savoir que sous cette chrysalide nouvelle, c'était toujours Odette qui vivait, toujours la même volonté fugace, insaisissable et sournoise[1], suffisait à Swann pour qu'il continuât de mettre la même passion à chercher à la capter. Puis il regardait des photographies d'il y avait deux ans, il se rappelait comme elle avait été délicieuse. Et cela le consolait un peu de se donner tant de mal pour elle.

Quand les Verdurin l'emmenaient à Saint-Germain, à Chatou, à Meulan, souvent, si c'était dans la belle saison, ils proposaient, sur place, de rester à coucher et de ne revenir que le lendemain. Mme Verdurin cherchait à apaiser les scrupules du pianiste dont la tante était restée à Paris.

---

1. *Odette* [...] *sournoise* : Odette est pour Swann, plus que jamais, un être de fuite.

— Elle sera enchantée d'être débarrassée de vous pour un jour. Et comment s'inquiéterait-elle, elle vous sait avec nous ; d'ailleurs je prends tout sous mon bonnet.

Mais si elle n'y réussissait pas, M. Verdurin partait en campagne[1], trouvait un bureau de télégraphe ou un messager et s'informait de ceux des fidèles qui avaient quelqu'un à faire prévenir. Mais Odette le remerciait et disait qu'elle n'avait de dépêche à faire pour personne, car elle avait dit à Swann une fois pour toutes qu'en lui en envoyant une aux yeux de tous, elle se compromettrait. Parfois c'était pour plusieurs jours qu'elle s'absentait, les Verdurin l'emmenaient voir les tombeaux de Dreux[2], ou à Compiègne admirer, sur le conseil du peintre, des couchers de soleil en forêt, et on poussait jusqu'au château de Pierrefonds[3].

— Penser qu'elle pourrait visiter de vrais monuments avec moi qui ai étudié l'architecture pendant dix ans et qui suis tout le temps supplié de mener à Beauvais ou à Saint-Loup-de-Naud des gens de la plus haute valeur et ne le ferais que pour elle, et qu'à la place elle va avec les dernières des brutes s'extasier successivement devant les déjections de Louis-Philippe et devant celles de Viollet-Le-Duc[4] ! Il me semble qu'il n'y a pas besoin d'être artiste pour cela et que, même sans flair particulièrement fin, on ne choisit pas d'aller villégiaturer dans des latrines pour être plus à portée

1. *Partir en campagne* : se mettre en action.
2. *Les tombeaux de Dreux* : il s'agit des tombeaux de la chapelle royale de Saint Louis, que la duchesse d'Orléans fit construire en 1816 pour y recevoir les dépouilles de ses familiers.
3. *Château de Pierrefonds* : château du XVe siècle bâti aux abords du bois de Compiègne.
4. *Eugène Emmanuel Viollet-Le-Duc* (1814-1879) : il s'occupa de la restauration du château de Pierrefonds.

de respirer des excréments.

Mais quand elle était partie pour Dreux ou pour Pierrefonds — hélas, sans lui permettre d'y aller, comme par hasard, de son côté, car cela « ferait un effet déplorable », disait-elle — il se plongeait dans le plus enivrant des romans d'amour, l'indicateur des chemins de fer, qui lui apprenait les moyens de la rejoindre, l'après-midi, le soir, ce matin même ! Le moyen ? presque davantage : l'autorisation. Car enfin l'indicateur et les trains eux-mêmes n'étaient pas faits pour des chiens. Si on faisait savoir au public, par voie d'imprimés, qu'à huit heures du matin partait un train qui arrivait à Pierrefonds à dix heures, c'est donc qu'aller à Pierrefonds était un acte licite, pour lequel la permission d'Odette était superflue ; et c'était aussi un acte qui pouvait avoir un tout autre motif que le désir de rencontrer Odette, puisque des gens qui ne la connaissaient pas l'accomplissaient chaque jour, en assez grand nombre pour que cela valût la peine de faire chauffer des locomotives.

En somme, elle ne pouvait tout de même pas l'empêcher d'aller à Pierrefonds s'il en avait envie ! Or justement, il sentait qu'il en avait envie et que, s'il n'avait pas connu Odette, certainement il y serait allé. Il y avait longtemps qu'il voulait se faire une idée plus précise des travaux de restauration de Viollet-Le-Duc. Et par le temps qu'il faisait, il éprouvait l'impérieux désir d'une promenade dans la forêt de Compiègne.

Ce n'était vraiment pas de chance qu'elle lui défendît le seul endroit qui le tentait aujourd'hui. Aujourd'hui ! S'il y allait, malgré son interdiction, il pourrait la voir *aujourd'hui* même ! Mais alors que, si elle eût retrouvé à Pierrefonds quelque indifférent, elle lui eût dit joyeusement : « Tiens, vous ici ! », et lui aurait demandé d'aller la voir à l'hôtel où elle était descendue avec les

Verdurin, au contraire si elle l'y rencontrait, lui, Swann, elle serait froissée [1], elle se dirait qu'elle était suivie, elle l'aimerait moins, peut-être se détournerait-elle avec colère en l'apercevant. « Alors, je n'ai plus le droit de voyager ! » lui dirait-elle au retour, tandis qu'en somme c'était lui qui n'avait plus le droit de voyager !

Il avait eu un moment l'idée, pour pouvoir aller à Compiègne et à Pierrefonds sans avoir l'air que ce fût pour rencontrer Odette, de s'y faire emmener par un de ses amis, le marquis de Forestelle, qui avait un château dans le voisinage. Celui-ci, à qui il avait fait part de son projet sans lui en dire le motif, ne se sentait pas de joie et s'émerveillait que Swann, pour la première fois depuis quinze ans, consentît enfin à venir voir sa propriété et, puisqu'il ne voulait pas s'y arrêter, lui avait-il dit, lui promît au moins de faire ensemble des promenades et des excursions pendant plusieurs jours. Swann s'imaginait déjà là-bas avec M. de Forestelle. Même avant d'y voir Odette, même s'il ne réussissait pas à l'y voir, quel bonheur il aurait à mettre le pied sur cette terre où, ne sachant pas l'endroit exact, à tel moment, de sa présence, il sentirait palpiter partout la possibilité de sa brusque apparition : dans la cour du château, devenu beau pour lui parce que c'était à cause d'elle qu'il était allé le voir ; dans toutes les rues de la ville, qui lui semblait romanesque ; sur chaque route de la forêt, rosée par un couchant profond et tendre ; — asiles innombrables et alternatifs, où venait simultanément se réfugier, dans l'incertaine ubiquité de ses espérances, son cœur heureux, vagabond et multiplié. « Surtout, dirait-il à M. de Forestelle, prenons garde de ne pas tomber sur Odette et les Verdurin ; je

---

1. *Froisser* : au sens figuré : piquer la susceptibilité de quelqu'un, vexer, blesser.

viens d'apprendre qu'ils sont justement aujourd'hui à Pierrefonds. On a assez le temps de se voir à Paris, ce ne serait pas la peine de le quitter pour ne pas pouvoir faire un pas les uns sans les autres. » Et son ami ne comprendrait pas pourquoi une fois là-bas il changerait vingt fois de projets, inspecterait les salles à manger de tous les hôtels de Compiègne sans se décider à s'asseoir dans aucune de celles où pourtant on n'avait pas vu trace de Verdurin, ayant l'air de rechercher ce qu'il disait vouloir fuir et du reste le fuyant dès qu'il l'aurait trouvé, car s'il avait rencontré le petit groupe, il s'en serait écarté avec affectation, content d'avoir vu Odette et qu'elle l'eût vu, surtout qu'elle l'eût vu ne se souciant pas d'elle. Mais non, elle devinerait bien que c'était pour elle qu'il était là. Et quand M. de Forestelle venait le chercher pour partir, il lui disait : « Hélas ! non, je ne peux pas aller aujourd'hui à Pierrefonds, Odette y est justement. » Et Swann était heureux malgré tout de sentir que, si seul de tous les mortels il n'avait pas le droit en ce jour d'aller à Pierrefonds, c'était parce qu'il était en effet pour Odette quelqu'un de différent des autres, son amant, et que cette restriction apportée pour lui au droit universel de libre circulation, n'était qu'une des formes de cet esclavage, de cet amour qui lui était si cher. Décidément il valait mieux ne pas risquer de se brouiller avec elle, patienter, attendre son retour. Il passait ses journées penché sur une carte de la forêt de Compiègne comme si ç'avait été la carte du Tendre [1], s'entourait de photographies du château de Pierrefonds. Dès que venait le jour où il était possible qu'elle revînt,

---

1. *La Carte du Tendre* : description symbolique des progrès de l'amour, décrite dans le deuxième volume du roman *Clélie,* écrit entre 1654 et 1660 par Mademoiselle de Scudéry (1607-1701).

il rouvrait l'indicateur, calculait quel train elle avait dû prendre et, si elle s'était attardée, ceux qui lui restaient encore. Il ne sortait pas de peur de manquer une dépêche, ne se couchait pas pour le cas où, revenue par le dernier train, elle aurait voulu lui faire la surprise de venir le voir au milieu de la nuit. Justement il entendait sonner à la porte cochère, il lui semblait qu'on tardait à ouvrir, il voulait éveiller le concierge, se mettait à la fenêtre pour appeler Odette si c'était elle, car malgré les recommandations qu'il était descendu faire plus de dix fois lui-même, on était capable de lui dire qu'il n'était pas là. C'était un domestique qui rentrait. Il remarquait le vol incessant des voitures qui passaient, auquel il n'avait jamais fait attention autrefois. Il écoutait chacune venir au loin, s'approcher, dépasser sa porte sans s'être arrêtée et porter plus loin un message qui n'était pas pour lui. Il attendait toute la nuit, bien inutilement, car les Verdurin ayant avancé leur retour, Odette était à Paris depuis midi ; elle n'avait pas eu l'idée de l'en prévenir ; ne sachant que faire, elle avait été passer sa soirée seule au théâtre et il y avait longtemps qu'elle était rentrée se coucher et dormait.

C'est qu'elle n'avait même pas pensé à lui. Et de tels moments où elle oubliait jusqu'à l'existence de Swann, étaient plus utiles à Odette, servaient mieux à lui attacher Swann, que toute sa coquetterie. Car ainsi Swann vivait dans cette agitation douloureuse qui avait déjà été assez puissante pour faire éclore son amour, le soir où il n'avait pas trouvé Odette chez les Verdurin et l'avait cherchée toute la soirée. Et il n'avait pas, comme j'eus à Combray[1] dans mon enfance, des

---

1. *Combray* : les événements auxquels le « je » du narrateur renvoie sont narrés dans la première section de *Du côté de chez Swann, Combray.*

journées heureuses pendant lesquelles s'oublient les souffrances qui renaîtront le soir. Les journées, Swann les passait sans Odette ; et par moments il se disait que laisser une aussi jolie femme sortir ainsi seule dans Paris était aussi imprudent que de poser un écrin plein de bijoux au milieu de la rue. Alors il s'indignait contre tous les passants comme contre autant de voleurs. Mais leur visage collectif et informe échappant à son imagination ne nourrissait pas sa jalousie. Il fatiguait la pensée de Swann, lequel, se passant la main sur les yeux, s'écriait : « À la grâce de Dieu », comme ceux qui après s'être acharnés à étreindre le problème de la réalité du monde extérieur ou de l'immortalité de l'âme, accordent la détente d'un acte de foi à leur cerveau lassé. Mais toujours la pensée de l'absente était indissolublement mêlée aux actes les plus simples de la vie de Swann — déjeuner, recevoir son courrier, sortir, se coucher — par la tristesse même qu'il avait à les accomplir sans elle, comme ces initiales de Philibert le Beau[1] que dans l'église de Brou, à cause du regret qu'elle avait de lui, Marguerite d'Autriche entrelaça partout aux siennes. Certains jours, au lieu de rester chez lui, il allait prendre son déjeuner dans un restaurant assez voisin dont il avait apprécié autrefois la bonne cuisine et où maintenant il n'allait plus que pour une de ces raisons, à la fois mystiques et saugrenues, qu'on appelle romanesques ; c'est que ce restaurant (lequel existe encore) portait le même nom

---

1. *Philibert Duc de Savoie* (1478-1506) : dit Le Beau, il s'est marié avec Marguerite d'Autriche, fille de l'Empereur Maximilien et tante de Charles V. Il a été enseveli dans l'ancienne abbaye de Saint-Nicolas, à Bourg-en-Bresse.

que la rue habitée par Odette : *La Pérouse*[1].
Quelquefois, quand elle avait fait un court déplacement,
ce n'est qu'après plusieurs jours qu'elle songeait à lui
faire savoir qu'elle était revenue à Paris. Et elle lui disait
tout simplement, sans plus prendre comme autrefois la
précaution de se couvrir à tout hasard d'un petit
morceau emprunté à la vérité, qu'elle venait d'y rentrer
à l'instant même par le train du matin. Ces paroles étaient
mensongères ; du moins pour Odette elles étaient
mensongères, inconsistantes, n'ayant pas, comme si
elles avaient été vraies, un point d'appui dans le
souvenir de son arrivée à la gare ; même elle était
empêchée de se les représenter au moment où elle les
prononçait, par l'image contradictoire de ce qu'elle avait
fait de tout différent au moment où elle prétendait être
descendue du train. Mais dans l'esprit de Swann, au
contraire, ces paroles qui ne rencontraient aucun
obstacle venaient s'incruster et prendre l'inamovibilité
d'une vérité si indubitable que, si un ami lui disait être
venu par ce train et ne pas avoir vu Odette, il était
persuadé que c'était l'ami qui se trompait de jour ou
d'heure, puisque son dire ne se conciliait pas avec les
paroles d'Odette. Celles-ci ne lui eussent paru
mensongères que s'il s'était d'abord défié qu'elles le
fussent. Pour qu'il crût qu'elle mentait, un soupçon
préalable était une condition nécessaire. C'était
d'ailleurs aussi une condition suffisante. Alors tout ce
que disait Odette lui paraissait suspect. L'entendait-il
citer un nom, c'était certainement celui d'un de ses
amants ; une fois cette supposition forgée, il passait des

---

1.   *La Pérouse* : au 51 du quai des Grands-Augustins, sur la rive
     gauche, entre le Pont Saint-Michel et le Pont-Neuf. Il s'agit
     d'un des endroits du Paris fin de siècle qui existe encore
     aujourd'hui.

semaines à se désoler ; il s'aboucha[1] même une fois avec une agence de renseignements pour savoir l'adresse, l'emploi du temps de l'inconnu qui ne le laisserait respirer que quand il serait parti en voyage, et dont il finit par apprendre que c'était un oncle d'Odette mort depuis vingt ans.

Bien qu'elle ne lui permît pas en général de la rejoindre dans des lieux publics, disant que cela ferait jaser[2], il arrivait que dans une soirée où il était invité comme elle — chez Forcheville, chez le peintre, ou à un bal de charité dans un ministère — il se trouvât en même temps qu'elle. Il la voyait mais n'osait pas rester de peur de l'irriter en ayant l'air d'épier les plaisirs qu'elle prenait avec d'autres et qui — tandis qu'il rentrait solitaire, qu'il allait se coucher anxieux comme je devais l'être moi-même quelques années plus tard les soirs où il viendrait dîner à la maison, à Combray[3] — lui semblaient illimités parce qu'il n'en avait pas vu la fin. Et une fois ou deux il connut par de tels soirs de ces joies qu'on serait tenté, si elles ne subissaient avec tant de violence le choc en retour de l'inquiétude brusquement arrêtée, d'appeler des joies calmes, parce qu'elles consistent en un apaisement : il était allé passer un instant à un raout[4] chez le peintre et s'apprêtait à le quitter ; il y laissait Odette muée en une brillante étrangère, au milieu d'hommes à qui ses regards et sa gaîté, qui n'étaient pas pour lui, semblaient parler de

---

1. *S'aboucher* : se mettre en rapport, joindre.
2. *Jaser* : bavarder, parler longuement, avec complaisance, mais aussi avec médisance.
3. *Je devais l'être* [...] *à Combray* : à la fois point de repère chronologique et allusion aux affinités psychologiques entre le « je », le héros de la *Recherche*, et Swann.
4. *Raout* (m.) : une réunion mondaine.

quelque volupté qui serait goûtée là ou ailleurs (peut-être au « Bal des Incohérents [1] » où il tremblait qu'elle n'allât ensuite) et qui causait à Swann plus de jalousie que l'union charnelle même, parce qu'il l'imaginait plus difficilement ; il était déjà prêt à passer la porte de l'atelier quand il s'entendait rappeler par ces mots (qui en retranchant de la fête cette fin qui l'épouvantait, la lui rendaient rétrospectivement innocente, faisaient du retour d'Odette une chose non plus inconcevable et terrible, mais douce et connue et qui tiendrait à côté de lui, pareille à un peu de sa vie de tous les jours, dans sa voiture, et dépouillaient Odette elle-même de son apparence trop brillante et gaie, montraient que ce n'était qu'un déguisement qu'elle avait revêtu un moment, pour lui-même, non en vue de mystérieux plaisirs, et duquel elle était déjà lasse), par ces mots qu'Odette lui jetait, comme il était déjà sur le seuil : « Vous ne voudriez pas m'attendre cinq minutes, je vais partir, nous reviendrions ensemble, vous me ramèneriez chez moi. »

Il est vrai qu'un jour Forcheville avait demandé à être ramené en même temps, mais comme, arrivé devant la porte d'Odette, il avait sollicité la permission d'entrer aussi, Odette lui avait répondu en montrant Swann : « Ah ! cela dépend de ce monsieur-là, demandez-lui. Enfin, entrez un moment si vous voulez, mais pas longtemps, parce que je vous préviens qu'il aime causer tranquillement avec moi, et qu'il n'aime pas beaucoup qu'il y ait des visites quand il vient. Ah ! si vous connaissiez cet être-là autant que je le connais ! n'est-ce pas, *my love*, il n'y a que moi qui vous connaisse bien ? »

Et Swann était peut-être encore plus touché de la

---

1. *Le bal des Incohérents* : le premier « Bal des Incohérents » a eu lieu à Paris en 1885.

voir ainsi lui adresser en présence de Forcheville, non seulement ces paroles de tendresse, de prédilection, mais encore certaines critiques comme : « Je suis sûre que vous n'avez pas encore répondu à vos amis pour votre dîner de dimanche. N'y allez pas si vous ne voulez pas, mais soyez au moins poli », ou : « Avez-vous laissé seulement ici votre essai sur Ver Meer pour pouvoir l'avancer un peu demain ? Quel paresseux ! Je vous ferai travailler, moi ! », qui prouvaient qu'Odette se tenait au courant de ses invitations dans le monde et de ses études d'art, qu'ils avaient bien une vie à eux deux. Et en disant cela, elle lui adressait un sourire au fond duquel il la sentait toute à lui.

Alors à ces moments-là, pendant qu'elle leur faisait de l'orangeade, tout d'un coup, comme quand un réflecteur mal réglé d'abord promène autour d'un objet, sur la muraille, de grandes ombres fantastiques, qui viennent ensuite se replier et s'anéantir en lui, toutes les idées terribles et mouvantes qu'il se faisait d'Odette s'évanouissaient, rejoignaient le corps charmant que Swann avait devant lui. Il avait le brusque soupçon que cette heure passée chez Odette, sous la lampe, n'était peut-être pas une heure factice, à son usage à lui (destinée à masquer cette chose effrayante et délicieuse à laquelle il pensait sans cesse sans pouvoir bien se la représenter, une heure de la vraie vie d'Odette, de la vie d'Odette quand lui n'était pas là), avec des accessoires de théâtre et des fruits de carton, mais était peut-être une heure pour de bon de la vie d'Odette ; que s'il n'avait pas été là, elle eût avancé à Forcheville le même fauteuil et lui eût versé non un breuvage inconnu, mais précisément cette orangeade ; que le monde habité par Odette n'était pas cet autre monde effroyable et surnaturel où il passait son temps à la situer et qui n'existait peut-être que dans son imagination, mais l'univers réel, ne dégageant aucune tristesse spéciale, comprenant cette table où il allait pouvoir écrire et cette boisson à laquelle il lui serait permis de goûter ; tous ces objets qu'il contemplait avec autant de curiosité et d'admiration que de gratitude, car si en absorbant ses rêves ils l'en avaient délivré, eux en revanche s'en étaient enrichis, ils lui en montraient la réalisation palpable, et ils intéressaient son esprit, ils prenaient du relief devant ses regards, en même temps qu'ils tranquillisaient son cœur. Ah ! si le destin avait permis qu'il pût n'avoir qu'une seule demeure avec Odette et que chez elle il fût chez lui, si en demandant au domestique ce qu'il y avait à déjeuner, c'eût été le menu d'Odette qu'il avait appris en réponse, si quand Odette voulait aller le matin se promener avenue du Bois-de-Boulogne, son devoir de bon mari l'avait obligé, n'eût-il pas envie de sortir, à l'accompagner, portant son manteau quand elle avait trop chaud, et le soir après le dîner si elle avait envie de rester chez elle en déshabillé, s'il avait été forcé de rester là près d'elle, à faire ce qu'elle voudrait ; alors combien tous les riens de la vie de Swann qui lui semblaient si tristes, au contraire parce qu'ils auraient en même temps fait partie de la vie d'Odette auraient pris, même les plus familiers — et comme cette lampe, cette orangeade, ce fauteuil qui contenaient tant de rêve, qui matérialisaient tant de désir —, une sorte de douceur surabondante et de densité mystérieuse !

Pourtant il se doutait bien que ce qu'il regrettait ainsi, c'était un calme, une paix qui n'auraient pas été pour son amour une atmosphère favorable. Quand Odette cesserait d'être pour lui une créature toujours absente, regrettée, imaginaire ; quand le sentiment qu'il aurait pour elle ne serait plus ce même trouble mystérieux que lui causait la phrase de la sonate, mais de

l'affection, de la reconnaissance ; quand s'établiraient entre eux des rapports normaux qui mettraient fin à sa folie et à sa tristesse, alors sans doute les actes de la vie d'Odette lui paraîtraient peu intéressants en eux-mêmes — comme il avait déjà eu plusieurs fois le soupçon qu'ils étaient, par exemple le jour où il avait lu à travers l'enveloppe la lettre adressée à Forcheville. Considérant son mal avec autant de sagacité que s'il se l'était inoculé pour en faire l'étude, il se disait que, quand il serait guéri, ce que pourrait faire Odette lui serait indifférent. Mais du sein de son état morbide, à vrai dire, il redoutait à l'égal de la mort une telle guérison, qui eût été en effet la mort de tout ce qu'il était actuellement.

Après ces tranquilles soirées, les soupçons de Swann étaient calmés ; il bénissait Odette et le lendemain, dès le matin, il faisait envoyer chez elle les plus beaux bijoux, parce que ces bontés de la veille avaient excité ou sa gratitude, ou le désir de les voir se renouveler, ou un paroxysme d'amour qui avait besoin de se dépenser.

Mais, à d'autres moments, sa douleur le reprenait, il s'imaginait qu'Odette était la maîtresse de Forcheville et que quand tous deux l'avaient vu, du fond du landau[1] des Verdurin, au Bois, la veille de la fête de Chatou où il n'avait pas été invité, la prier vainement, avec cet air de désespoir qu'avait remarqué jusqu'à son cocher, de revenir avec lui, puis s'en retourner de son côté, seul et vaincu, elle avait dû avoir pour le désigner à Forcheville et lui dire : « Hein ! ce qu'il rage ! » les mêmes regards brillants, malicieux, abaissés et sournois, que le jour

---

1. *Landau* (m.) : un carrosse à quatre roues conduit par deux chevaux. Le nom dérive de la petite ville allemande où avaient été fabriquées les premières voitures de ce genre.

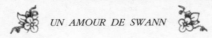

où celui-ci avait chassé Saniette de chez les Verdurin.

Alors Swann la détestait. « Mais aussi, je suis trop bête, se disait-il, je paie avec mon argent le plaisir des autres. Elle fera tout de même bien de faire attention et de ne pas trop tirer sur la corde, car je pourrais bien ne plus rien donner du tout. En tous cas, renonçons provisoirement aux gentillesses supplémentaires ! Penser que pas plus tard qu'hier, comme elle disait avoir envie d'assister à la saison de Bayreuth[1], j'ai eu la bêtise de lui proposer de louer un des jolis châteaux du roi de Bavière pour nous deux dans les environs. Et d'ailleurs elle n'a pas paru plus ravie que cela, elle n'a encore dit ni oui ni non ; espérons qu'elle refusera, grand Dieu ! Entendre du Wagner pendant quinze jours avec elle qui s'en soucie comme un poisson d'une pomme, ce serait gai ! » Et sa haine, tout comme son amour, ayant besoin de se manifester et d'agir, il se plaisait à pousser de plus en plus loin ses imaginations mauvaises, parce que, grâce aux perfidies qu'il prêtait à Odette, il la détestait davantage et pourrait si — ce qu'il cherchait à se figurer — elles se trouvaient être vraies, avoir une occasion de la punir et d'assouvir sur elle sa rage grandissante. Il alla ainsi jusqu'à supposer qu'il allait recevoir une lettre d'elle où elle lui demanderait de l'argent pour louer ce château près de Bayreuth, mais en le prévenant qu'il n'y pourrait pas venir, parce qu'elle avait promis à Forcheville et aux Verdurin de les inviter. Ah ! comme il eût aimé qu'elle pût avoir cette audace ! Quelle joie il aurait à refuser, à rédiger la réponse vengeresse dont il se complaisait à choisir, à énoncer tout haut les termes, comme s'il avait reçu la lettre en réalité !

---

1. *Bayreuth* : ville de Bavière, célèbre pour le festival qui chaque année est dédié à l'exécution des œuvres de Wagner.

Or, c'est ce qui arriva le lendemain même. Elle lui écrivit que les Verdurin et leurs amis avaient manifesté le désir d'assister à ces représentations de Wagner et que, s'il voulait bien lui envoyer cet argent, elle aurait enfin, après avoir été si souvent reçue chez eux, le plaisir de les inviter à son tour. De lui, elle ne disait pas un mot, il était sous-entendu que leur présence excluait la sienne.

Alors cette terrible réponse dont il avait arrêté chaque mot la veille sans oser espérer qu'elle pourrait servir jamais, il avait la joie de la lui faire porter. Hélas ! il sentait bien qu'avec l'argent qu'elle avait, ou qu'elle trouverait facilement, elle pourrait tout de même louer à Bayreuth puisqu'elle en avait envie, elle qui n'était pas capable de faire de différence entre Bach et Clapisson [1]. Mais elle y vivrait malgré tout plus chichement [2]. Pas moyen, comme s'il lui eût envoyé cette fois quelques billets de mille francs, d'organiser chaque soir, dans un château, de ces soupers fins après lesquels elle se serait peut-être passé la fantaisie — qu'il était possible qu'elle n'eût jamais eue encore — de tomber dans les bras de Forcheville. Et puis du moins, ce voyage détesté, ce n'était pas lui, Swann, qui le paierait ! — Ah ! s'il avait pu l'empêcher ! si elle avait pu se fouler le pied [3] avant de partir, si le cocher de la voiture qui l'emmènerait à la gare avait consenti, à n'importe quel prix, à la conduire dans un lieu où elle fût restée quelque temps séquestrée, cette femme perfide, aux yeux émaillés par un sourire de complicité

---

1. *Clapisson* (1808-1866) : compositeur français auteur d'opéras-comiques.
2. *Chichement* : pauvrement, mesquinement.
3. *Se fouler le pied* : se tordre le pied en provoquant une entorse (distorsion des ligaments).

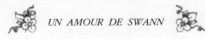

adressé à Forcheville, qu'Odette était pour Swann depuis quarante-huit heures.

Mais elle ne l'était jamais pour très longtemps ; au bout de quelques jours le regard luisant et fourbe perdait de son éclat et de sa duplicité, cette image d'une Odette exécrée disant à Forcheville : « Ce qu'il rage ! » commençait à pâlir, à s'effacer. Alors, progressivement reparaissait et s'élevait en brillant doucement, le visage de l'autre Odette, de celle qui adressait aussi un sourire à Forcheville, mais un sourire où il n'y avait pour Swann que de la tendresse, quand elle disait : « Ne restez pas longtemps, car ce monsieur-là n'aime pas beaucoup que j'aie des visites quand il a envie d'être auprès de moi. Ah ! si vous connaissiez cet être-là autant que je le connais ! », ce même sourire qu'elle avait pour remercier Swann de quelque trait de sa délicatesse qu'elle prisait si fort, de quelque conseil qu'elle lui avait demandé dans une de ces circonstances graves où elle n'avait confiance qu'en lui.

Alors, à cette Odette-là, il se demandait comment il avait pu écrire cette lettre outrageante dont sans doute jusqu'ici elle ne l'eût pas cru capable, et qui avait dû le faire descendre du rang élevé, unique, que par sa bonté, sa loyauté, il avait conquis dans son estime. Il allait lui devenir moins cher, car c'était pour ces qualités-là, qu'elle ne trouvait ni à Forcheville ni à aucun autre, qu'elle l'aimait. C'était à cause d'elles qu'Odette lui témoignait si souvent une gentillesse qu'il comptait pour rien au moment où il était jaloux, parce qu'elle n'était pas une marque de désir, et prouvait même plutôt de l'affection que de l'amour, mais dont il recommençait à sentir l'importance au fur et à mesure que la détente spontanée de ses soupçons, souvent accentuée par la distraction que lui apportait une lecture d'art ou la conversation d'un ami, rendait sa

passion moins exigeante de réciprocités.

Maintenant qu'après cette oscillation, Odette était naturellement revenue à la place d'où la jalousie de Swann l'avait un moment écartée, dans l'angle où il la trouvait charmante, il se la figurait pleine de tendresse, avec un regard de consentement, si jolie ainsi, qu'il ne pouvait s'empêcher d'avancer les lèvres vers elle comme si elle avait été là et qu'il eût pu l'embrasser ; et il lui gardait de ce regard enchanteur et bon autant de reconnaissance que si elle venait de l'avoir réellement et si ce n'eût pas été seulement son imagination qui venait de le peindre pour donner satisfaction à son désir.

Comme il avait dû lui faire de la peine ! Certes il trouvait des raisons valables à son ressentiment contre elle, mais elles n'auraient pas suffi à le lui faire éprouver s'il ne l'avait pas autant aimée. N'avait-il pas eu des griefs[1] aussi graves contre d'autres femmes, auxquelles il eût néanmoins volontiers rendu service aujourd'hui, étant contre elles sans colère parce qu'il ne les aimait plus ? S'il devait jamais un jour se trouver dans le même état d'indifférence vis-à-vis d'Odette, il comprendrait que c'était sa jalousie seule qui lui avait fait trouver quelque chose d'atroce, d'impardonnable, à ce désir, au fond si naturel, provenant d'un peu d'enfantillage et aussi d'une certaine délicatesse d'âme, de pouvoir à son tour, puisqu'une occasion s'en présentait, rendre des politesses aux Verdurin, jouer à la maîtresse de maison.

Il revenait à ce point de vue — opposé à celui de son amour et de sa jalousie, et auquel il se plaçait quelquefois par une sorte d'équité intellectuelle et pour faire la part des diverses probabilités — d'où il essayait

---

1. *Avoir des griefs* : se plaindre, protester.

de juger Odette comme s'il ne l'avait pas aimée, comme si elle était pour lui une femme comme les autres, comme si la vie d'Odette n'avait pas été, dès qu'il n'était plus là, différente, tramée en cachette de lui, ourdie contre lui.

Pourquoi croire qu'elle goûterait là-bas avec Forcheville ou avec d'autres des plaisirs enivrants qu'elle n'avait pas connus auprès de lui et que seule sa jalousie forgeait de toutes pièces ? À Bayreuth comme à Paris, s'il arrivait que Forcheville pensât à lui, ce n'eût pu être que comme à quelqu'un qui comptait beaucoup dans la vie d'Odette, à qui il était obligé de céder la place, quand ils se rencontraient chez elle. Si Forcheville et elle triomphaient d'être là-bas malgré lui, c'est lui qui l'aurait voulu en cherchant inutilement à l'empêcher d'y aller, tandis que s'il avait approuvé son projet, d'ailleurs défendable, elle aurait eu l'air d'être là-bas d'après son avis, elle s'y serait sentie envoyée, logée par lui, et le plaisir qu'elle aurait éprouvé à recevoir ces gens qui l'avaient tant reçue, c'est à Swann qu'elle en aurait su gré[1].

Et — au lieu qu'elle allait partir brouillée avec lui, sans l'avoir revu — s'il lui envoyait cet argent, s'il l'encourageait à ce voyage et s'occupait de le lui rendre agréable, elle allait accourir, heureuse, reconnaissante, et il aurait cette joie de la voir qu'il n'avait pas goûtée depuis près d'une semaine et que rien ne pouvait lui remplacer. Car sitôt que Swann pouvait se la représenter sans horreur, qu'il revoyait de la bonté dans son sourire, et que le désir de l'enlever à tout autre n'était plus ajouté par la jalousie à son amour, cet amour redevenait surtout un goût pour les sensations que lui

---

1. *Elle en aurait su gré* : elle aurait pu remercier Swann, elle lui en aurait été reconnaissante.

donnait la personne d'Odette, pour le plaisir qu'il avait à admirer comme un spectacle ou à interroger comme un phénomène, le lever d'un de ses regards, la formation d'un de ses sourires, l'émission d'une intonation de sa voix. Et ce plaisir différent de tous les autres avait fini par créer en lui un besoin d'elle et qu'elle seule pouvait assouvir par sa présence ou ses lettres, presque aussi désintéressé, presque aussi artistique, aussi pervers, qu'un autre besoin qui caractérisait cette période nouvelle de la vie de Swann où à la sécheresse, à la dépression des années antérieures avait succédé une sorte de trop-plein spirituel, sans qu'il sût davantage à quoi il devait cet enrichissement inespéré de sa vie intérieure qu'une personne de santé délicate qui à partir d'un certain moment se fortifie, engraisse, et semble pendant quelque temps s'acheminer vers une complète guérison : cet autre besoin qui se développait aussi en dehors du monde réel, c'était celui d'entendre, de connaître de la musique.

Ainsi, par le chimisme même de son mal, après qu'il avait fait de la jalousie avec son amour, il recommençait à fabriquer de la tendresse, de la pitié pour Odette. Elle était redevenue l'Odette charmante et bonne. Il avait des remords d'avoir été dur pour elle. Il voulait qu'elle vînt près de lui et, auparavant, il voulait lui avoir procuré quelque plaisir, pour voir la reconnaissance pétrir son visage et modeler son sourire.

Aussi Odette, sûre de le voir venir après quelques jours, aussi tendre et soumis qu'avant, lui demander une réconciliation, prenait-elle l'habitude de ne plus craindre de lui déplaire et même de l'irriter et lui refusait-elle, quand cela lui était commode, les faveurs auxquelles il tenait le plus.

Peut-être ne savait-elle pas combien il avait été

sincère vis-à-vis d'elle pendant la brouille [1], quand il lui avait dit qu'il ne lui enverrait pas d'argent et chercherait à lui faire du mal. Peut-être ne savait-elle pas davantage combien il l'était, vis-à-vis sinon d'elle, du moins de lui-même, en d'autres cas où dans l'intérêt de l'avenir de leur liaison, pour montrer à Odette qu'il était capable de se passer d'elle, qu'une rupture restait toujours possible, il décidait de rester quelque temps sans aller chez elle.

Parfois c'était après quelques jours où elle ne lui avait pas causé de souci nouveau ; et comme, des visites prochaines qu'il lui ferait, il savait qu'il ne pouvait tirer nulle bien grande joie, mais plus probablement quelque chagrin qui mettrait fin au calme où il se trouvait, il lui écrivait qu'étant très occupé il ne pourrait la voir aucun des jours qu'il lui avait dit. Or une lettre d'elle, se croisant avec la sienne, le priait précisément de déplacer un rendez-vous. Il se demandait pourquoi ; ses soupçons, sa douleur le reprenaient. Il ne pouvait plus tenir, dans l'état nouveau d'agitation où il se trouvait, l'engagement qu'il avait pris dans l'état antérieur de calme relatif, il courait chez elle et exigeait de la voir tous les jours suivants. Et même si elle ne lui avait pas écrit la première, si elle répondait seulement, en y acquiesçant [2], à sa demande d'une courte séparation, cela suffisait pour qu'il ne pût plus rester sans la voir. Car, contrairement au calcul de Swann, le consentement d'Odette avait tout changé en lui. Comme tous ceux qui possèdent une chose, pour savoir ce qui arriverait s'il cessait un moment de la posséder, il avait ôté cette chose de son esprit, en y laissant tout le reste dans le

1. *Brouille* (f.) : désaccord survenant entre personnes, bouderie, rupture.
2. *En y acquiesçant* : en y cédant, en y consentant.

même état que quand elle était là. Or l'absence d'une chose, ce n'est pas que cela, ce n'est pas un simple manque partiel, c'est un bouleversement de tout le reste, c'est un état nouveau qu'on ne peut prévoir dans l'ancien.

Mais d'autres fois au contraire — Odette était sur le point de partir en voyage — c'était après quelque petite querelle dont il choisissait le prétexte, qu'il se résolvait à ne pas lui écrire et à ne pas la revoir avant son retour, donnant ainsi les apparences, et demandant, le bénéfice, d'une grande brouille, qu'elle croirait peut-être définitive, à une séparation dont la plus longue part était inévitable du fait du voyage et qu'il faisait commencer seulement un peu plus tôt. Déjà il se figurait Odette inquiète, affligée de n'avoir reçu ni visite ni lettre, et cette image, en calmant sa jalousie, lui rendait facile de se déshabituer de la voir. Sans doute, par moments, tout au bout de son esprit où sa résolution la refoulait[1] grâce à toute la longueur interposée des trois semaines de séparation acceptée, c'était avec plaisir qu'il considérait l'idée qu'il reverrait Odette à son retour : mais c'était aussi avec si peu d'impatience, qu'il commençait à se demander s'il ne doublerait pas volontiers la durée d'une abstinence si facile. Elle ne datait encore que de trois jours, temps beaucoup moins long que celui qu'il avait souvent passé en ne voyant pas Odette, et sans l'avoir comme maintenant prémédité.

Et pourtant voici qu'une légère contrariété ou un malaise physique — en l'incitant à considérer le moment présent comme un moment exceptionnel, en dehors de la règle, où la sagesse même admettrait

---

1. *Refouler* : pousser en arrière, faire reculer, chasser.

d'accueillir l'apaisement qu'apporte un plaisir et de donner congé, jusqu'à la reprise utile de l'effort, à la volonté — suspendait l'action de celle-ci qui cessait d'exercer sa compression ; ou, moins que cela, le souvenir d'un renseignement qu'il avait oublié de demander à Odette, si elle avait décidé la couleur dont elle voulait faire repeindre sa voiture, ou, pour une certaine valeur de Bourse, si c'était des actions ordinaires ou privilégiées qu'elle désirait acquérir (c'était très joli de lui montrer qu'il pouvait rester sans la voir, mais si après ça la peinture était à refaire ou si les actions ne donnaient pas de dividende, il serait bien avancé), voici que comme un caoutchouc[1] tendu qu'on lâche ou comme l'air dans une machine pneumatique qu'on entrouvre, l'idée de la revoir, des lointains où elle était maintenue, revenait d'un bond dans le champ du présent et des possibilités immédiates.

Elle y revenait sans plus trouver de résistance, et d'ailleurs si irrésistible que Swann avait eu bien moins de peine à sentir s'approcher un à un les quinze jours qu'il devait rester séparé d'Odette, qu'il n'en avait à attendre les dix minutes que son cocher mettait pour atteler la voiture qui allait l'emmener chez elle et qu'il passait dans des transports d'impatience et de joie où il ressaisissait mille fois pour lui prodiguer sa tendresse, cette idée de la retrouver qui, par un retour si brusque, au moment où il la croyait si loin, était de nouveau près de lui dans sa plus proche conscience. C'est qu'elle ne trouvait plus pour lui faire obstacle le désir de chercher sans plus tarder à lui résister, qui n'existait plus chez Swann depuis que, s'étant prouvé à lui-même — il le croyait du moins — qu'il en était si aisément

---

1. *Caoutchouc* (m.) : substance élastique imperméable, gomme.

capable, il ne voyait plus aucun inconvénient à ajourner un essai de séparation qu'il était certain maintenant de mettre à exécution dès qu'il le voudrait. C'est aussi que cette idée de la revoir revenait parée pour lui d'une nouveauté, d'une séduction, douée d'une virulence que l'habitude avait émoussées[1], mais qui s'étaient retrempées dans cette privation non de trois jours mais de quinze (car la durée d'un renoncement doit se calculer, par anticipation, sur le terme assigné), et de ce qui jusque-là eût été un plaisir attendu qu'on sacrifie aisément, avait fait un bonheur inespéré contre lequel on est sans force. C'est enfin qu'elle y revenait embellie par l'ignorance où était Swann de ce qu'Odette avait pû penser, faire peut-être, en voyant qu'il ne lui avait pas donné signe de vie, si bien que ce qu'il allait trouver c'était la révélation passionnante d'une Odette presque inconnue.

Mais elle, de même qu'elle avait cru que son refus d'argent n'était qu'une feinte, ne voyait qu'un prétexte dans le renseignement que Swann venait lui demander sur la voiture à repeindre ou la valeur à acheter. Car elle ne reconstituait pas les diverses phases de ces crises qu'il traversait et, dans l'idée qu'elle s'en faisait, elle omettait d'en comprendre le mécanisme, ne croyant qu'à ce qu'elle connaissait d'avance, à la nécessaire, à l'infaillible et toujours identique terminaison. Idée incomplète — d'autant plus profonde peut-être — si on la jugeait du point de vue de Swann qui eût sans doute trouvé qu'il était incompris d'Odette, comme un morphinomane ou un tuberculeux, persuadés qu'ils ont été arrêtés, l'un par un événement extérieur au moment

---

1. *Émoussé* : se dit de ce qui a été rendu moins tranchant ou moins aigu. Au sens figuré : rendre moins vif, moins pénétrant, moins incisif.

où il allait se délivrer de son habitude invétérée, l'autre par une indisposition accidentelle au moment où il allait être enfin rétabli, se sentent incompris du médecin qui n'attache pas la même importance qu'eux à ces prétendues contingences, simples déguisements selon lui, revêtus, pour redevenir sensibles à ses malades, par le vice et l'état morbide qui, en réalité, n'ont pas cessé de peser incurablement sur eux tandis qu'ils berçaient des rêves de sagesse ou de guérison. Et de fait, l'amour de Swann en était arrivé à ce degré où le médecin et, dans certaines affections, le chirurgien le plus audacieux, se demandent si priver un malade de son vice ou lui ôter son mal, est encore raisonnable ou même possible.

Certes l'étendue de cet amour, Swann n'en avait pas une conscience directe. Quand il cherchait à le mesurer, il lui arrivait parfois qu'il semblât diminué, presque réduit à rien ; par exemple, le peu de goût, presque le dégoût que lui avaient inspiré, avant qu'il aimât Odette, ses traits expressifs, son teint sans fraîcheur, lui revenait à certains jours. « Vraiment il y a progrès sensible, se disait-il le lendemain ; à voir exactement les choses, je n'avais presque aucun plaisir hier à être dans son lit ; c'est curieux, je la trouvais même laide. » Et certes, il était sincère, mais son amour s'étendait bien au-delà des régions du désir physique. La personne même d'Odette n'y tenait plus une grande place. Quand du regard il rencontrait sur sa table la photographie d'Odette, ou quand elle venait le voir, il avait peine à identifier la figure de chair ou de bristol avec le trouble douloureux et constant qui habitait en lui. Il se disait presque avec étonnement : « C'est elle », comme si tout d'un coup on nous montrait extériorisée devant nous une de nos maladies et que nous ne la trouvions pas ressemblante à ce que nous souffrons. « Elle », il essayait de se demander ce que c'était ; car c'est une ressemblance de l'amour et de la mort, plutôt que celles, si vagues, que l'on redit toujours, de nous faire interroger plus avant, dans la peur que sa réalité se dérobe, le mystère de la personnalité. Et cette maladie qu'était l'amour de Swann avait tellement multiplié, il était si étroitement mêlé à toutes les habitudes de Swann, à tous ses actes, à sa pensée, à sa santé, à son sommeil, à sa vie, même à ce qu'il désirait pour après sa mort, il ne faisait tellement plus qu'un avec lui, qu'on n'aurait pas pu l'arracher de lui sans le détruire lui-même à peu près tout entier : comme on dit en chirurgie, son amour n'était plus opérable.

Par cet amour Swann avait été tellement détaché de tous les intérêts que quand par hasard il retournait dans le monde, en se disant que ses relations, comme une monture élégante qu'elle n'aurait pas d'ailleurs su estimer très exactement, pouvaient lui rendre à lui-même un peu de prix aux yeux d'Odette (et ç'aurait peut-être été vrai, en effet, si elles n'avaient été avilies par cet amour même, qui pour Odette dépréciait toutes les choses qu'il touchait par le fait qu'il semblait les proclamer moins précieuses), il y éprouvait, à côté de la détresse d'être dans des lieux, au milieu de gens qu'elle ne connaissait pas, le plaisir désintéressé qu'il aurait pris à un roman ou à un tableau où sont peints les divertissements d'une classe oisive, comme, chez lui, il se complaisait à considérer le fonctionnement de sa vie domestique, l'élégance de sa garde-robe et de sa livrée [1], le bon placement de ses valeurs, de la même

---

1. *Livrée* (f.) : habit d'une couleur convenue, d'un modèle particulier que portent les domestiques masculins d'une maison. Litt. : signe extérieur caractéristique, révélateur, d'une condition ou d'un état.

façon qu'à lire dans Saint-Simon[1], qui était un de ses auteurs favoris, la mécanique des journées, le menu des repas de Mme de Maintenon[2], ou l'avarice avisée et le grand train de Lulli[3]. Et dans la faible mesure où ce détachement n'était pas absolu, la raison de ce plaisir nouveau que goûtait Swann, c'était de pouvoir émigrer un moment dans les rares parties de lui-même restées presque étrangères à son amour, à son chagrin. À cet égard, cette personnalité que lui attribuait ma grand-tante[4], de « fils Swann », distincte de sa personnalité plus individuelle de Charles Swann, était celle où il se plaisait maintenant le mieux. Un jour que, pour l'anniversaire de la princesse de Parme (et parce qu'elle pouvait souvent être indirectement agréable à Odette en lui faisant avoir des places pour des galas, des jubilés), il avait voulu lui envoyer des fruits, ne sachant pas trop comment les commander, il en avait chargé une cousine de sa mère qui, ravie de faire une commission pour lui, lui avait écrit, en lui rendant compte, qu'elle n'avait pas pris tous les fruits au même endroit, mais les raisins chez Crapote dont c'est la spécialité, les fraises chez Jauret, les poires chez Chevet,

---

1. *Louis de Rouvroy* : duc de Saint-Simon (1675-1755), auteur des *Mémoires,* l'un des auteurs dont Proust s'est inspiré dans la composition de son œuvre.

2. *Françoise d'Aubigné* : marquise de Maintenon (1635-1719). Maîtresse de Louis XIV, elle devint ensuite son épouse. Saint-Simon, dans ses *Mémoires,* rappelle ses dîners, simples, délicats et abondants.

3. *Giovanni Battista Lulli* (1623-1687) : un des plus célèbres compositeurs de la cour du Roi Soleil et arbitre de la musique française de son temps. Il naquit à Florence mais dès sa quatorzième année s'établit à Paris. Il devint directeur de l'Académie Royale de Musique et créa l'Opéra national français.

4. Allusion à la grand-tante du héros-narrateur, Léonie.

où elles étaient plus belles, etc., « chaque fruit visité et examiné un à un par moi ». Et en effet, par les remerciements de la princesse, il avait pu juger du parfum des fraises et du moelleux[1] des poires. Mais surtout le « chaque fruit visité et examiné un à un par moi » avait été un apaisement à sa souffrance, en emmenant sa conscience dans une région où il se rendait rarement, bien qu'elle lui appartînt comme héritier d'une famille de riche et bonne bourgeoisie où s'étaient conservés héréditairement tout prêts à être mis à son service dès qu'il le souhaitait la connaissance des « bonnes adresses » et l'art de savoir bien faire une commande.

Certes, il avait trop longtemps oublié qu'il était le « fils Swann » pour ne pas ressentir, quand il le redevenait un moment, un plaisir plus vif que ceux qu'il eût pu éprouver le reste du temps et sur lesquels il était blasé ; et si l'amabilité des bourgeois, pour lesquels il restait surtout cela, était moins vive que celle de l'aristocratie (mais plus flatteuse d'ailleurs, car chez eux du moins elle ne se sépare jamais de la considération), une lettre d'altesse, quelques divertissements princiers qu'elle lui proposât, ne pouvait lui être aussi agréable que celle qui lui demandait d'être témoin, ou seulement d'assister à un mariage dans la famille de vieux amis de ses parents, dont les uns avaient continué à le voir — comme mon grand-père qui, l'année précédente, l'avait invité au mariage de ma mère[2] — et dont certains autres le connaissaient personnellement à peine, mais se croyaient des devoirs de politesse envers le fils,

---

1. *Moelleux* : qui a de la douceur, de la mollesse au toucher.
2. *Ma mère* : allusion qui nous permet de situer chronologiquement ce récit.

envers le digne successeur de feu[1] M. Swann.

Mais, par les intimités déjà anciennes qu'il avait parmi eux, les gens du monde, dans une certaine mesure, faisaient aussi partie de sa maison, de son domestique et de sa famille. Il se sentait, à considérer ses brillantes amitiés, le même appui hors de lui-même, le même confort, qu'à regarder les belles terres, la belle argenterie, le beau linge de table, qui lui venaient des siens. Et la pensée que s'il tombait chez lui frappé d'une attaque, ce serait tout naturellement le duc de Chartres, le prince de Reuss, le duc de Luxembourg et le baron de Charlus que son valet de chambre courrait chercher, lui apportait la même consolation qu'à notre vieille Françoise de savoir qu'elle serait ensevelie dans des draps fins à elle, marqués[2], non reprisés[3] (ou si finement que cela ne donnait qu'une plus haute idée du soin de l'ouvrière), linceul de l'image fréquente duquel elle tirait une certaine satisfaction, sinon de bien-être, au moins d'amour-propre. Mais surtout, comme, dans toutes celles de ses actions et de ses pensées qui se rapportaient à Odette, Swann était constamment dominé et dirigé par le sentiment inavoué qu'il lui était, peut-être pas moins cher, mais moins agréable à voir que quiconque, que le plus ennuyeux fidèle des Verdurin, — quand il se reportait à un monde pour qui il était l'homme exquis par excellence, qu'on faisait tout pour attirer, qu'on se désolait de ne pas voir, il recommençait à croire à l'existence d'une vie plus heureuse, presque à en éprouver l'appétit, comme il arrive à un malade alité depuis des mois, à la diète, et

1. *Feu* : décédé, mort.
2. *Marqués* : pourvus, empreints d'une marque, d'un signe.
3. *Non reprisés* : non raccommodés.

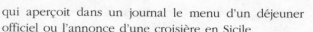

qui aperçoit dans un journal le menu d'un déjeuner officiel ou l'annonce d'une croisière en Sicile.

S'il était obligé de donner des excuses aux gens du monde pour ne pas leur faire de visites, c'était de lui en faire qu'il cherchait à s'excuser auprès d'Odette. Encore les payait-il (se demandant à la fin du mois, pour peu qu'il eût un peu abusé de sa patience et fût allé souvent la voir, si c'était assez de lui envoyer quatre mille francs), et pour chacune trouvait un prétexte, un présent à lui apporter, un renseignement dont elle avait besoin, M. de Charlus qu'il avait rencontré allant chez elle et qui avait exigé qu'il l'accompagnât. Et à défaut d'aucun, il priait M. de Charlus de courir chez elle, de lui dire comme spontanément, au cours de la conversation, qu'il se rappelait avoir à parler à Swann, qu'elle voulût bien lui faire demander de passer tout de suite chez elle ; mais le plus souvent Swann attendait en vain et M. de Charlus lui disait le soir que son moyen n'avait pas réussi. De sorte que si elle faisait maintenant de fréquentes absences, même à Paris, quand elle y restait, elle le voyait peu, et elle qui, quand elle l'aimait, lui disait : « Je suis toujours libre » et « Qu'est-ce que l'opinion des autres peut me faire ? », maintenant, chaque fois qu'il voulait la voir, elle invoquait les convenances ou prétextait des occupations. Quand il parlait d'aller à une fête de charité, à un vernissage, à une première où elle serait, elle lui disait qu'il voulait afficher leur liaison[1], qu'il la traitait comme une fille. C'est au point que pour tâcher de n'être pas partout privé de la rencontrer, Swann qui savait qu'elle connaissait et affectionnait beaucoup mon grand-oncle

---

1. *Afficher une liaison* : exposer, montrer, rendre publique une relation.

Adolphe[1] dont il avait été lui-même l'ami, alla le voir un jour dans son petit appartement de la rue de Bellechasse afin de lui demander d'user de son influence sur Odette. Comme elle prenait toujours, quand elle parlait à Swann de mon oncle, des airs poétiques, disant : « Ah ! lui, ce n'est pas comme toi, c'est une si belle chose, si grande, si jolie, que son amitié pour moi ! Ce n'est pas lui qui me considérerait assez peu pour vouloir se montrer avec moi dans tous les lieux publics », Swann fut embarrassé et ne savait pas à quel ton il devait se hausser pour parler d'elle à mon oncle. Il posa d'abord l'excellence *a priori* d'Odette, l'axiome de sa supra-humanité séraphique, la révélation de ses vertus indémontrables et dont la notion ne pouvait dériver de l'expérience. « Je veux parler avec vous. Vous, vous savez quelle femme au-dessus de toutes les femmes, quel être adorable, quel ange est Odette. Mais vous savez ce que c'est que la vie de Paris. Tout le monde ne connaît pas Odette sous le jour où nous la connaissons vous et moi. Alors il y a des gens qui trouvent que je joue un rôle un peu ridicule ; elle ne peut même pas admettre que je la rencontre dehors, au théâtre. Vous, en qui elle a tant de confiance, ne pourriez-vous lui dire quelques mots pour moi, lui assurer qu'elle s'exagère le tort qu'un salut de moi lui cause ? »

Mon oncle conseilla à Swann de rester un peu sans voir Odette qui ne l'en aimerait que plus, et à Odette de laisser Swann la retrouver partout où cela lui plairait.

---

1. *Le grand-oncle Adolphe* : frère du grand-père du narrateur avec qui la famille du narrateur s'est brouillée à cause d'une visite que Marcel lui a faite à Paris et au cours de laquelle il a rencontré une « dame en rose » : Odette de Crécy.

Quelques jours après, Odette disait à Swann qu'elle venait d'avoir une déception en voyant que mon oncle était pareil à tous les hommes : il venait d'essayer de la prendre de force. Elle calma Swann qui au premier moment voulait aller provoquer mon oncle, mais il refusa de lui serrer la main quand il le rencontra. Il regretta d'autant plus cette brouille avec mon oncle Adolphe qu'il avait espéré, s'il l'avait revu quelquefois et avait pu causer en toute confiance avec lui, tâcher de tirer au clair certains bruits relatifs à la vie qu'Odette avait menée autrefois à Nice. Or mon oncle Adolphe y passait l'hiver. Et Swann pensait que c'était même peut-être là qu'il avait connu Odette. Le peu qui avait échappé à quelqu'un devant lui, relativement à un homme qui aurait été l'amant d'Odette, avait bouleversé Swann. Mais les choses qu'il aurait, avant de les connaître, trouvé le plus affreux d'apprendre et le plus impossible de croire, une fois qu'il les savait, elles étaient incorporées à tout jamais à sa tristesse, il les admettait il n'aurait plus pu comprendre qu'elles n'eussent pas été. Seulement chacune opérait sur l'idée qu'il se faisait de sa maîtresse une retouche ineffaçable. Il crut même comprendre, une fois, que cette légèreté des mœurs d'Odette qu'il n'eût pas soupçonnée, était assez connue, et qu'à Bade et à Nice, quand elle y passait jadis plusieurs mois, elle avait eu une sorte de notoriété galante. Il chercha, pour les interroger, à se rapprocher de certains viveurs ; mais ceux-ci savaient qu'il connaissait Odette ; et puis il avait peur de les faire penser de nouveau à elle, de les mettre sur ses traces. Mais lui à qui jusque-là rien n'aurait pu paraître aussi fastidieux que tout ce qui se rapportait à la vie cosmopolite de Bade ou de Nice, apprenant qu'Odette avait peut-être fait autrefois la fête dans ces villes de plaisir, sans qu'il dût jamais arriver à savoir si c'était seulement pour satisfaire à des besoins d'argent que grâce à lui elle n'avait plus, ou à des caprices qui pouvaient renaître, maintenant il se penchait avec une angoisse impuissante, aveugle et vertigineuse vers l'abîme sans fond où étaient allées s'engloutir ces années du début du Septennat[1] pendant lesquelles on passait l'hiver sur la promenade des Anglais, l'été sous les tilleuls de Bade, et il leur trouvait une profondeur douloureuse mais magnifique comme celle que leur eût prêtée un poète ; et il eût mis à reconstituer les petits faits de la chronique de la Côte d'Azur d'alors, si elle avait pu l'aider à comprendre quelque chose du sourire ou des regards — pourtant si honnêtes et si simples — d'Odette, plus de passion que l'esthéticien qui interroge les documents subsistant de la Florence du XVᵉ siècle pour tâcher d'entrer plus avant dans l'âme de la Primavera, de la bella Vanna, ou de la Vénus, de Botticelli. Souvent sans lui rien dire il la regardait, il songeait ; elle lui disait : « Comme tu as l'air triste ! » Il n'y avait pas bien longtemps encore, de l'idée qu'elle était une créature bonne, analogue aux meilleures qu'il eût connues, il avait passé à l'idée qu'elle était une femme entretenue ; inversement il lui était arrivé depuis de revenir de l'Odette de Crécy, peut-être trop connue des fêtards[2], des hommes à femmes, à ce visage d'une expression parfois si douce, à cette nature si humaine. Il se disait : « Qu'est-ce que cela veut dire qu'à Nice

---

1. *Septennat* (m.) : la première présidence de Jules Grévy (1879-85).
2. *Fêtard* (m.) : (fam.) de faire la fête, personne qui fait la fête.

tout le monde sache qui est Odette de Crécy ? Ces réputations-là, même vraies, sont faites avec les idées des autres » ; il pensait que cette légende — fût-elle authentique — était extérieure à Odette, n'était pas en elle comme une personnalité irréductible et malfaisante ; que la créature qui avait pu être amenée à mal faire, c'était une femme aux bons yeux, au cœur plein de pitié pour la souffrance, au corps docile qu'il avait tenu, qu'il avait serré dans ses bras et manié, une femme qu'il pourrait arriver un jour à posséder toute, s'il réussissait à se rendre indispensable à elle. Elle était là, souvent fatiguée, le visage vidé pour un instant de la préoccupation fébrile et joyeuse des choses inconnues qui faisaient souffrir Swann ; elle écartait ses cheveux avec ses mains ; son front, sa figure paraissaient plus larges ; alors, tout d'un coup, quelque pensée simplement humaine, quelque bon sentiment comme il en existe dans toutes les créatures, quand dans un moment de repos ou de repliement elles sont livrées à elles-mêmes, jaillissait de ses yeux comme un rayon jaune. Et aussitôt tout son visage s'éclairait comme une campagne grise, couverte de nuages qui soudain s'écartent, pour sa transfiguration, au moment du soleil couchant. La vie qui était en Odette à ce moment-là, l'avenir même qu'elle semblait rêveusement regarder, Swann aurait pu les partager avec elle ; aucune agitation mauvaise ne semblait y avoir laissé de résidu. Si rares qu'ils devinssent, ces moments-là ne furent pas inutiles. Par le souvenir Swann reliait ces parcelles, abolissait les intervalles, coulait comme en or une Odette de bonté et de calme pour laquelle il fit plus tard (comme on le verra dans la deuxième partie

de cet ouvrage)[1] des sacrifices que l'autre Odette n'eût pas obtenus. Mais que ces moments étaient rares, et que maintenant il la voyait peu ! Même pour leur rendez-vous du soir, elle ne lui disait qu'à la dernière minute si elle pourrait le lui accorder, car, comptant qu'elle le trouverait toujours libre, elle voulait d'abord être certaine que personne d'autre ne lui proposerait de venir. Elle alléguait[2] qu'elle était obligée d'attendre une réponse de la plus haute importance pour elle, et même si après qu'elle avait fait venir Swann, des amis demandaient à Odette, quand la soirée était déjà commencée, de les rejoindre au théâtre ou à souper, elle faisait un bond joyeux et s'habillait à la hâte. Au fur et à mesure qu'elle avançait dans sa toilette, chaque mouvement qu'elle faisait rapprochait Swann du moment où il faudrait la quitter, où elle s'enfuirait d'un élan irrésistible ; et quand, enfin prête, plongeant une dernière fois dans son miroir ses regards tendus et éclairés par l'attention, elle remettait un peu de rouge à ses lèvres, fixait une mèche sur son front et demandait son manteau de soirée bleu ciel avec des glands d'or, Swann avait l'air si triste qu'elle ne pouvait réprimer un geste d'impatience et disait : « Voilà comme tu me remercies de t'avoir gardé jusqu'à la dernière minute. Moi qui croyais avoir fait quelque chose de gentil. C'est bon à savoir pour une autre fois ! ». Parfois, au risque de la fâcher, il se promettait de chercher à savoir où elle

1. *(Comme on le verra dans la deuxième partie de cet ouvrage)* : premier et dernier rappel qu'il s'agit d'un « roman dans un roman ». C'est l'auteur lui-même, ici, qui intervient au cours de la narration et renvoie le lecteur à l'ensemble de l'œuvre.

2. *Alléguer* : citer, prétexter, donner comme excuse.

était allée, il rêvait d'une alliance avec Forcheville qui
peut- être aurait pu le renseigner. D'ailleurs quand il
savait avec qui elle passait la soirée, il était bien rare
qu'il ne pût pas découvrir dans toutes ses relations à
lui quelqu'un qui connaissait, fût-ce indirectement,
l'homme avec qui elle était sortie et pouvait facilement
en obtenir tel ou tel renseignement. Et tandis qu'il
écrivait à un de ses amis pour lui demander de chercher
à éclaircir tel ou tel point, il éprouvait le repos de cesser
de se poser ses questions sans réponses et de transférer
à un autre la fatigue d'interroger. Il est vrai que Swann
n'était guère plus avancé quand il avait certains
renseignements. Savoir ne permet pas toujours
d'empêcher, mais du moins les choses que nous savons,
nous les tenons, sinon entre nos mains, du moins dans
notre pensée où nous les disposons à notre gré, ce qui
nous donne l'illusion d'une sorte de pouvoir sur elles.
Il était heureux toutes les fois où M. de Charlus était
avec Odette. Entre M. de Charlus et elle, Swann savait
qu'il ne pouvait rien se passer, que quand M. de
Charlus sortait avec elle, c'était par amitié pour lui et
qu'il ne ferait pas difficulté à lui raconter ce qu'elle avait
fait. Quelquefois elle avait déclaré si catégoriquement
à Swann qu'il lui était impossible de le voir un certain
soir, elle avait l'air de tenir tant à une sortie, que Swann
attachait une véritable importance à ce que M. de
Charlus fût libre de l'accompagner. Le lendemain, sans
oser poser beaucoup de questions à M. de Charlus, il
le contraignait, en ayant l'air de ne pas bien comprendre
ses premières réponses, à lui en donner de nouvelles,
après chacune desquelles il se sentait plus soulagé, car
il apprenait bien vite qu'Odette avait occupé sa soirée
aux plaisirs les plus innocents. « Mais comment, mon
petit Mémé, je ne comprends pas bien..., ce n'est pas

en sortant de chez elle que vous êtes allés au musée Grévin[1]. Vous étiez allés ailleurs d'abord. Non ? Oh ! que c'est drôle ! Vous ne savez pas comme vous m'amusez, mon petit Mémé. Mais quelle drôle d'idée elle a eue d'aller ensuite au Chat Noir[2], c'est bien une idée d'elle... Non ? c'est vous. C'est curieux. Après tout ce n'est pas une mauvaise idée, elle devait y connaître beaucoup de monde ? Non ? elle n'a parlé à personne ? C'est extraordinaire. Alors vous êtes restés là comme cela tous les deux tout seuls ? Je vois d'ici cette scène. Vous êtes gentil, mon petit Mémé, je vous aime bien. »

Swann se sentait soulagé. Pour lui à qui il était arrivé, en causant avec des indifférents qu'il écoutait à peine, d'entendre quelquefois certaines phrases (celle-ci par exemple « J'ai vu hier Mme de Crécy, elle était avec un monsieur que je ne connais pas »), phrases qui, aussitôt dans le cœur de Swann, passaient à l'état solide, s'y durcissaient comme une incrustation, le déchiraient, n'en bougeaient plus, qu'ils étaient doux au contraire ces mots : « Elle ne connaissait personne, elle n'a parlé à personne », comme ils circulaient aisément en lui, qu'ils étaient fluides, faciles, respirables ! Et pourtant au bout d'un instant il se disait qu'Odette devait le trouver bien ennuyeux pour que ce fussent là les plaisirs qu'elle préférait à sa compagnie. Et leur insignifiance, si elle le rassurait, lui faisait pourtant de la peine comme une trahison.

---

1. *Musée Grévin* : créé par un collectionneur passionné, Alfred Grévin, une sorte de musée de cire. Il fut ouvert au public en 1882, au n. 10 du boulevard Montmartre.

2. *Le « Chat Noir »* : un célèbre cabaret parisien situé à Montmartre où se rendaient les artistes de chaque école, les aristocrates du grand monde et les *cocottes* parisiennes les plus recherchées.

Même quand il ne pouvait savoir où elle était allée, il lui aurait suffi pour calmer l'angoisse qu'il éprouvait alors, et contre laquelle la présence d'Odette, la douceur d'être auprès d'elle était le seul spécifique (un spécifique qui à la longue aggravait le mal, mais du moins calmait momentanément la souffrance), il lui aurait suffi, si Odette l'avait seulement permis, de rester chez elle tant qu'elle ne serait pas là, de l'attendre jusqu'à cette heure du retour dans l'apaisement de laquelle seraient venues se confondre les heures qu'un prestige, un maléfice lui avaient fait croire différentes des autres. Mais elle ne le voulait pas ; il revenait chez lui ; il se forçait en chemin à former divers projets, il cessait de songer à Odette ; même il arrivait, tout en se déshabillant, à rouler en lui des pensées assez joyeuses ; c'est le cœur plein de l'espoir d'aller le lendemain voir quelque chef-d'œuvre qu'il se mettait au lit et éteignait sa lumière ; mais, dès que, pour se préparer à dormir, il cessait d'exercer sur lui-même une contrainte dont il n'avait même pas conscience tant elle était devenue habituelle, au même instant un frisson glacé refluait en lui et il se mettait à sangloter. Il ne voulait même pas savoir pourquoi, s'essuyait les yeux, se disait en riant : « C'est charmant, je deviens névropathe. » Puis il ne pouvait penser sans une grande lassitude que le lendemain il faudrait recommencer de chercher à savoir ce qu'Odette avait fait, à mettre en jeu des influences pour tâcher de la voir. Cette nécessité d'une activité sans trêve, sans variété, sans résultats, lui était si cruelle qu'un jour, apercevant une grosseur sur son ventre, il ressentit une véritable joie à la pensée qu'il avait peut-être une tumeur mortelle, qu'il n'allait plus avoir à s'occuper de rien, que c'était la maladie qui allait le gouverner, faire de lui son jouet, jusqu'à la fin prochaine. Et en effet si, à cette époque, il lui arriva souvent, sans se l'avouer, de désirer la mort, c'était pour échapper moins à l'acuité de ses souffrances qu'à la monotonie de son effort.

Et pourtant il aurait voulu vivre jusqu'à l'époque où il ne l'aimerait plus, où elle n'aurait aucune raison de lui mentir et où il pourrait enfin apprendre d'elle si le jour où il était allé la voir dans l'après-midi, elle était ou non couchée avec Forcheville [1]. Souvent pendant quelques jours, le soupçon qu'elle aimait quelqu'un d'autre le détournait de se poser cette question relative à Forcheville, la lui rendait presque indifférente, comme ces formes nouvelles d'un même état maladif qui semblent momentanément nous avoir délivrés des précédentes. Même il y avait des jours où il n'était tourmenté par aucun soupçon. Il se croyait guéri. Mais le lendemain matin, au réveil, il sentait à la même place la même douleur dont, la veille pendant la journée, il avait comme dilué la sensation dans le torrent des impressions différentes. Mais elle n'avait pas bougé de place. Et même, c'était l'acuité de cette douleur qui avait réveillé Swann.

Comme Odette ne lui donnait aucun renseignement sur ces choses si importantes qui l'occupaient tant chaque jour (bien qu'il eût assez vécu pour savoir qu'il n'y en a jamais d'autres que les plaisirs), il ne pouvait pas chercher longtemps de suite à les imaginer, son cerveau fonctionnait à vide ; alors il passait son doigt sur ses paupières fatiguées comme il aurait essuyé le verre de son lorgnon, et cessait entièrement de penser. Il surnageait pourtant à cet inconnu certaines occupations qui réapparaissaient de temps en temps, vaguement rattachées par elle à quelque obligation

---

1. *Et pourtant* [...] *Forcheville* : autre exemple de construction de phrase à rythme ternaire.

envers des parents éloignés ou des amis d'autrefois, qui, parce qu'ils étaient les seuls qu'elle lui citait souvent comme l'empêchant de le voir, paraissaient à Swann former le cadre fixe, nécessaire, de la vie d'Odette. À cause du ton dont elle lui disait de temps à autre « le jour où je vais avec mon amie à l'Hippodrome », si, s'étant senti malade et ayant pensé : « Peut-être Odette voudrait bien passer chez moi », il se rappelait brusquement que c'était justement ce jour-là, il se disait : « Ah ! non, ce n'est pas la peine de lui demander de venir, j'aurais dû y penser plus tôt, c'est le jour où elle va avec son amie à l'Hippodrome. Réservons-nous pour ce qui est possible ; c'est inutile de s'user à proposer des choses inacceptables et refusées d'avance. » Et ce devoir qui incombait à Odette d'aller à l'Hippodrome et devant lequel Swann s'inclinait ainsi ne lui paraissait pas seulement inéluctable ; mais ce caractère de nécessité dont il était empreint semblait rendre plausible et légitime tout ce qui de près ou de loin se rapportait à lui. Si, Odette dans la rue ayant reçu d'un passant un salut qui avait éveillé la jalousie de Swann, elle répondait aux questions de celui-ci en rattachant l'existence de l'inconnu à un des deux ou trois grands devoirs dont elle lui parlait, si, par exemple, elle disait : « C'est un monsieur qui était dans la loge de mon amie avec qui je vais à l'Hippodrome », cette explication calmait les soupçons de Swann qui en effet trouvait inévitable que l'amie eut d'autres invités qu'Odette dans sa loge à l'Hippodrome, mais n'avait jamais cherché ou réussi à se les figurer. Ah ! comme il eût aimé la connaître, l'amie qui allait à l'Hippodrome, et qu'elle l'y emmenât avec Odette ! Comme il aurait donné toutes ses relations pour n'importe quelle personne qu'avait l'habitude de voir Odette, fût-ce une manucure ou une demoiselle de magasin ! Il eût fait pour elles plus de frais que pour des reines. Ne lui auraient-elles pas fourni, dans ce qu'elles contenaient de la vie d'Odette, le seul calmant efficace pour ses souffrances ? Comme il aurait couru avec joie passer les journées chez telle de ces petites gens avec lesquelles Odette gardait des relations, soit par intérêt, soit par simplicité véritable ! Comme il eût volontiers élu domicile à jamais au cinquième étage de telle maison sordide et enviée où Odette ne l'emmenait pas et où, s'il y avait habité avec la petite couturière retirée dont il eût volontiers fait semblant d'être l'amant, il aurait presque chaque jour reçu sa visite ! Dans ces quartiers presque populaires, quelle existence modeste, abjecte, mais douce, mais nourrie de calme et de bonheur, il eût accepté de vivre indéfiniment !

Il arrivait encore parfois, quand, ayant rencontré Swann, elle voyait s'approcher d'elle quelqu'un qu'il ne connaissait pas, qu'il pût remarquer sur le visage d'Odette cette tristesse qu'elle avait eue le jour où il était venu pour la voir pendant que Forcheville était là. Mais c'était rare ; car les jours où, malgré tout ce qu'elle avait à faire et la crainte de ce que penserait le monde, elle arrivait à voir Swann, ce qui dominait maintenant dans son attitude était l'assurance : grand contraste, peut-être revanche inconsciente ou réaction naturelle de l'émotion craintive qu'aux premiers temps où elle l'avait connu, elle éprouvait auprès de lui, et même loin de lui, quand elle commençait une lettre par ces mots : « Mon ami, ma main tremble si fort que je peux à peine écrire » (elle le prétendait du moins, et un peu de cet émoi devait être sincère pour qu'elle désirât d'en feindre davantage). Swann lui plaisait alors. On ne tremble jamais que pour soi, que pour ceux qu'on aime. Quand notre bonheur n'est plus dans leurs mains, de quel calme, de quelle aisance, de quelle hardiesse on jouit auprès d'eux ! En lui parlant, en lui écrivant, elle n'avait plus de ces mots par lesquels elle cherchait à se donner l'illusion qu'il lui appartenait, faisant naître les occasions de dire « mon », « mien », quand il s'agissait de lui : « Vous êtes mon bien, c'est le parfum de notre amitié, je le garde », de lui parler de l'avenir, de la mort même, comme d'une seule chose pour eux deux. Dans ce temps-là, à tout ce qu'il disait, elle répondait avec admiration : « Vous, vous ne serez jamais comme tout le monde » ; elle regardait sa longue tête un peu chauve, dont les gens qui connaissaient les succès de Swann pensaient : « Il n'est pas régulièrement beau, si vous voulez, mais il est chic : ce toupet, ce monocle, ce sourire ! », et, plus curieuse peut-être de connaître ce qu'il était que désireuse d'être sa maîtresse, elle disait :

— Si je pouvais savoir ce qu'il y a dans cette tête-là !

Maintenant, à toutes les paroles de Swann elle répondait d'un ton parfois irrité, parfois indulgent :

—Ah ! tu ne seras donc jamais comme tout le monde !

Elle regardait cette tête qui n'était qu'un peu plus vieillie par le souci (mais dont maintenant tous pensaient, en vertu de cette même aptitude qui permet de découvrir les intentions d'un morceau symphonique dont on a lu le programme, et les ressemblances d'un enfant quand on connaît sa parenté : « Il n'est pas positivement laid si vous voulez, mais il est ridicule ; ce monocle, ce toupet, ce sourire ! », réalisant dans leur imagination suggestionnée la démarcation immatérielle qui sépare à quelques mois de distance une tête d'amant de cœur et une tête de cocu), elle disait :

— Ah ! si je pouvais changer, rendre raisonnable ce qu'il y a dans cette tête-là.

Toujours prêt à croire ce qu'il souhaitait, si seulement les manières d'être d'Odette avec lui laissaient place au doute, il se jetait avidement sur cette parole.

— Tu le peux si tu le veux, lui disait-il.

Et il tâchait de lui montrer que l'apaiser, le diriger, le faire travailler, serait une noble tâche à laquelle ne demandaient qu'à se vouer d'autres femmes qu'elle, entre les mains desquelles il est vrai d'ajouter que la noble tâche ne lui eût paru plus qu'une indiscrète et insupportable usurpation de sa liberté. « Si elle ne m'aimait pas un peu, se disait-il, elle ne souhaiterait pas de me transformer. Pour me transformer, il faudra qu'elle me voie davantage. » Ainsi trouvait-il dans ce reproche qu'elle lui faisait, comme une preuve d'intérêt, d'amour peut-être ; et en effet, elle lui en donnait maintenant si peu qu'il était obligé de considérer comme telles les défenses qu'elle lui faisait d'une chose ou d'une autre. Un jour, elle lui déclara qu'elle n'aimait pas son cocher, qu'il lui montait peut-être la tête contre elle, qu'en tous cas il n'était pas avec lui de l'exactitude et de la déférence qu'elle voulait. Elle sentait qu'il désirait lui entendre dire : « Ne le prends plus pour venir chez moi », comme il aurait désiré un baiser. Comme elle était de bonne humeur, elle le lui dit ; il fut attendri. Le soir, causant avec M. de Charlus avec qui il avait la douceur de pouvoir parler d'elle ouvertement (car les moindres propos qu'il tenait, même aux personnes qui ne la connaissaient pas, se rapportaient en quelque manière à elle), il lui dit :

— Je crois pourtant qu'elle m'aime ; elle est si gentille pour moi, ce que je fais ne lui est certainement pas indifférent.

Et si, au moment d'aller chez elle, montant dans sa voiture avec un ami qu'il devait laisser en route, l'autre lui disait : « Tiens, ce n'est pas Lorédan qui est sur le siège ? », avec quelle joie mélancolique Swann lui répondait :

— Oh ! sapristi non ! je te dirai, je ne peux pas prendre Lorédan quand je vais rue La Pérouse. Odette n'aime pas que je prenne Lorédan, elle ne le trouve pas bien pour moi ; enfin que veux-tu, les femmes, tu sais ! je sais que ça lui déplairait beaucoup. Ah bien oui ! je n'aurais eu qu'à prendre Rémi ! j'en aurais eu une histoire !

Ces nouvelles façons indifférentes, distraites, irritables, qui étaient maintenant celles d'Odette avec lui, certes Swann en souffrait ; mais il ne connaissait pas sa souffrance ; comme c'était progressivement, jour par jour, qu'Odette s'était refroidie à son égard, ce n'est qu'en mettant en regard de ce qu'elle était aujourd'hui ce qu'elle avait été au début, qu'il aurait pu sonder la profondeur du changement qui s'était accompli. Or ce changement c'était sa profonde, sa secrète blessure qui lui faisait mal jour et nuit, et dès qu'il sentait que ses pensées allaient un peu trop près d'elle, vivement il les dirigeait d'un autre coté de peur de trop souffrir. Il se disait bien d'une façon abstraite : « Il fut un temps où Odette m'aimait davantage », mais jamais il ne revoyait ce temps. De même qu'il y avait dans son cabinet [1] une commode qu'il s'arrangeait à ne pas regarder, qu'il faisait un crochet [2] pour éviter en entrant et en sortant, parce que dans un tiroir étaient serrés le chrysanthème qu'elle lui avait donné le premier soir où il l'avait reconduite, les lettres où elle disait : « Que n'y avez-vous oublié aussi votre cœur, je ne vous aurais pas laissé le reprendre » et « À quelque heure du jour et de la nuit que vous ayez besoin de moi, faites-moi

---

1. *Cabinet* (m.) : de cabine, chambre, petite pièce où l'on se retire pour travailler, converser en particulier.

2. *Faire un crochet* : faire un détour.

signe et disposez de ma vie », de même il y avait en lui une place dont il ne laissait jamais approcher son esprit, lui faisant faire s'il le fallait le détour d'un long raisonnement pour qu'il n'eût pas à passer devant elle : c'était celle où vivait le souvenir des jours heureux.

Mais sa si précautionneuse [1] prudence fut déjouée [2] un soir qu'il était allé dans le monde.

C'était chez la marquise de Saint-Euverte [3], à la dernière, pour cette année-là, des soirées où elle faisait entendre des artistes qui lui servaient ensuite pour ses concerts de charité. Swann, qui avait voulu successivement aller à toutes les précédentes et n'avait pu s'y résoudre, avait reçu, tandis qu'il s'habillait pour se rendre à celle-ci, la visite du baron de Charlus qui venait lui offrir de retourner avec lui chez la marquise, si sa compagnie devait l'aider à s'y ennuyer un peu moins, à s'y trouver moins triste. Mais Swann lui avait répondu :

— Vous ne doutez pas du plaisir que j'aurais à être avec vous. Mais le plus grand plaisir que vous puissiez me faire, c'est d'aller plutôt voir Odette. Vous savez l'excellente influence que vous avez sur elle. Je crois qu'elle ne sort pas ce soir avant d'aller chez son ancienne couturière, où, du reste, elle sera sûrement contente que vous l'accompagniez. En tous cas vous la trouveriez chez elle avant. Tâchez de la distraire et aussi de lui parler raison. Si vous pouviez arranger quelque chose pour demain qui lui plaise et que nous pourrions faire tous les trois ensemble... Tâchez aussi de poser des jalons pour cet été, si elle avait envie de quelque

1. *Précautionneuse* : de précaution, qui prend des précautions.
2. *Déjouer* : faire échouer, confondre.
3. *La marquise de Saint-Euverte* : dans la suite de l'œuvre, Marcel connaîtra les Ducs de Guermantes au cours d'un dîner donné par la marquise.

chose, d'une croisière que nous ferions tous les trois, que sais-je ? Quant à ce soir, je ne compte pas la voir ; maintenant si elle le désirait ou si vous trouviez un joint, vous n'avez qu'à m'envoyer un mot chez Mme de Saint-Euverte jusqu'à minuit, et après chez moi. Merci de tout ce que vous faites pour moi, vous savez comme je vous aime.

Le baron lui promit d'aller faire la visite qu'il désirait après qu'il l'aurait conduit jusqu'à la porte de l'hôtel Saint-Euverte, où Swann arriva tranquillisé par la pensée que M. de Charlus passerait la soirée rue La Pérouse, mais dans un état de mélancolique indifférence à toutes les choses qui ne touchaient pas Odette, et en particulier aux choses mondaines, qui leur donnait le charme de ce qui, n'étant plus un but pour notre volonté, nous apparaît en soi-même. Dès sa descente de voiture, au premier plan de ce résumé fictif de leur vie domestique que les maîtresses de maison prétendent offrir à leurs invités les jours de cérémonie et où elles cherchent à respecter la vérité du costume et celle du décor, Swann prit plaisir à voir les héritiers des « tigres » de Balzac[1], les grooms[2], suivants ordinaires de la promenade, qui, chapeautés et bottés, restaient dehors devant l'hôtel sur le sol de l'avenue, ou devant les écuries, comme des jardiniers auraient été rangés à l'entrée de leurs parterres[3]. La disposition particulière qu'il avait toujours eue à chercher des analogies entre les êtres vivants et les portraits des musées, s'exerçait encore mais d'une façon plus

---

1. *Honoré de Balzac* (1799-1850) : auteur de *La Comédie humaine*.
2. *Groom* (m.) : domestique revêtu d'une livrée.
3. *Parterre* (m.) : partie d'un parc, d'un jardin d'agréments où l'on a aménagé des compartiments de fleurs, de gazon.

constante et plus générale ; c'est la vie mondaine tout entière, maintenant qu'il en était détaché, qui se présentait à lui comme une suite de tableaux. Dans le vestibule où autrefois, quand il était un mondain, il entrait enveloppé dans son pardessus pour en sortir en frac, mais sans savoir ce qui s'y était passé, étant par la pensée, pendant les quelques instants qu'il y séjournait, ou bien encore dans la fête qu'il venait de quitter, ou bien déjà dans la fête où on allait l'introduire, pour la première fois il remarqua, réveillée par l'arrivée inopinée d'un invité aussi tardif, la meute éparse, magnifique et désœuvrée des grands valets de pied qui dormaient çà et là sur des banquettes et des coffres et qui, soulevant leurs nobles profils aigus de lévriers, se dressèrent et, rassemblés, formèrent le cercle autour de lui.

L'un d'eux, d'aspect particulièrement féroce et assez semblable à l'exécuteur dans certains tableaux de la Renaissance qui figurent des supplices, s'avança vers lui d'un air implacable pour lui prendre ses affaires. Mais la dureté de son regard d'acier était compensée par la douceur de ses gants de fil, si bien qu'en approchant de Swann il semblait témoigner du mépris pour sa personne et des égards pour son chapeau. Il le prit avec un soin auquel l'exactitude de sa pointure donnait quelque chose de méticuleux et une délicatesse que rendait presque touchante l'appareil de sa force. Puis il le passa à un de ses aides, nouveau et timide, qui exprimait l'effroi qu'il ressentait en roulant en tous sens des regards furieux et montrait l'agitation d'une bête captive dans les premières heures de sa domesticité.

À quelques pas, un grand gaillard en livrée rêvait ; immobile, sculptural, inutile, comme ce guerrier purement décoratif qu'on voit dans les tableaux les plus tumultueux de Mantegna, songer, appuyé sur son bouclier, tandis qu'on se précipite et qu'on s'égorge à côté de lui ; détaché du groupe de ses camarades qui s'empressaient autour de Swann, il semblait aussi résolu à se désintéresser de cette scène, qu'il suivait vaguement de ses yeux glauques et cruels, que si c'eût été le massacre des Innocents ou le martyre de saint Jacques. Il semblait précisément appartenir à cette race disparue — ou qui peut-être n'exista jamais que dans le retable de San Zeno et les fresques des Eremitani[1] où Swann l'avait approchée et où elle rêve encore — issue de la fécondation d'une statue antique par quelque modèle padouan du Maître[2] ou quelque Saxon d'Albert Dürer[3]. Et les mèches de ses cheveux roux crespelés par la nature, mais collés par la brillantine, étaient largement traitées comme elles sont dans la sculpture grecque qu'étudiait sans cesse le peintre de Mantoue, et qui, si dans la création elle ne figure que l'homme, sait du moins tirer de ses simples formes des richesses si variées et comme empruntées à toute la nature vivante, qu'une chevelure, par l'enroulement lisse et les becs aigus de ses boucles, ou dans la superposition du triple et fleurissant diadème de ses tresses, a l'air à la fois d'un paquet d'algues, d'une nichée de colombes, d'un bandeau de jacinthes et d'une torsade de serpents.

D'autres encore, colossaux aussi, se tenaient sur les degrés d'un escalier monumental que leur présence décorative et leur immobilité marmoréenne auraient pu faire nommer comme celui du Palais Ducal : « l'Escalier

---

1. *L'église des Eremitani* : à Padoue, bâtie entre 1264 et 1306.

2. *Mantegna* (1431-1506) : peintre des comtes de Gonzaga.

3. *Dürer* (1471-1528) : peintre et graveur allemand, de la Renaissance ; le seul qui peut être comparé aux grands maîtres italiens de l'époque.

des Géants[1] » et dans lequel Swann s'engagea avec la tristesse de penser qu'Odette ne l'avait jamais gravi. Ah ! avec quelle joie au contraire il eût grimpé les étages noirs, malodorants et casse-cou[2] de la petite couturière retirée, dans le « cinquième » de laquelle il aurait été si heureux de payer plus cher qu'une avant-scène hebdomadaire à l'Opéra le droit de passer la soirée quand Odette y venait, et même les autres jours, pour pouvoir parler d'elle, vivre avec les gens qu'elle avait l'habitude de voir quand il n'était pas là, et qui à cause de cela lui paraissaient receler, de la vie de sa maîtresse, quelque chose de plus naturel, de plus inaccessible et de plus mystérieux. Tandis que dans cet escalier pestilentiel et désiré de l'ancienne couturière, comme il n'y en avait pas un second pour le service, on voyait le soir devant chaque porte une boîte au lait vide et sale préparée sur le paillasson[3], dans l'escalier magnifique et dédaigné que Swann montait à ce moment, d'un côté et de l'autre, à des hauteurs différentes, devant chaque anfractuosité que faisait dans le mur la fenêtre de la loge ou la porte d'un appartement, représentant le service intérieur qu'ils dirigeaient et en faisant hommage aux invités, un concierge, un majordome, un argentier (braves gens qui vivaient le reste de la semaine un peu indépendants dans leur domaine, y dînaient chez eux comme de petits boutiquiers et seraient peut-être demain au service bourgeois d'un médecin ou d'un industriel),

---

1. *L'escalier des Géants* : érigé par Antonio Rizzo dans la cour du Palais des Doges de Venise.

2. *Casse-cou* (m.) : personne audacieuse, imprudente, téméraire ; ici, employé comme adjectif, signifie où l'on risque de tomber.

3. *Paillasson* (m.) : de paillasse, natte épaisse et rugueuse servant à s'essuyer les pieds ; tapis.

attentifs à ne pas manquer aux recommandations qu'on leur avait faites avant de leur laisser endosser la livrée éclatante qu'ils ne revêtaient qu'à de rares intervalles et dans laquelle ils ne se sentaient pas très à leur aise, se tenaient sous l'arcature de leur portail avec un éclat pompeux tempéré de bonhomie populaire, comme des saints dans leur niche ; et un énorme suisse, habillé comme à l'église, frappait les dalles de sa canne au passage de chaque arrivant. Parvenu en haut de l'escalier le long duquel l'avait suivi un domestique à face blême, avec une petite queue de cheveux noués d'un catogan derrière la tête, comme un sacristain de Goya [1] ou un tabellion du répertoire, Swann passa devant un bureau où des valets, assis comme des notaires devant de grands registres, se levèrent et inscrivirent son nom. Il traversa alors un petit vestibule qui — tel que certaines pièces aménagées par leur propriétaire pour servir de cadre à une seule œuvre d'art, dont elles tirent leur nom et, d'une nudité voulue, ne contiennent rien d'autre — exhibait à son entrée, comme quelque précieuse effigie de Benvenuto Cellini représentant un homme de guet, un jeune valet de pied, le corps légèrement fléchi en avant, dressant sur son hausse-col [2] rouge une figure plus rouge encore d'où s'échappaient des torrents de feu, de timidité et de zèle, et qui, perçant les tapisseries d'Aubusson [3] tendues devant le salon où on écoutait la musique, de son

---

1. *Francisco Goya* (1746-1828) : aucun « sacristain » n'est cependant représenté dans ses tableaux ; il s'agirait plutôt de la coiffure de certains de ses toreros.

2. *Hausse-col* (m.) : pièce d'acier, de cuivre, protégeant la base du cou.

3. *Aubusson* : ancienne manufacture de tapisseries patronnée par Henri IV (1589-1610) et reconnue comme Manufacture Royale en 1665.

regard impétueux, vigilant, éperdu, avait l'air, avec une impassibilité militaire ou une foi surnaturelle — allégorie de l'alarme, incarnation de l'attente, commémoration du branle-bas [1] — d'épier, ange ou vigie, d'une tour de donjon ou de cathédrale, l'apparition de l'ennemi ou l'heure du Jugement. Il ne restait plus à Swann qu'à pénétrer dans la salle du concert dont un huissier chargé de chaînes lui ouvrit les portes en s'inclinant, comme il lui aurait remis les clefs d'une ville. Mais il pensait à la maison où il aurait pu se trouver en ce moment même, si Odette l'avait permis, et le souvenir entrevu d'une boîte au lait vide sur un paillasson lui serra le cœur.

Swann retrouva rapidement le sentiment de la laideur masculine, quand, au-delà de la tenture de tapisserie, au spectacle des domestiques succéda celui des invités. Mais cette laideur même de visages, qu'il connaissait pourtant si bien, lui semblait neuve depuis que leurs traits — au lieu d'être pour lui des signes pratiquement utilisables à l'identification de telle personne qui lui avait représenté jusque-là un faisceau de plaisirs à poursuivre, d'ennuis à éviter, ou de politesses à rendre — reposaient, coordonnés seulement par des rapports esthétiques, dans l'autonomie de leurs lignes. Et en ces hommes au milieu desquels Swann se trouva enserré, il n'était pas jusqu'aux monocles que beaucoup portaient (et qui, autrefois, auraient tout au plus permis à Swann de dire qu'ils portaient un monocle), qui, déliés maintenant de signifier une habitude, la même pour tous, ne lui apparussent chacun avec une sorte d'individualité. Peut-être parce qu'il ne regarda le général de Froberville et le marquis de Bréauté qui

---

1. *Branle-bas* (m.) : agitation vive et souvent désordonnée dans la préparation d'opérations de combat.

causaient dans l'entrée que comme deux personnages dans un tableau, alors qu'ils avaient été longtemps pour lui les amis utiles qui l'avaient présenté au Jockey et assisté dans des duels, le monocle du général, resté entre ses paupières comme un éclat d'obus [1] dans sa figure vulgaire, balafrée [2] et triomphale, au milieu du front qu'il éborgnait [3] comme l'œil unique du cyclope, apparut à Swann comme une blessure monstrueuse qu'il pouvait être glorieux d'avoir reçue, mais qu'il était indécent d'exhiber ; tandis que celui de M. de Bréauté ajoutait, en signe de festivité, aux gants gris perle, au « gibus [4] », à la cravate blanche et substituait au binocle familier (comme faisait Swann lui-même) pour aller dans le monde, portait, collé à son revers, comme une préparation d'histoire naturelle sous un microscope, un regard infinitésimal et grouillant d'amabilité, qui ne cessait de sourire à la hauteur des plafonds, à la beauté des fêtes, à l'intérêt des programmes et à la qualité des rafraîchissements.

— Tiens, vous voilà, mais il y a des éternités qu'on ne vous a vu, dit à Swann le général qui, remarquant ses traits tirés et en concluant que c'était peut-être une maladie grave qui l'éloignait du monde, ajouta : « Vous avez bonne mine, vous savez ! » pendant que M. de Bréauté demandait :

— Comment, vous, mon cher, qu'est-ce que vous pouvez bien faire ici ? à un romancier mondain qui venait d'installer au coin de son œil un monocle,

---

1. *Éclat d'obus* : éclat, fragment d'un corps qui éclate; obus, projectile utilisé par l'artillerie.

2. *Balafrée* : blessée par une estafilade, coupée, tailladée.

3. *Éborgner* : rendre borgne ; borgne : qui a perdu un œil.

4. *Gibus* (m.) : un chapeau haut de forme, qu'on pouvait aplatir grâce à des ressorts placés à l'intérieur de la coiffe.

son seul organe d'investigation psychologique et d'impitoyable analyse, et répondit d'un air important et mystérieux, en roulant l'*r* :

— J'observe.

Le monocle du marquis de Forestelle était minuscule, n'avait aucune bordure et, obligeant à une crispation incessante et douloureuse l'œil où il s'incrustait comme un cartilage superflu dont la présence est inexplicable et la matière recherchée, il donnait au visage du marquis une délicatesse mélancolique, et le faisait juger par les femmes comme capable de grands chagrins d'amour. Mais celui de M. de Saint-Candé, entouré d'un gigantesque anneau, comme Saturne, était le centre de gravité d'une figure qui s'ordonnait à tout moment par rapport à lui, dont le nez frémissant et rouge et la bouche lippue[1] et sarcastique tâchaient par leurs grimaces d'être à la hauteur des feux roulants d'esprit dont étincelait le disque de verre, et se voyait préféré aux plus beaux regards du monde par des jeunes femmes snobs et dépravées qu'il faisait rêver de charmes artificiels et d'un raffinement de volupté ; et cependant, derrière le sien, M. de Palancy qui, avec sa grosse tête de carpe aux yeux ronds, se déplaçait lentement au milieu des fêtes en desserrant d'instant en instant ses mandibules comme pour chercher son orientation, avait l'air de transporter seulement avec lui un fragment accidentel, et peut-être purement symbolique, du vitrage de son aquarium, partie destinée à figurer le tout, qui rappela à Swann, grand admirateur des *Vices* et des *Vertus* de Giotto à Padoue, cet Injuste à côté duquel un rameau feuillu évoque les forêts où se cache son repaire.

---

1. *Lippue* : qui a de grosses lèvres.

Swann s'était avancé, sur l'insistance de Mme de Saint-Euverte, et pour entendre un air d'*Orphée*[1] qu'exécutait un flûtiste, s'était mis dans un coin où il avait malheureusement comme seule perspective deux dames déjà mûres assises l'une à côté de l'autre, la marquise de Cambremer[2] et la vicomtesse de Franquetot, lesquelles, parce qu'elles étaient cousines, passaient leur temps dans les soirées, portant leurs sacs et suivies de leurs filles, à se chercher comme dans une gare et n'étaient tranquilles que quand elles avaient marqué, par leur éventail ou leur mouchoir, deux places voisines : Mme de Cambremer, comme elle avait très peu de relations, étant d'autant plus heureuse d'avoir une compagne, Mme de Franquetot, qui était au contraire très lancée, trouvant quelque chose d'élégant, d'original, à montrer à toutes ses belles connaissances qu'elle leur préférait une dame obscure avec qui elle avait en commun des souvenirs de jeunesse. Plein d'une mélancolique ironie, Swann les regardait écouter l'intermède de piano (*Saint François parlant aux oiseaux*, de Liszt) qui avait succédé à l'air de flûte, et suivre le jeu vertigineux du virtuose, Mme de Franquetot anxieusement, les yeux éperdus comme si les touches sur lesquelles il courait avec agilité avaient été une suite de trapèzes d'où il pouvait tomber d'une hauteur de quatre-vingts mètres, et non sans lancer à sa voisine des regards d'étonnement, de dénégation qui signifiaient : « Ce n'est pas croyable, je n'aurais jamais pensé qu'un homme pût faire cela », Mme de

---

1. *L'Orphée aux Enfers* : œuvre féerique de Jacques Offenbach sur livret d'Hector Crémieux. Elle a été représentée pour la première fois en 1858.
2. *Mme de Cambremer* : Zelia, marquise douairière, née Du Mesnil La Guichard, bonne musicienne, grande admiratrice de Chopin.

Cambremer, en femme qui a reçu une forte éducation musicale, battant la mesure avec sa tête transformée en balancier de métronome dont l'amplitude et la rapidité d'oscillations d'une épaule à l'autre étaient devenues telles (avec cette espèce d'égarement et d'abandon du regard qu'ont les douleurs qui ne se connaissent plus ni ne cherchent à se maîtriser et disent « Que voulez-vous ! ») qu'à tout moment elle accrochait avec ses solitaires les pattes de son corsage et était obligée de redresser les raisins noirs qu'elle avait dans les cheveux, sans cesser pour cela d'accélérer le mouvement. De l'autre côté de Mme de Franquetot, mais un peu en avant, était la marquise de Gallardon, occupée à sa pensée favorite, l'alliance qu'elle avait avec les Guermantes et d'où elle tirait pour le monde et pour elle-même beaucoup de gloire avec quelque honte, les plus brillants d'entre eux la tenant un peu à l'écart, peut-être parce qu'elle était ennuyeuse ou parce qu'elle était méchante, ou parce qu'elle était d'une branche inférieure, ou peut-être sans aucune raison [1]. Quand elle se trouvait auprès de quelqu'un qu'elle ne connaissait pas, comme en ce moment auprès de Mme de Franquetot, elle souffrait que la conscience qu'elle avait de sa parenté avec les Guermantes ne pût se manifester extérieurement en caractères visibles comme ceux qui, dans les mosaïques des églises byzantines, placés les uns au-dessous des autres, inscrivent en une colonne verticale, à côté d'un saint personnage, les mots qu'il est censé prononcer. Elle

---

1. *Peut-être parce qu'elle* [...] *ou parce qu'elle* [...]*, ou parce qu'elle*[...]*, ou peut-être* [...] : série de disjonctions qui exprime bien la complexité, la variabilité des choses, mais aussi toute renonciation à une explication définitive.

songeait en ce moment qu'elle n'avait jamais reçu une invitation ni une visite de sa jeune cousine la princesse des Laumes, depuis six ans que celle-ci était mariée. Cette pensée la remplissait de colère, mais aussi de fierté ; car, à force de dire aux personnes qui s'étonnaient de ne pas la voir chez Mme des Laumes, que c'est parce qu'elle aurait été exposée à y rencontrer la princesse Mathilde[1] — ce que sa famille ultralégitimiste ne lui aurait jamais pardonné — , elle avait fini par croire que c'était en effet la raison pour laquelle elle n'allait pas chez sa jeune cousine. Elle se rappelait pourtant qu'elle avait demandé plusieurs fois à Mme des Laumes comment elle pourrait faire pour la rencontrer, mais ne se le rappelait que confusément et d'ailleurs neutralisait et au- delà ce souvenir un peu humiliant en murmurant : « Ce n'est tout de même pas à moi à faire les premiers pas, j'ai vingt ans de plus qu'elle. » Grâce à la vertu de ces paroles intérieures, elle rejetait fièrement en arrière ses épaules détachées de son buste et sur lesquelles sa tête posée presque horizontalement faisait penser à la tête « rapportée » d'un orgueilleux faisan qu'on sert sur une table avec toutes ses plumes. Ce n'est pas qu'elle ne fût par nature courtaude, hommasse et boulotte[2] ; mais les camouflets[3] l'avaient redressée comme ces arbres qui, nés dans une mauvaise position au bord d'un précipice, sont forcés de croître en arrière pour garder leur équilibre. Obligée, pour se consoler de ne pas être tout à fait

---

1. *La Princesse Mathilde* : il s'agit de Mathilde-Laetitia-Wilhelmine Bonaparte (1820-1904), nièce de Napoléon Ier et cousine de Louis Napoléon.

2. *Courtaude, hommasse et boulotte* : triade d'adjectifs: petite, masculine, et ronde.

3. *Camouflet* (m.) : affront, offense.

l'égale des autres Guermantes, de se dire sans cesse que c'était par intransigeance de principes et fierté qu'elle les voyait peu, cette pensée avait fini par modeler son corps et par lui enfanter une sorte de prestance qui passait aux yeux des bourgeoises pour un signe de race et troublait quelquefois d'un désir fugitif le regard fatigué des hommes de cercle. Si on avait fait subir à la conversation de Mme de Gallardon ces analyses qui en relevant la fréquence plus ou moins grande de chaque terme permettent de découvrir la clef d'un langage chiffré, on se fût rendu compte qu'aucune expression, même la plus usuelle, n'y revenait aussi souvent que « chez mes cousins de Guermantes », « chez ma tante de Guermantes », « la santé d'Elzéar de Guermantes », « la baignoire[1] de ma cousine de Guermantes ». Quand on lui parlait d'un personnage illustre, elle répondait que, sans le connaître personnellement, elle l'avait rencontré mille fois chez sa tante de Guermantes, mais elle répondait cela d'un ton si glacial et d'une voix si sourde qu'il était clair que, si elle ne le connaissait pas personnellement, c'était en vertu de tous les principes indéracinables et entêtés auxquels ses épaules touchaient en arrière, comme à ces échelles sur lesquelles les professeurs de gymnastique vous font étendre pour vous développer le thorax.

Or, la princesse des Laumes[2], qu'on ne se serait pas attendu à voir chez Mme de Saint-Euverte, venait précisément d'arriver. Pour montrer qu'elle ne cherchait

---

1. *Baignoire* (f.) : ici, loge de rez-de-chaussée, dans une salle de théâtre.
2. *La princesse des Laumes* : Oriane, duchesse de Guermantes, épouse de Basin de Guermantes, princesse des Laumes avant la mort de son beau-père.

pas à faire sentir dans un salon, où elle ne venait que par condescendance, la supériorité de son rang, elle était entrée en effaçant les épaules là même où il n'y avait aucune foule à fendre et personne à laisser passer, restant exprès dans le fond, de l'air d'y être à sa place, comme un roi qui fait la queue à la porte d'un théâtre tant que les autorités n'ont pas été prévenues qu'il est là ; et, bornant simplement son regard — pour ne pas avoir l'air de signaler sa présence et de réclamer des égards — à la considération d'un dessin du tapis ou de sa propre jupe, elle se tenait debout à l'endroit qui lui avait paru le plus modeste (et d'où elle savait bien qu'une exclamation ravie de Mme de Saint- Euverte allait la tirer dès que celle-ci l'aurait aperçue), à côté de Mme de Cambremer qui lui était inconnue. Elle observait la mimique de sa voisine mélomane, mais ne l'imitait pas. Ce n'est pas que, pour une fois qu'elle venait passer cinq minutes chez Mme de Saint-Euverte, la princesse des Laumes n'eût souhaité, pour que la politesse qu'elle lui faisait comptât double, de se montrer le plus aimable possible. Mais par nature, elle avait horreur de ce qu'elle appelait « les exagérations » et tenait à montrer qu'elle « n'avait pas à » se livrer à des manifestations qui n'allaient pas avec le « genre » de la coterie où elle vivait, mais qui pourtant d'autre part ne laissaient pas de l'impressionner, à la faveur de cet esprit d'imitation voisin de la timidité que développe, chez les gens les plus sûrs d'eux-mêmes, l'ambiance d'un milieu nouveau, fût-il inférieur. Elle commençait à se demander si cette gesticulation n'était pas rendue nécessaire par le morceau qu'on jouait et qui ne rentrait peut-être pas dans le cadre de la musique qu'elle avait entendue jusqu'à ce jour, si s'abstenir n'était pas faire preuve d'incompréhension à l'égard de l'œuvre et d'inconvenance vis-à-vis de la maîtresse de la maison : de sorte que pour exprimer par une « cote mal taillée[1] » ses sentiments contradictoires, tantôt elle se contentait de remonter la bride de ses épaulettes ou d'assurer dans ses cheveux blonds les petites boules de corail ou d'émail rose, givrées de diamant, qui lui faisaient une coiffure simple et charmante, en examinant avec une froide curiosité sa fougueuse voisine, tantôt de son éventail elle battait pendant un instant la mesure, mais, pour ne pas abdiquer son indépendance, à contretemps. Le pianiste ayant terminé le morceau de Liszt et ayant commencé un prélude de Chopin, Mme de Cambremer lança à Mme de Franquetot un sourire attendri de satisfaction compétente et d'allusion au passé. Elle avait appris dans sa jeunesse à caresser les phrases, au long col sinueux et démesuré, de Chopin, si libres, si flexibles, si tactiles, qui commencent par chercher et essayer leur place en dehors et bien loin de la direction de leur départ, bien loin du point où on avait pu espérer qu'atteindrait leur attouchement, et qui ne se jouent dans cet écart de fantaisie que pour revenir plus délibérément —— d'un retour plus prémédité, avec plus de précision, comme sur un cristal qui résonnerait jusqu'à faire crier —— vous frapper au cœur[2].

Vivant dans une famille provinciale qui avait peu de relations, n'allant guère au bal, elle s'était grisée dans la solitude de son manoir, à ralentir, à précipiter la danse de tous ces couples imaginaires, à les égrener comme des fleurs, à quitter un moment le bal pour entendre le vent souffler dans les sapins, au bord du

---

1. *Cote mal taillée* : répartition approximative ; compromis, transaction.

2. *Elle avait appris* [...] *au cœur* : ce passage, qui représente bien le mouvement et les effets de la phrase musicale de Chopin, a été reconnue par L. Spitzer comme typique du style proustien, et appelée : « phrase à détonation ».

lac, et à y voir tout d'un coup s'avancer, plus différent de tout ce qu'on a jamais rêvé que ne sont les amants de la terre, un mince jeune homme à la voix un peu chantante, étrangère et fausse, en gants blancs. Mais aujourd'hui la beauté démodée de cette musique semblait défraîchie. Privée depuis quelques années de l'estime des connaisseurs, elle avait perdu son honneur et son charme, et ceux mêmes dont le goût est mauvais n'y trouvaient plus qu'un plaisir inavoué et médiocre. Mme de Cambremer jeta un regard furtif derrière elle. Elle savait que sa jeune bru [1] (pleine de respect pour sa nouvelle famille, sauf en ce qui touchait les choses de l'esprit sur lesquelles, sachant jusqu'à l'harmonie et jusqu'au grec, elle avait des lumières spéciales) méprisait Chopin et souffrait quand elle en entendait jouer. Mais loin de la surveillance de cette wagnérienne qui était plus loin avec un groupe de personnes de son âge, Mme de Cambremer se laissait aller à des impressions délicieuses. La princesse des Laumes les éprouvait aussi. Sans être par nature douée pour la musique, elle avait reçu il y a quinze ans les leçons qu'un professeur de piano du faubourg Saint-Germain, femme de génie qui avait été à la fin de sa vie réduite à la misère, avait recommencé, à l'âge de soixante-dix ans, à donner aux filles et aux petites-filles de ses anciennes élèves. Elle était morte aujourd'hui. Mais sa méthode, son beau son, renaissaient parfois sous les doigts de ses élèves, même de celles qui étaient devenues pour le reste des personnes médiocres, avaient abandonné la musique et n'ouvraient presque plus jamais un piano. Aussi Mme des Laumes put-elle secouer la tête, en pleine connaissance de cause, avec

---

1.   *Bru* (f.) : belle-fille.

une appréciation juste de la façon dont le pianiste jouait ce prélude qu'elle savait par cœur. La fin de la phrase commencée chanta d'elle- même sur ses lèvres. Et elle murmura « c'est toujours *ch*armant », avec un double *ch* au commencement du mot qui était une marque de délicatesse et dont elle sentait ses lèvres si romanesquement froissées comme une belle fleur, qu'elle harmonisa instinctivement son regard avec elles en lui donnant à ce moment-là une sorte de sentimentalité et de vague. Cependant Mme de Gallardon était en train de se dire qu'il était fâcheux qu'elle n'eût que bien rarement l'occasion de rencontrer la princesse des Laumes, car elle souhaitait lui donner une leçon en ne répondant pas à son salut. Elle ne savait pas que sa cousine fût là. Un mouvement de tête de Mme de Franquetot la lui découvrit. Aussitôt elle se précipita vers elle en dérangeant tout le monde ; mais, désireuse de garder un air hautain et glacial qui rappelât à tous qu'elle ne désirait pas avoir de relations avec une personne chez qui on pouvait se trouver nez à nez avec la princesse Mathilde et au-devant de qui elle n'avait pas à aller car elle n'était pas sa « contemporaine », elle voulut pourtant compenser cet air de hauteur et de réserve par quelque propos qui justifiât sa démarche et forçât la princesse à engager la conversation ; aussi une fois arrivée près de sa cousine Mme de Gallardon, avec un visage dur, une main tendue comme une carte forcée, lui dit : « Comment va ton mari ? » de la même voix soucieuse que si le prince avait été gravement malade. La princesse, éclatant d'un rire qui lui était particulier et qui était destiné à la fois à montrer aux autres qu'elle se moquait de quelqu'un et aussi à se faire paraître plus jolie en concentrant les traits de son visage autour de sa bouche animée et de son regard brillant, lui répondit :

— Mais le mieux du monde !

Et elle rit encore. Cependant tout en redressant sa taille et refroidissant sa mine, inquiète encore pourtant de l'état du prince, Mme de Gallardon dit à sa cousine :

— Oriane (ici Mme des Laumes regarda d'un air étonné et rieur un tiers invisible vis-à-vis duquel elle semblait tenir à attester qu'elle n'avait jamais autorisé Mme de Gallardon à l'appeler par son prénom), je tiendrais beaucoup à ce que tu viennes un moment demain soir chez moi entendre un quintette avec clarinette de Mozart. Je voudrais avoir ton appréciation.

Elle semblait non pas adresser une invitation, mais demander un service, et avoir besoin de l'avis de la princesse sur le quintette de Mozart, comme si ç'avait été un plat de la composition d'une nouvelle cuisinière sur les talents de laquelle il lui eût été précieux de recueillir l'opinion d'un gourmet.

— Mais je connais ce quintette, je peux te dire tout de suite... que je l'aime !

— Tu sais, mon mari n'est pas bien, son foie... , cela lui ferait grand plaisir de te voir, reprit Mme de Gallardon, faisant maintenant à la princesse une obligation de charité de paraître à sa soirée.

La princesse n'aimait pas à dire aux gens qu'elle ne voulait pas aller chez eux. Tous les jours elle écrivait son regret d'avoir été privée — par une visite inopinée de sa belle-mère, par une invitation de son beau-frère, par l'Opéra, par une partie de campagne — d'une soirée à laquelle elle n'aurait jamais songé à se rendre. Elle donnait ainsi à beaucoup de gens la joie de croire qu'elle était de leurs relations, qu'elle eût été volontiers chez eux, qu'elle n'avait été empêchée de le faire que par les contretemps princiers qu'ils étaient flattés de voir entrer en concurrence avec leur soirée. Puis, faisant partie de cette spirituelle coterie des Guermantes où survivait quelque chose de l'esprit alerte, dépouillé de lieux communs et de sentiments convenus, qui descend de Mérimée [1] et a trouvé sa dernière expression dans le théâtre de Meilhac et Halévy [2], elle l'adaptait même aux rapports sociaux, le transposait jusque dans sa politesse qui s'efforçait d'être positive, précise, de se rapprocher de l'humble vérité. Elle ne développait pas longuement à une maîtresse de maison l'expression du désir qu'elle avait d'aller à sa soirée ; elle trouvait plus aimable de lui exposer quelques petits faits d'où dépendrait qu'il lui fût ou non possible de s'y rendre.

— Écoute, je vais te dire, dit-elle à Mme de Gallardon, il faut demain soir que j'aille chez une amie qui m'a demandé mon jour depuis longtemps. Si elle nous emmène au théâtre, il n'y aura pas, avec la meilleure volonté, possibilité que j'aille chez toi ; mais si nous restons chez elle, comme je sais que nous serons seuls, je pourrai la quitter.

— Tiens, tu as vu ton ami M. Swann ?

— Mais non, cet amour de Charles, je ne savais pas qu'il fût là, je vais tâcher qu'il me voie.

— C'est drôle qu'il aille même chez la mère Saint-Euverte, dit Mme de Gallardon. Oh ! je sais qu'il est intelligent, ajouta-t-elle en voulant dire par là intrigant, mais cela ne fait rien, un Juif chez la sœur et la belle-sœur de deux archevêques [3] !

1. *Prosper Mérimée* (1803-1870) : auteur de *Carmen* et *Colomba*, contes auxquels Proust s'est en partie inspiré pour *Un amour de Swann*.

2. *Henri Meilhac* (1831-1897), *Ludovic Halévy* (1834-1908) : dramaturges qui collaborèrent comme librettistes à la production musicale d'Offenbach.

3. *Oh! je sais* [...] *archevêques* : il faut se souvenir qu'il s'agit, ici, de l'époque pendant laquelle allait éclater l'« Affaire Dreyfus » (1894-99).

— J'avoue à ma honte que je n'en suis pas choquée, dit la princesse des Laumes.

— Je sais qu'il est converti, et même déjà ses parents et ses grands-parents. Mais on dit que les convertis restent plus attachés à leur religion que les autres, que c'est une frime, est-ce vrai ?

— Je suis sans lumières à ce sujet.

Le pianiste qui avait à jouer deux morceaux de Chopin, après avoir terminé le prélude, avait attaqué aussitôt une polonaise. Mais depuis que Mme de Gallardon avait signalé à sa cousine la présence de Swann, Chopin ressuscité aurait pu venir jouer lui-même toutes ses œuvres sans que Mme des Laumes pût y faire attention. Elle faisait partie d'une de ces deux moitiés de l'humanité chez qui la curiosité qu'a l'autre moitié pour les êtres qu'elle ne connaît pas est remplacée par l'intérêt pour les êtres qu'elle connaît. Comme beaucoup de femmes du faubourg Saint-Germain, la présence dans un endroit où elle se trouvait de quelqu'un de sa coterie, et auquel d'ailleurs elle n'avait rien de particulier à dire, accaparait exclusivement son attention aux dépens de tout le reste. À partir de ce moment, dans l'espoir que Swann la remarquerait, la princesse ne fit plus, comme une souris blanche apprivoisée à qui on tend puis on retire un morceau de sucre, que tourner sa figure, remplie de mille signes de connivence dénués de rapports avec le sentiment de la polonaise de Chopin, dans la direction où était Swann et si celui-ci changeait de place, elle déplaçait parallèlement son sourire aimanté.

— Oriane, ne te fâche pas, reprit Mme de Gallardon qui ne pouvait jamais s'empêcher de sacrifier ses plus grandes espérances sociales et d'éblouir un jour le monde, au plaisir obscur, immédiat et privé, de dire quelque chose de désagréable, il y a des gens qui prétendent que ce M. Swann, c'est quelqu'un qu'on ne peut pas recevoir chez soi, est-ce vrai ?

— Mais... tu dois bien savoir que c'est vrai, répondit la princesse des Laumes, puisque tu l'as invité cinquante fois et qu'il n'est jamais venu.

Et quittant sa cousine mortifiée, elle éclata de nouveau d'un rire qui scandalisa les personnes qui écoutaient la musique, mais attira l'attention de Mme de Saint-Euverte, restée par politesse près du piano et qui aperçut seulement alors la princesse. Mme de Saint-Euverte était d'autant plus ravie de voir Mme des Laumes qu'elle la croyait encore à Guermantes en train de soigner son beau-père malade.

— Mais comment, princesse, vous étiez là ?

— Oui, je m'étais mise dans un petit coin, j'ai entendu de belles choses.

— Comment, vous êtes là depuis déjà un long moment !

— Mais oui, un très long moment qui m'a semblé très court, long seulement parce que je ne vous voyais pas.

Mme de Saint-Euverte voulut donner son fauteuil à la princesse qui répondit :

— Mais pas du tout ! Pourquoi ? Je suis bien n'importe où !

Et, avisant, avec intention, pour mieux manifester sa simplicité de grande dame, un petit siège sans dossier :

— Tenez, ce pouf, c'est tout ce qu'il me faut. Cela me fera tenir droite. Oh ! mon Dieu, je fais encore du bruit, je vais me faire conspuer [1].

Cependant le pianiste redoublant de vitesse, l'émotion musicale était à son comble, un domestique

---

1. *Conspuer* : (du latin : cracher sur) manifester bruyamment et en groupe contre quelqu'un.

passait des rafraîchissements sur un plateau et faisait tinter des cuillers et, comme chaque semaine, Mme de Saint-Euverte lui faisait, sans qu'il la vît, des signes de s'en aller. Une nouvelle mariée, à qui on avait appris qu'une jeune femme ne doit pas avoir l'air blasé, souriait de plaisir, et cherchait des yeux la maîtresse de maison pour lui témoigner par son regard sa reconnaissance d'avoir « pensé à elle » pour un pareil régal. Pourtant, quoique avec plus de calme que Mme de Franquetot, ce n'est pas sans inquiétude qu'elle suivait le morceau ; mais la sienne avait pour objet, au lieu du pianiste, le piano sur lequel une bougie tressautant à chaque fortissimo risquait, sinon de mettre le feu à l'abat-jour du moins de faire des taches sur le palissandre. À la fin elle n'y tint plus et escaladant les deux marches de l'estrade sur laquelle était placé le piano, se précipita pour enlever la bobèche[1]. Mais à peine ses mains allaient-elles la toucher que, sur un dernier accord, le morceau finit et le pianiste se leva. Néanmoins l'initiative hardie de cette jeune femme, la courte promiscuité qui en résulta entre elle et l'instrumentiste, produisirent une impression généralement favorable.

— Vous avez remarqué ce qu'a fait cette personne, princesse, dit le général de Froberville à la princesse des Laumes qu'il était venu saluer et que Mme de Saint-Euverte quitta un instant. C'est curieux. Est-ce donc une artiste ?

— Non, c'est une petite Mme de Cambremer, répondit étourdiment la princesse et elle ajouta vivement : je vous répète ce que j'ai entendu dire, je n'ai aucune espèce de notion de qui c'est, on a dit

---

1. *Bobèche* (f.) : chandelier.

derrière moi que c'étaient des voisins de campagne de Mme de Saint-Euverte, mais je ne crois pas que personne les connaisse. Ça doit être des « gens de la campagne » ! Du reste, je ne sais pas si vous êtes très répandu dans la brillante société qui se trouve ici, mais je n'ai pas idée du nom de toutes ces étonnantes personnes. À quoi pensez-vous qu'ils passent leur vie en dehors des soirées de Mme de Saint-Euverte ? Elle a dû les faire venir avec les musiciens, les chaises et les rafraîchissements. Avouez que ces « invités de chez Belloir[1] » sont magnifiques. Est-ce que vraiment elle a le courage de louer ces figurants toutes les semaines ? Ce n'est pas possible !

— Ah ! Mais Cambremer, c'est un nom authentique et ancien, dit le général.

— Je ne vois aucun mal à ce que ce soit ancien, répondit sèchement la princesse, mais en tous cas ce n'est pas euphonique, ajouta-t-elle en détachant le mot euphonique comme s'il était entre guillemets, petite affectation de débit qui était particulière à la coterie Guermantes.

— Vous trouvez ? Elle est jolie à croquer, dit le général qui ne perdait pas Mme de Cambremer de vue. Ce n'est pas votre avis, princesse ?

— Elle se met trop en avant, je trouve que chez une si jeune femme, ce n'est pas agréable, car je ne crois pas qu'elle soit ma contemporaine, répondit Mme des Laumes (cette expression étant commune aux Gallardon et aux Guermantes).

Mais la princesse voyant que M. de Froberville continuait à regarder Mme de Cambremer, ajouta moitié

---

1. *Invités de chez Belloir* : société parisienne qui louait pour les grandes invitations des chaises dorées qui étaient destinées aux invités moins importants.

par méchanceté pour celle-ci, moitié par amabilité pour le général : « Pas agréable... pour son mari ! Je regrette de ne pas la connaître puisqu'elle vous tient à cœur, je vous aurais présenté », dit la princesse qui probablement n'en aurait rien fait si elle avait connu la jeune femme. « Je vais être obligée de vous dire bonsoir, parce que c'est la fête d'une amie à qui je dois aller la souhaiter, dit-elle d'un ton modeste et vrai, réduisant la réunion mondaine à laquelle elle se rendait à la simplicité d'une cérémonie ennuyeuse, mais où il était obligatoire et touchant d'aller. D'ailleurs je dois y retrouver Basin [1] qui, pendant que j'étais ici, est allé voir ses amis que vous connaissez, je crois, qui ont un nom de pont, les Iéna [2].

— Ç'a été d'abord un nom de victoire, princesse, dit le général. Qu'est-ce que vous voulez, pour un vieux briscard [3] comme moi, ajouta-t-il en ôtant son monocle pour l'essuyer, comme il aurait changé un pansement, tandis que la princesse détournait instinctivement les yeux, cette noblesse d'Empire, c'est autre chose bien entendu, mais enfin, pour ce que c'est, c'est très beau dans son genre, ce sont des gens qui en somme se sont battus en héros.

— Mais je suis pleine de respect pour les héros, dit la princesse, sur un ton légèrement ironique : si je ne vais pas avec Basin chez cette princesse d'Iéna, ce n'est pas du tout pour ça, c'est tout simplement parce que je ne les connais pas. Basin les connaît, les chérit. Oh ! non, ce n'est pas ce que vous pouvez penser, ce n'est

---

1.   *Basin* : duc de Guermantes, prince des Laumes.

2.   *Le pont d'Iéna* : en face de la Tour Eiffel, il a été bâti entre 1809 et 1813 pour commémorer la victoire de Napoléon Ier sur l'armée prussienne (1806).

3.   *Vieux briscard* : homme pourvu d'une longue expérience.

pas un flirt, je n'ai pas à m'y opposer ! Du reste, pour ce que cela sert quand je veux m'y opposer ! ajouta-t-elle d'une voix mélancolique, car tout le monde savait que dès le lendemain du jour où le prince des Laumes avait épousé sa ravissante cousine, il n'avait pas cessé de la tromper. Mais enfin ce n'est pas le cas, ce sont des gens qu'il a connus autrefois, il en fait ses choux gras[1], je trouve cela très bien. D'abord je vous dirai que rien que ce qu'il m'a dit de leur maison... Pensez que tous leurs meubles sont « Empire » !

— Mais, princesse, naturellement, c'est parce que c'est le mobilier de leurs grands-parents.

— Mais je ne vous dis pas, mais ça n'est pas moins laid pour ça. Je comprends très bien qu'on ne puisse pas avoir de jolies choses, mais au moins qu'on n'ait pas de choses ridicules. Qu'est-ce que vous voulez ? je ne connais rien de plus pompier, de plus bourgeois que cet horrible style, avec ces commodes qui ont des têtes de cygnes comme des baignoires.

— Mais je crois même qu'ils ont de belles choses, ils doivent avoir la fameuse table de mosaïque sur laquelle a été signé le traité de...

— Ah ! Mais qu'ils aient des choses intéressantes au point de vue de l'histoire, je ne vous dis pas. Mais ça ne peut pas être beau... puisque c'est horrible ! Moi j'ai aussi des choses comme ça que Basin a héritées des Montesquiou. Seulement elles sont dans les greniers de Guermantes où personne ne les voit. Enfin, du reste, ce n'est pas la question, je me précipiterais chez eux avec Basin, j'irais les voir même au milieu de leurs sphinx et de leur cuivre si je les connaissais, mais... je ne les connais pas ! Moi, on m'a toujours dit quand

---

1. *Faire ses choux gras* : (fam.) tirer profit d'une affaire avantageuse.

j'étais petite que ce n'était pas poli d'aller chez les gens qu'on ne connaissait pas, dit-elle en prenant un ton puéril. Alors, je fais ce qu'on m'a appris. Voyez-vous ces braves gens s'ils voyaient entrer une personne qu'ils ne connaissent pas ? Ils me recevraient peut-être très mal ! dit la princesse.

Et par coquetterie elle embellit le sourire que cette supposition lui arrachait, en donnant à son regard bleu fixé sur le général une expression rêveuse et douce.

— Ah ! princesse, vous savez bien qu'ils ne se tiendraient pas de joie...

— Mais non, pourquoi ? lui demanda-t-elle avec une extrême vivacité, soit pour ne pas avoir l'air de savoir que c'est parce qu'elle était une des plus grandes dames de France, soit pour avoir le plaisir de l'entendre dire au général. Pourquoi ? Qu'en savez-vous ? Cela leur serait peut-être tout ce qu'il y a de plus désagréable. Moi je ne sais pas, mais si j'en juge par moi, cela m'ennuie déjà tant de voir les personnes que je connais, je crois que s'il fallait voir des gens que je ne connais pas, « même héroïques », je deviendrais folle. D'ailleurs, voyons, sauf lorsqu'il s'agit de vieux amis comme vous qu'on connaît sans cela, je ne sais pas si l'héroïsme serait d'un format très portatif dans le monde. Ça m'ennuie déjà souvent de donner des dîners, mais s'il fallait offrir le bras à Spartacus pour aller à table... Non vraiment, ce ne serait jamais à Vercingétorix que je ferais signe comme quatorzième. Je sens que je le réserverais pour les grandes soirées. Et comme je n'en donne pas...

— Ah ! princesse, vous n'êtes pas Guermantes pour des prunes[1]. Le possédez-vous assez, l'esprit des

---

1. *Pour des prunes* : (fam.) pour rien.

*Élizabeth de Caraman-Chimay, comtesse Greffulhe. Elle a peut-être
inspiré le personnage de la princesse des Laumes.*

Guermantes !

— Mais on dit toujours l'esprit *des* Guermantes, je n'ai jamais pu comprendre pourquoi. Vous en connaissez donc *d'autres* qui en aient, ajouta-t-elle dans un éclat de rire écumant et joyeux, les traits de son visage concentrés, accouplés dans le réseau de son animation, les yeux étincelants, enflammés d'un ensoleillement radieux de gaîté que seuls avaient le pouvoir de faire rayonner ainsi les propos, fussent-ils tenus par la princesse elle-même, qui étaient une louange de son esprit ou de sa beauté. Tenez, voilà Swann qui a l'air de saluer votre Cambremer ; là... il est à côté de la mère Saint-Euverte, vous ne voyez pas ! Demandez-lui, de vous présenter. Mais dépêchez- vous, il cherche à s'en aller !

— Avez-vous remarqué quelle affreuse mine il a ? dit le général.

— Mon petit Charles ! Ah ! enfin il vient, je commençais à supposer qu'il ne voulait pas me voir !

Swann aimait beaucoup la princesse des Laumes, puis sa vue lui rappelait Guermantes, terre voisine de Combray, tout ce pays qu'il aimait tant et où il ne retournait plus pour ne pas s'éloigner d'Odette. Usant des formes mi-artistes, mi-galantes, par lesquelles il savait plaire à la princesse et qu'il retrouvait tout naturellement quand il se retrempait un instant dans son ancien milieu — et voulant d'autre part pour lui-même exprimer la nostalgie qu'il avait de la campagne :

— Ah ! dit-il à la cantonade, pour être entendu à la fois de Mme de Saint-Euverte à qui il parlait et de Mme des Laumes pour qui il parlait, voici la charmante princesse ! Voyez, elle est venue tout exprès de Guermantes pour entendre le *Saint François d'Assise* de Liszt et elle n'a eu le temps, comme une jolie mésange[1], que d'aller piquer pour les mettre sur sa tête quelques petits fruits de prunier des oiseaux et d'aubépine ; il y a même encore de petites gouttes de rosée, un peu de la gelée blanche qui doit faire gémir la duchesse. C'est très joli, ma chère princesse.

— Comment, la princesse est venue exprès de Guermantes ? Mais c'est trop ! Je ne savais pas, je suis confuse, s'écria naïvement Mme de Saint-Euverte qui était peu habituée au tour d'esprit de Swann. Et examinant la coiffure de la princesse : « Mais c'est vrai, cela imite... comment dirai-je, pas les châtaignes, non oh ! c'est une idée ravissante ! Mais comment la princesse pouvait-elle connaître mon programme ? Les musiciens ne me l'ont même pas communiqué à moi. »

Swann, habitué quand il était auprès d'une femme avec qui il avait gardé des habitudes galantes de langage, de dire des choses délicates que beaucoup de gens du monde ne comprenaient pas, ne daigna pas expliquer à Mme de Saint-Euverte qu'il n'avait parlé que par métaphore. Quant à la princesse, elle se mit à rire aux éclats, parce que l'esprit de Swann était extrêmement apprécié dans sa coterie, et aussi parce qu'elle ne pouvait entendre un compliment s'adressant à elle sans lui trouver les grâces les plus fines et une irrésistible drôlerie.

— Hé bien ! je suis ravie, Charles, si mes petits fruits d'aubépine vous plaisent. Pourquoi est-ce que vous saluez cette Cambremer, est-ce que vous êtes aussi son voisin de campagne ?

Mme de Saint-Euverte voyant que la princesse avait l'air content de causer avec Swann s'était éloignée.

---

1. *Mésange* (f.) : petit oiseau se nourrissant d'insectes, de graines et de fruits.

— Mais vous l'êtes vous-même, princesse.

— Moi, mais ils ont donc des campagnes partout, ces gens ! Mais comme j'aimerais être à leur place !

— Ce ne sont pas les Cambremer, c'étaient ses parents à elle ; elle est une demoiselle Legrandin qui venait à Combray. Je ne sais pas si vous savez que vous êtes comtesse de Combray et que le chapitre vous doit une redevance ?

— Je ne sais pas ce que me doit le chapitre, mais je sais que je suis tapée de cent francs tous les ans par le curé, ce dont je me passerais. Enfin ces Cambremer ont un nom bien étonnant. Il finit juste à temps, mais il finit mal ! dit-elle en riant[1].

— Il ne commence pas mieux, répondit Swann.

— En effet cette double abréviation !...

— C'est quelqu'un de très en colère et de très convenable qui n'a pas osé aller jusqu'au bout du premier mot.

— Mais puisqu'il ne devait pas pouvoir s'empêcher de commencer le second, il aurait mieux fait d'achever le premier pour en finir une bonne fois. Nous sommes en train de faire des plaisanteries d'un goût charmant, mon petit Charles, mais comme c'est ennuyeux de ne plus vous voir, ajouta-t-elle d'un ton câlin, j'aime tant causer avec vous. Pensez que je n'aurais même pas pu faire comprendre à cet idiot de Froberville que le nom de Cambremer était étonnant. Avouez que la vie est une chose affreuse. Il n'y a que quand je vous vois que je cesse de m'ennuyer.

Et sans doute cela n'était pas vrai. Mais Swann et la princesse avaient une même manière de juger les

---

1. *Enfin ces Cambremer* (...) *il finit mal* : allusion à la réponse du général Pierre-Jacques Cambronne (1770-1842) pendant la bataille de Waterloo.

petites choses qui avait pour effet — à moins que ce ne fût pour cause — une grande analogie dans la façon de s'exprimer et jusque dans la prononciation. Cette ressemblance ne frappait pas parce que rien n'était plus différent que leurs deux voix. Mais si on parvenait par la pensée à ôter aux propos de Swann la sonorité qui les enveloppait, les moustaches d'entre lesquelles ils sortaient, on se rendait compte que c'étaient les mêmes phrases, les mêmes inflexions, le tour de la coterie Guermantes. Pour les choses importantes, Swann et la princesse n'avaient les mêmes idées sur rien. Mais depuis que Swann était si triste, ressentant toujours cette espèce de frisson qui précède le moment où l'on va pleurer, il avait le même besoin de parler du chagrin qu'un assassin a de parler de son crime. En entendant la princesse lui dire que la vie était une chose affreuse, il éprouva la même douceur que si elle lui avait parlé d'Odette.

— Oh ! oui, la vie est une chose affreuse. Il faut que nous nous voyions, ma chère amie. Ce qu'il y a de gentil avec vous, c'est que vous n'êtes pas gaie. On pourrait passer une soirée ensemble.

— Mais je crois bien, pourquoi ne viendriez-vous pas à Guermantes, ma belle-mère serait folle de joie. Cela passe pour très laid, mais je vous dirai que ce pays ne me déplaît pas, j'ai horreur des pays « pittoresques ».

— Je crois bien, c'est admirable, répondit Swann, c'est presque trop beau, trop vivant pour moi, en ce moment ; c'est un pays pour être heureux. C'est peut-être parce que j'y ai vécu, mais les choses m'y parlent tellement ! Dès qu'il se lève un souffle d'air, que les blés commencent à remuer, il me semble qu'il y a quelqu'un qui va arriver, que je vais recevoir une nouvelle ; et ces petites maisons au bord de l'eau... je serais bien malheureux !

— Oh ! mon petit Charles, prenez garde, voilà
l'affreuse Rampillon qui m'a vue, cachez-moi,
rappelez-moi donc ce qui lui est arrivé, je confonds,
elle a marié sa fille ou son amant, je ne sais plus ;
peut-être les deux... et ensemble !!... Ah ! non, je me
rappelle, elle a été répudiée par son prince... ayez l'air
de me parler, pour que cette Bérénice ne vienne pas
m'inviter à dîner. Du reste, je me sauve. Écoutez, mon
petit Charles, pour une fois que je vous vois, vous ne
voulez pas vous laisser enlever et que je vous emmène
chez la princesse de Parme qui serait tellement
contente, et Basin aussi qui doit m'y rejoindre. Si on
n'avait pas de vos nouvelles par Mémé... Pensez que je
ne vous vois plus jamais !

Swann refusa ; ayant prévenu M. de Charlus qu'en
quittant de chez Mme de Saint-Euverte, il rentrerait
directement chez lui, il ne se souciait pas en allant chez
la princesse de Parme de risquer de manquer un mot
qu'il avait tout le temps espéré se voir remettre par un
domestique pendant la soirée, et que peut- être il allait
trouver chez son concierge. « Ce pauvre Swann, dit ce
soir-là Mme des Laumes à son mari, il est toujours
gentil, mais il a l'air bien malheureux. Vous le verrez,
car il a promis de venir dîner un de ces jours. Je trouve
ridicule au fond qu'un homme de son intelligence
souffre pour une personne de ce genre et qui n'est
même pas intéressante, car on la dit idiote »,
ajouta-t-elle avec la sagesse des gens non amoureux,
qui trouvent qu'un homme d'esprit ne devrait être
malheureux que pour une personne qui en valût la
peine ; c'est à peu près comme s'étonner qu'on daigne
souffrir du choléra par le fait d'un être aussi petit que
le bacille virgule.

Swann voulait partir, mais au moment où il allait
enfin s'échapper, le général de Froberville lui demanda

à connaître Mme de Cambremer et il fut obligé de rentrer avec lui dans le salon pour la chercher.

— Dites donc, Swann, j'aimerais mieux être le mari de cette femme-là que d'être massacré par les sauvages, qu'en dites-vous ?

Ces mots « massacré par les sauvages » percèrent douloureusement le cœur de Swann ; aussitôt il éprouva le besoin de continuer la conversation avec le général :

— Ah ! lui dit-il, il y a eu de bien belles vies qui ont fini de cette façon... Ainsi vous savez... ce navigateur dont Dumont d'Urville ramena les cendres, La Pérouse[1]... (et Swann était déjà heureux comme s'il avait parlé d'Odette). C'est un beau caractère et qui m'intéresse beaucoup que celui de La Pérouse, ajouta-t-il d'un air mélancolique.

— Ah ! parfaitement, La Pérouse, dit le général. C'est un nom connu. Il a sa rue.

— Vous connaissez quelqu'un rue La Pérouse ? demanda Swann d'un air agité.

— Je ne connais que Mme de Chanlivault, la sœur de ce brave Chaussepierre. Elle nous a donné une jolie soirée de comédie l'autre jour. C'est un salon qui sera un jour très élégant, vous verrez !

— Ah ! elle demeure rue La Pérouse. C'est sympathique, c'est une jolie rue, si triste.

— Mais non, c'est que vous n'y êtes pas allé depuis quelque temps ; ce n'est plus triste, cela commence à se construire, tout ce quartier-là.

Quand enfin Swann présenta M. de Froberville à la

---

1. *La Pérouse* : Jean-François de Galoup (1741-1788), comte de La Pérouse, un des plus fameux navigateurs et explorateurs français du XVIIIe siècle avec Louis-Antoine de Bougainville.

jeune Mme de Cambremer, comme c'était la première fois qu'elle entendait le nom du général, elle esquissa le sourire de joie et de surprise qu'elle aurait eu si on n'en avait jamais prononcé devant elle d'autre que celui-là, car ne connaissant pas les amis de sa nouvelle famille, à chaque personne qu'on lui amenait, elle croyait que c'était l'un d'eux, et pensant qu'elle faisait preuve de tact en ayant l'air d'en avoir tant entendu parler depuis qu'elle était mariée, elle tendait la main d'un air hésitant destiné à prouver la réserve apprise qu'elle avait à vaincre et la sympathie spontanée qui réussissait à en triompher. Aussi ses beaux-parents, qu'elle croyait encore les gens les plus brillants de France, déclaraient-ils qu'elle était un ange ; d'autant plus qu'ils préféraient paraître, en la faisant épouser à leur fils, avoir cédé à l'attrait plutôt de ses qualités que de sa grande fortune.

— On voit que vous êtes musicienne dans l'âme, Madame, lui dit le général, en faisant inconsciemment allusion à l'incident de la bobèche.

Mais le concert recommença et Swann comprit qu'il ne pourrait pas s'en aller avant la fin de ce nouveau numéro du programme. Il souffrait de rester enfermé au milieu de ces gens dont la bêtise et les ridicules le frappaient d'autant plus douloureusement qu'ignorant son amour, incapables, s'ils l'avaient connu, de s'y intéresser et de faire autre chose que d'en sourire comme d'un enfantillage ou de le déplorer comme une folie, ils le lui faisaient apparaître sous l'aspect d'un état subjectif qui n'existait que pour lui, dont rien d'extérieur ne lui affirmait la réalité ; il souffrait surtout, et au point que même le son des instruments lui donnait envie de crier, de prolonger son exil dans ce lieu où Odette ne viendrait jamais, où personne, où rien ne la connaissait, d'où elle était entièrement absente.

Mais tout à coup ce fut comme si elle était entrée, et cette apparition lui fut une si déchirante souffrance qu'il dut porter la main à son cœur[1]. C'est que le violon était monté à des notes hautes où il restait comme pour une attente, une attente qui se prolongeait sans qu'il cessât de les tenir, dans l'exaltation où il était d'apercevoir déjà l'objet de son attente qui s'approchait, et avec un effort désespéré pour tâcher de durer jusqu'à son arrivée, de l'accueillir avant d'expirer, de lui maintenir encore un moment de toutes ses dernières forces le chemin ouvert pour qu'il pût passer, comme on soutient une porte qui sans cela retomberait. Et avant que Swann eût eu le temps de comprendre, et de se dire : « C'est la petite phrase de la sonate de Vinteuil, n'écoutons pas ! » tous ses souvenirs du temps où Odette était éprise de lui, et qu'il avait réussi jusqu'à ce jour à maintenir invisibles dans les profondeurs de son être, trompés par ce brusque rayon du temps d'amour qu'ils crurent revenu, s'étaient réveillés et, à tire-d'aile[2], étaient remontés lui chanter éperdument, sans pitié pour son infortune présente, les refrains oubliés du bonheur.

Au lieu des expressions abstraites « temps où j'étais heureux », « temps où j'étais aimé », qu'il avait souvent prononcées jusque-là et sans trop souffrir, car son intelligence n'y avait enfermé du passé que de prétendus extraits qui n'en conservaient rien, il retrouva tout ce qui de ce bonheur perdu avait fixé à jamais la spécifique et volatile essence ; il revit tout, les pétales neigeux et frisés du chrysanthème qu'elle lui avait jeté dans sa voiture, qu'il avait gardé contre ses lèvres —

---

1. *Mais tout à coup [...] à son cœur* : troisième et dernière apparition de la « petite phrase » de Vinteuil.
2. *À tire-d'aile* : très vite, comme un oiseau ; rapidement.

l'adresse en relief de la « Maison Dorée » sur la lettre
où il avait lu : « Ma main tremble si fort en vous
écrivant » — le rapprochement de ses sourcils quand
elle lui avait dit d'un air suppliant : « Ce n'est pas dans
trop longtemps que vous me ferez signe ? » ; il sentit
l'odeur du fer du coiffeur par lequel il se faisait
relever sa « brosse[1] » pendant que Lorédan allait
chercher la petite ouvrière, les pluies d'orage qui
tombèrent si souvent ce printemps-là, le retour glacial
dans sa victoria, au clair de lune, toutes les mailles
d'habitudes mentales, d'impressions saisonnières, de
réactions cutanées, qui avaient étendu sur une suite de
semaines un réseau uniforme dans lequel son corps se
trouvait repris. À ce moment-là, il satisfaisait une
curiosité voluptueuse en connaissant les plaisirs des
gens qui vivent par l'amour. Il avait cru qu'il pourrait
s'en tenir là, qu'il ne serait pas obligé d'en apprendre
les douleurs ; comme maintenant le charme d'Odette
lui était peu de chose auprès de cette formidable terreur
qui le prolongeait comme un trouble halo, cette immense
angoisse de ne pas savoir à tous moments ce qu'elle avait
fait, de ne pas la posséder partout et toujours ! Hélas, il
se rappela l'accent dont elle s'était écriée : « Mais je
pourrai toujours vous voir, je suis toujours libre ! » elle
qui ne l'était plus jamais ! l'intérêt, la curiosité qu'elle
avait eus pour sa vie à lui, le désir passionné qu'il lui
fît la faveur — redoutée au contraire par lui en ce temps-
là comme une cause d'ennuyeux dérangements — de l'y
laisser pénétrer ; comme elle avait été obligée de le
prier pour qu'il se laissât mener chez les Verdurin ; et
quand il la faisait venir chez lui une fois par mois,
comme il avait fallu, avant qu'il se laissât fléchir, qu'elle

---

1. *Brosse* (f.) : ici, cheveux coupés courts et droits comme les
poils d'une brosse.

lui répétât le délice que serait cette habitude de se voir tous les jours dont elle rêvait, alors qu'elle ne lui semblait à lui qu'un fastidieux tracas, puis qu'elle avait prise en dégoût et définitivement rompue, pendant qu'elle était devenue pour lui un si invincible et si douloureux besoin. Il ne savait pas dire si vrai quand, à la troisième fois qu'il l'avait vue, comme elle lui répétait : « Mais pourquoi ne me laissez-vous pas venir plus souvent ? », il lui avait dit en riant, avec galanterie : « Par peur de souffrir. » Maintenant, hélas ! il arrivait encore parfois qu'elle lui écrivît d'un restaurant ou d'un hôtel sur du papier qui en portait le nom imprimé ; mais c'était comme des lettres de feu qui le brûlaient. « C'est écrit de l'hôtel Vouillemont [1] ? Qu'y peut-elle être allée faire ? avec qui ? que s'y est-il passé ? » Il se rappela les becs de gaz [2] qu'on éteignait boulevard des Italiens, quand il l'avait rencontrée contre tout espoir parmi les ombres errantes, dans cette nuit qui lui avait semblé presque surnaturelle et qui en effet — nuit d'un temps où il n'avait même pas à se demander s'il ne la contrarierait pas en la cherchant, en la retrouvant, tant il était sûr qu'elle n'avait pas de plus grande joie que de le voir et de rentrer avec lui — appartenait bien à un monde mystérieux où on ne peut jamais revenir quand les portes s'en sont refermées [3]. Et Swann aperçut, immobile en face de ce bonheur revécu, un malheureux qui lui fit pitié parce qu'il ne le reconnut

---

1. *Hôtel Vouillemont* : hôtel près de la place de la Concorde où demeura la reine de Naples, Marie-Sophie-Amélie (1841-1925) au début du siècle, veuve du roi François II.

2. *Bec de gaz* : réverbère; appareil destiné à l'éclairage de la voie publique.

3. *Appartenait* [...] *refermées* : allusion au mythe d'Orphée (dont on vient d'écouter la transposition musicale) descendant aux Enfers pour y chercher Eurydice.

pas tout de suite, si bien qu'il dut baisser les yeux pour qu'on ne vît pas qu'ils étaient pleins de larmes. C'était lui-même.

Quand il l'eut compris, sa pitié cessa, mais il fut jaloux de l'autre lui-même qu'elle avait aimé, il fut jaloux de ceux dont il s'était dit souvent sans trop souffrir « elle les aime peut- être », maintenant qu'il avait échangé l'idée vague d'aimer, dans laquelle il n'y a pas d'amour, contre les pétales du chrysanthème et l' « entête » de la Maison d'Or, qui, eux, en étaient pleins. Puis sa souffrance devenant trop vive, il passa sa main sur son front, laissa tomber son monocle, en essuya le verre. Et sans doute, s'il s'était vu à ce moment-là, il eût ajouté à la collection de ceux qu'il avait distingués, le monocle qu'il déplaçait comme une pensée importune et sur la face embuée duquel, avec un mouchoir, il cherchait à effacer des soucis.

Il y a dans le violon — si, ne voyant pas l'instrument, on ne peut pas rapporter ce qu'on entend à son image, laquelle modifie la sonorité — des accents qui lui sont si communs avec certaines voix de contralto, qu'on a l'illusion qu'une chanteuse s'est ajoutée au concert. On lève les yeux, on ne voit que les étuis, précieux comme des boîtes chinoises, mais, par moments, on est encore trompé par l'appel décevant de la sirène ; parfois aussi on croit entendre un génie captif qui se débat au fond de la docte boîte, ensorcelée et frémissante, comme un diable dans un bénitier [1] ; parfois enfin, c'est, dans l'air, comme un être surnaturel et pur qui passe en déroulant son message invisible.

Comme si les instrumentistes, beaucoup moins jouaient la petite phrase qu'ils n'exécutaient les rites

---

1. *Bénitier* (m.) : vasque destinée à contenir l'eau bénite.

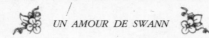

exigés d'elle pour qu'elle apparût, et procédaient aux incantations nécessaires pour obtenir et prolonger quelques instants le prodige de son évocation, Swann, qui ne pouvait pas plus la voir que si elle avait appartenu à un monde ultra-violet, et qui goûtait comme le rafraîchissement d'une métamorphose dans la cécité momentanée dont il était frappé en approchant d'elle, Swann la sentait présente, comme une déesse protectrice et confidente de son amour, et qui pour pouvoir arriver jusqu'à lui devant la foule et l'emmener à l'écart pour lui parler, avait revêtu le déguisement de cette apparence sonore. Et tandis qu'elle passait, légère, apaisante et murmurée comme un parfum[1], lui disant ce qu'elle avait à lui dire et dont il scrutait tous les mots, regrettant de les voir s'envoler si vite, il faisait involontairement avec ses lèvres le mouvement de baiser au passage le corps harmonieux et fuyant. Il ne se sentait plus exilé et seul puisque, elle, qui s'adressait à lui, lui parlait à mi-voix d'Odette. Car il n'avait plus comme autrefois l'impression qu'Odette et lui n'étaient pas connus de la petite phrase. C'est que si souvent elle avait été témoin de leurs joies ! Il est vrai que souvent aussi elle l'avait averti de leur fragilité. Et même, alors que dans ce temps-là il devinait de la souffrance dans son sourire, dans son intonation limpide et désenchantée, aujourd'hui il y trouvait plutôt la grâce d'une résignation presque gaie. De ces chagrins dont elle lui parlait autrefois et qu'il la voyait, sans qu'il fût atteint par eux, entraîner en souriant dans son cours

---

1. *Légère, apaisante et murmurée comme un parfum* : triade d'adjectifs qui crée des correspondances entre des sensations différentes et souligne le caractère aérien de la sonate de Vinteuil.

sinueux et rapide, de ces chagrins qui maintenant étaient devenus les siens sans qu'il eût l'espérance d'en être jamais délivré, elle semblait lui dire comme jadis de son bonheur : « Qu'est-ce cela ? tout cela n'est rien. » Et la pensée de Swann se porta pour la première fois dans un élan de pitié et de tendresse vers ce Vinteuil, vers ce frère inconnu et sublime qui lui aussi avait dû tant souffrir ; qu'avait pu être sa vie ? au fond de quelles douleurs avait-il puisé cette force de dieu, cette puissance illimitée de créer ? Quand c'était la petite phrase qui lui parlait de la vanité de ses souffrances, Swann trouvait de la douceur à cette même sagesse qui tout à l'heure pourtant lui avait paru intolérable, quand il croyait la lire dans les visages des indifférents qui considéraient son amour comme une divagation sans importance. C'est que la petite phrase, au contraire, quelque opinion qu'elle pût avoir sur la brève durée de ces états de l'âme, y voyait quelque chose, non pas comme faisaient tous ces gens, de moins sérieux que la vie positive, mais au contraire de si supérieur à elle que seul il valait la peine d'être exprimé. Ces charmes d'une tristesse intime, c'étaient eux qu'elle essayait d'imiter, de recréer, et jusqu'à leur essence qui est pourtant d'être incommunicables et de sembler frivoles à tout autre qu'à celui qui les éprouve, la petite phrase l'avait captée, rendue visible. Si bien qu'elle faisait confesser leur prix et goûter leur douceur divine, par tous ces mêmes assistants — si seulement ils étaient un peu musiciens — qui ensuite les méconnaîtraient dans la vie, en chaque amour particulier qu'ils verraient naître près d'eux. Sans doute la forme sous laquelle elle les avait codifiés ne pouvait pas se résoudre en raisonnements. Mais depuis plus d'une année que, lui révélant à lui-même bien des richesses de son âme, l'amour de la musique était, pour quelque temps au moins, né en lui, Swann tenait les motifs musicaux pour de véritables idées, d'un autre monde, d'un autre ordre, idées voilées de ténèbres, inconnues, impénétrables à l'intelligence, mais qui n'en sont pas moins parfaitement distinctes les unes des autres, inégales entre elles de valeur et de signification. Quand après la soirée Verdurin, se faisant rejouer la petite phrase, il avait cherché à démêler comment à la façon d'un parfum, d'une caresse, elle le circonvenait, elle l'enveloppait, il s'était rendu compte que c'était au faible écart entre les cinq notes qui la composaient et au rappel constant de deux d'entre elles qu'était due cette impression de douceur rétractée et frileuse ; mais en réalité il savait qu'il raisonnait ainsi non sur la phrase elle-même, mais sur de simples valeurs, substituées pour la commodité de son intelligence à la mystérieuse entité qu'il avait perçue, avant de connaître les Verdurin, à cette soirée où il avait entendu pour la première fois la sonate. Il savait que le souvenir même du piano faussait encore le plan dans lequel il voyait les choses de la musique, que le champ ouvert au musicien n'est pas un clavier mesquin de sept notes, mais un clavier incommensurable, encore presque tout entier inconnu, où seulement çà et là, séparées par d'épaisses ténèbres inexplorées, quelques-unes des millions de touches de tendresse, de passion, de courage, de sérénité, qui le composent, chacune aussi différente des autres qu'un univers d'un autre univers, ont été découvertes par quelques grands artistes qui nous rendent le service, en éveillant en nous le correspondant du thème qu'ils ont trouvé, de nous montrer quelle richesse, quelle variété, cache à notre insu cette grande nuit impénétrée et décourageante de notre âme que nous prenons pour du vide et pour du néant. Vinteuil avait été l'un de ces musiciens. En sa petite phrase, quoiqu'elle présentât à la raison une surface obscure, on sentait un contenu si consistant, si explicite, auquel elle donnait une force si nouvelle, si originale, que ceux qui l'avaient entendue la conservaient en eux de plain-pied avec les idées de l'intelligence. Swann s'y reportait comme à une conception de l'amour et du bonheur dont immédiatement il savait aussi bien en quoi elle était particulière, qu'il le savait pour la *Princesse de Clèves*[1] ou pour *René*[2], quand leur nom se présentait à sa mémoire. Même quand il ne pensait pas à la petite phrase, elle existait latente dans son esprit au même titre que certaines autres notions sans équivalent, comme la notion de lumière, de son, de relief, de volupté physique, qui sont les riches possessions dont se diversifie et se pare notre domaine intérieur. Peut-être les perdrons-nous, peut-être s'effaceront-elles, si nous retournons au néant. Mais tant que nous vivons, nous ne pouvons pas plus faire que nous ne les ayons connues que nous ne le pouvons pour quelque objet réel, que nous ne pouvons par exemple douter de la lumière de la lampe qu'on allume devant les objets métamorphosés de notre chambre d'où s'est échappé jusqu'au souvenir de l'obscurité. Par là, la phrase de Vinteuil avait, comme tel thème de *Tristan* par exemple, qui nous représente aussi une certaine acquisition sentimentale, épousé notre condition mortelle, pris quelque chose d'humain qui était assez touchant. Son sort était lié à l'avenir, à la réalité de notre âme dont elle était un des ornements les plus particuliers, les mieux différenciés. Peut-être est-ce le néant qui est le

---

1. *La Princesse de Clèves* (1678) : roman de Mme de La Fayette (1634-1693).
2. *René* (1802) : de François de Chateaubriand (1768-1848), destiné à s'intégrer au *Génie du Christianisme*.

vrai et tout notre rêve est-il inexistant, mais alors nous sentons qu'il faudra que ces phrases musicales, ces notions qui existent par rapport à lui, ne soient rien non plus. Nous périrons, mais nous avons pour otages ces captives divines qui suivront notre chance. Et la mort avec elles a quelque chose de moins amer, de moins inglorieux, peut-être de moins probable.

Swann n'avait donc pas tort de croire que la phrase de la sonate existât réellement. Certes, humaine à ce point de vue, elle appartenait pourtant à un ordre de créatures surnaturelles et que nous n'avons jamais vues, mais que malgré cela nous reconnaissons avec ravissement quand quelque explorateur de l'invisible arrive à en capter une, à l'amener, du monde divin où il a accès, briller quelques instants au-dessus du nôtre. C'est ce que Vinteuil avait fait pour la petite phrase. Swann sentait que le compositeur s'était contenté, avec ses instruments de musique, de la dévoiler, de la rendre visible, d'en suivre et d'en respecter le dessin d'une main si tendre, si prudente, si délicate et si sûre que le son s'altérait à tout moment, s'estompant pour indiquer une ombre, revivifié quand il lui fallait suivre à la piste un plus hardi contour. Et une preuve que Swann ne se trompait pas quand il croyait à l'existence réelle de cette phrase, c'est que tout amateur un peu fin se fût tout de suite aperçu de l'imposture, si Vinteuil, ayant eu moins de puissance pour en voir et en rendre les formes, avait cherché à dissimuler, en ajoutant çà et là des traits de son cru, les lacunes de sa vision ou les défaillances de sa main.

Elle avait disparu. Swann savait qu'elle reparaîtrait à la fin du dernier mouvement, après tout un long morceau que le pianiste de Mme Verdurin sautait toujours. Il y avait là d'admirables idées que Swann n'avait pas distinguées à la première audition et qu'il percevait maintenant, comme si elles se fussent, dans le vestiaire de sa mémoire, débarrassées du déguisement uniforme de la nouveauté. Swann écoutait tous les thèmes épars qui entreraient dans la composition de la phrase, comme les prémisses dans la conclusion nécessaire, il assistait à sa genèse. « Ô audace aussi géniale peut-être, se disait-il, que celle d'un Lavoisier, d'un Ampère[1], l'audace d'un Vinteuil expérimentant, découvrant les lois secrètes d'une force inconnue, menant à travers l'inexploré, vers le seul but possible, l'attelage invisible auquel il se fie et qu'il n'apercevra jamais ! » Le beau dialogue que Swann entendit entre le piano et le violon au commencement du dernier morceau ! La suppression des mots humains, loin d'y laisser régner la fantaisie, comme on aurait pu croire, l'en avait éliminée ; jamais le langage parlé ne fut si inflexiblement nécessité, ne connut à ce point la pertinence des questions, l'évidence des réponses. D'abord le piano solitaire se plaignit, comme un oiseau abandonné de sa compagne ; le violon l'entendit, lui répondit comme d'un arbre voisin. C'était comme au commencement du monde, comme s'il n'y avait encore eu qu'eux deux sur la terre, ou plutôt dans ce monde fermé à tout le reste, construit par la logique d'un créateur et où ils ne seraient jamais que tous les deux : cette sonate. Est-ce un oiseau, est-ce l'âme incomplète encore de la petite phrase, est-ce une fée, cet être invisible et gémissant dont le piano ensuite redisait tendrement la plainte ? Ses cris étaient si soudains que le violoniste devait se précipiter sur son archet pour les recueillir. Merveilleux oiseau ! le violoniste semblait vouloir le charmer, l'apprivoiser, le capter. Déjà il avait

---

1. *Lavoisier, Ampère* : Antoine-Laurent Lavoisier (1743-1794) et André-Marie Ampère (1775-1836), savants célèbres.

passé dans son âme, déjà la petite phrase évoquée agitait comme celui d'un médium le corps vraiment possédé du violoniste. Swann savait qu'elle allait parler une fois encore. Et il s'était si bien dédoublé que l'attente de l'instant imminent où il allait se retrouver en face d'elle le secoua d'un de ces sanglots qu'un beau vers ou une triste nouvelle provoquent en nous, non pas quand nous sommes seuls, mais si nous les apprenons à des amis en qui nous nous apercevons comme un autre dont l'émotion probable les attendrit. Elle reparut, mais cette fois pour se suspendre dans l'air et se jouer un instant seulement, comme immobile, et pour expirer après. Aussi Swann ne perdait-il rien du temps si court où elle se prorogeait. Elle était encore là comme une bulle irisée qui se soutient. Tel un arc-en-ciel, dont l'éclat faiblit, s'abaisse, puis se relève et, avant de s'éteindre, s'exalte un moment comme il n'avait pas encore fait : aux deux couleurs qu'elle avait jusque-là laissé paraître, elle ajouta d'autres cordes diaprées[1], toutes celles du prisme, et les fit chanter. Swann n'osait pas bouger et aurait voulu faire tenir tranquilles aussi les autres personnes, comme si le moindre mouvement avait pu compromettre le prestige surnaturel, délicieux et fragile qui était si près de s'évanouir. Personne, à dire vrai, ne songeait à parler. La parole ineffable d'un seul absent, peut-être d'un mort (Swann ne savait pas si Vinteuil vivait encore), s'exhalant au-dessus des rites de ces officiants, suffisait à tenir en échec l'attention de trois cents personnes, et faisait de cette estrade[2] où une âme était ainsi évoquée un des plus nobles autels où pût s'accomplir une

---

1. *Diapré* : de couleur variée et changeante.
2. *Estrade* (f.) : plancher élevé de quelques marches au-dessus du sol ou du parquet.

cérémonie surnaturelle. De sorte que, quand la phrase se fut enfin défaite, flottant en lambeaux dans les motifs suivants qui déjà avaient pris sa place, si Swann au premier instant fut irrité de voir la comtesse de Monteriender, célèbre par ses naïvetés, se pencher vers lui pour lui confier ses impressions avant même que la sonate fût finie, il ne put s'empêcher de sourire, et peut-être de trouver aussi un sens profond qu'elle n'y voyait pas, dans les mots dont elle se servit. Émerveillée par la virtuosité des exécutants, la comtesse s'écria en s'adressant à Swann : « C'est prodigieux, je n'ai jamais rien vu d'aussi fort... » Mais un scrupule d'exactitude lui faisant corriger cette première assertion, elle ajouta cette réserve : « Rien d'aussi fort... depuis les tables tournantes[1] ! »

À partir de cette soirée, Swann comprit que le sentiment qu'Odette avait eu pour lui ne renaîtrait jamais, que ses espérances de bonheur ne se réaliseraient plus. Et les jours où par hasard elle avait encore été gentille et tendre avec lui, si elle avait eu quelque attention, il notait ces signes apparents et menteurs d'un léger retour vers lui, avec cette sollicitude attendrie et sceptique, cette joie désespérée de ceux qui, soignant un ami arrivé aux derniers jours d'une maladie incurable, relatent comme des faits précieux : « Hier, il a fait ses comptes lui-même et c'est lui qui a relevé une erreur d'addition que nous avions faite ; il a mangé un œuf avec plaisir, s'il le digère bien on essaiera demain d'une côtelette », quoiqu'ils les sachent dénués de signification à la veille d'une mort inévitable. Sans doute Swann était certain que s'il avait vécu maintenant loin d'Odette, elle aurait fini par lui

---

1. *Table tournante* : dont les mouvements sont censés transmettre un message des esprits.

devenir indifférente, de sorte qu'il aurait été content qu'elle quittât Paris pour toujours ; il aurait eu le courage de rester ; mais il n'avait pas celui de partir.

Il en avait eu souvent la pensée. Maintenant qu'il s'était remis à son étude sur Ver Meer, il aurait eu besoin de retourner au moins quelques jours à La Haye, à Dresde, à Brunswick. Il était persuadé qu'une *Toilette de Diane* qui avait été achetée par le Mauritshuis à la vente Goldschmidt comme un Nicolas Maes était en réalité de Ver Meer[1]. Et il aurait voulu pouvoir étudier le tableau sur place pour étayer sa conviction. Mais quitter Paris pendant qu'Odette y était et même quand elle était absente — car dans des lieux nouveaux où les sensations ne sont pas amorties par l'habitude, on retrempe, on ranime une douleur — c'était pour lui un projet si cruel qu'il ne se sentait capable d'y penser sans cesse que parce qu'il se savait résolu à ne l'exécuter jamais. Mais il arrivait qu'en dormant l'intention du voyage renaissait en lui — sans qu'il se rappelât que ce voyage était impossible — et elle s'y réalisait. Un jour il rêva qu'il partait pour un an ; penché à la portière du wagon vers un jeune homme qui sur le quai lui disait adieu en pleurant, Swann cherchait à le convaincre de partir avec lui. Le train s'ébranlant, l'anxiété le réveilla, il se rappela qu'il ne partait pas, qu'il verrait Odette ce soir-là, le lendemain et presque chaque jour. Alors, encore tout ému de son rêve, il bénit les circonstances particulières qui le rendaient indépendant, grâce auxquelles il pouvait rester près d'Odette, et aussi réussir à ce qu'elle lui permît de la

---

1. *La Toilette de Diane* : la vente de ce tableau (connu aussi comme *Diane aux nymphées*) appartenant à la collection Naville D. Goldschmidt eut lieu à Paris en 1876. Attribué d'abord à Nicolas Maes (1632-93), en 1907 il fut reconnu comme étant de Vermeer.

voir quelquefois ; et, récapitulant tous ces avantages : sa situation — sa fortune, dont elle avait souvent trop besoin pour ne pas reculer devant une rupture (ayant même, disait-on, une arrière-pensée de se faire épouser par lui) — , cette amitié de M. de Charlus qui à vrai dire ne lui avait jamais fait obtenir grand-chose d'Odette, mais lui donnait la douceur de sentir qu'elle entendait parler de lui d'une manière flatteuse par cet ami commun pour qui elle avait une si grande estime —, et jusqu'à son intelligence enfin, qu'il employait tout entière à combiner chaque jour une intrigue nouvelle qui rendît sa présence sinon agréable, du moins nécessaire à Odette — , il songea à ce qu'il serait devenu si tout cela lui avait manqué, il songea que s'il avait été, comme tant d'autres, pauvre, humble, dénué, obligé d'accepter toute besogne, ou lié à des parents, à une épouse, il aurait pu être obligé de quitter Odette, que ce rêve dont l'effroi était encore si proche aurait pu être vrai, et il se dit : « On ne connaît pas son bonheur. On n'est jamais aussi malheureux qu'on croit. » Mais il compta que cette existence durait déjà depuis plusieurs années, que tout ce qu'il pouvait espérer c'est qu'elle durât toujours, qu'il sacrifierait ses travaux, ses plaisirs, ses amis, finalement toute sa vie à l'attente quotidienne d'un rendez-vous qui ne pouvait rien lui apporter d'heureux, et il se demanda s'il ne se trompait pas, si ce qui avait favorisé sa liaison et en avait empêché la rupture n'avait pas desservi sa destinée, si l'événement désirable, ce n'aurait pas été celui dont il se réjouissait tant qu'il n'eût eu lieu qu'en rêve : son départ ; il se dit qu'on ne connaît pas son malheur, qu'on n'est jamais si heureux qu'on croit.

Quelquefois il espérait qu'elle mourrait sans souffrances dans un accident, elle qui était dehors, dans les rues, sur les routes, du matin au soir. Et comme elle revenait saine et sauve, il admirait que le corps humain fût si souple et si fort, qu'il pût continuellement tenir en échec, déjouer tous les périls qui l'environnent (et que Swann trouvait innombrables depuis que son secret désir les avait supputés) et permît ainsi aux êtres de se livrer chaque jour et à peu près impunément à leur œuvre de mensonge, à la poursuite du plaisir. Et Swann sentait bien près de son cœur ce Mahomet II dont il aimait le portrait par Bellini[1] et qui, ayant senti qu'il était devenu amoureux fou d'une de ses femmes, la poignarda afin, dit naïvement son biographe vénitien, de retrouver sa liberté d'esprit. Puis il s'indignait de ne penser ainsi qu'à soi, et les souffrances qu'il avait éprouvées lui semblaient ne mériter aucune pitié puisque lui-même faisait si bon marché de la vie d'Odette.

Ne pouvant se séparer d'elle sans retour, du moins, s'il l'avait vue sans séparations, sa douleur aurait fini par s'apaiser et peut-être son amour par s'éteindre. Et du moment qu'elle ne voulait pas quitter Paris à jamais, il eût souhaité qu'elle ne le quittât jamais. Du moins comme il savait que la seule grande absence qu'elle faisait était tous les ans celle d'août et septembre, il avait le loisir plusieurs mois d'avance d'en dissoudre l'idée amère dans tout le Temps à venir qu'il portait en lui par anticipation et qui, composé de jours homogènes aux jours actuels, circulait transparent et froid en son esprit où il entretenait la tristesse, mais sans lui causer de trop vives souffrances. Mais cet avenir intérieur, ce

---

1. *Mahomet II* : l'œuvre de Gentile Bellini a été peinte pendant son séjour à Constantinople en 1480. L'épisode (le sultan épris d'une jeune fille grecque, Irène, sa prisonnière) a été narré par Giovanni Maria Angiolello (1451-1525), dans son *Historia turchesca,* et par Matteo Maria Bandello dans la *Nouvelle X,* première partie : *Maometto imperador de' Turchi crudelmente ammazza una sua donna.*

fleuve incolore et libre, voici qu'une seule parole d'Odette venait l'atteindre jusqu'en Swann et, comme un morceau de glace, l'immobilisait, durcissait sa fluidité, le faisait geler tout entier ; et Swann s'était senti soudain rempli d'une masse énorme et infrangible qui pesait sur les parois intérieures de son être jusqu'à le faire éclater : c'est qu'Odette lui avait dit, avec un regard souriant et sournois qui l'observait : « Forcheville va faire un beau voyage, à la Pentecôte. Il va en Égypte », et Swann avait aussitôt compris que cela signifiait : « Je vais aller en Égypte à la Pentecôte avec Forcheville. » Et en effet, si quelques jours après, Swann lui disait : « Voyons, à propos de ce voyage que tu m'as dit que tu ferais avec Forcheville », elle répondait étourdiment : « Oui, mon petit, nous partons le 19, on t'enverra une vue des Pyramides. » Alors il voulait apprendre si elle était la maîtresse de Forcheville, le lui demander à elle-même. Il savait que, superstitieuse comme elle était, il y avait certains parjures qu'elle ne ferait pas, et puis la crainte, qui l'avait retenu jusqu'ici, d'irriter Odette en l'interrogeant, de se faire détester d'elle, n'existait plus maintenant qu'il avait perdu tout espoir d'en être jamais aimé.

Un jour, il reçut une lettre anonyme qui lui disait qu'Odette avait été la maîtresse d'innombrables hommes (dont on lui citait quelques-uns, parmi lesquels Forcheville, M. de Bréauté et le peintre), de femmes, et qu'elle fréquentait les maisons de passe. Il fut tourmenté de penser qu'il y avait parmi ses amis un être capable de lui avoir adressé cette lettre (car par certains détails elle révélait chez celui qui l'avait écrite une connaissance familière de la vie de Swann). Il chercha qui cela pouvait être. Mais il n'avait jamais eu aucun soupçon des actions inconnues des êtres, de celles qui sont sans liens visibles avec leurs propos. Et quand il voulut savoir si c'était plutôt sous le caractère apparent de M. de Charlus, de M. des Laumes, de M. d'Orsan, qu'il devait situer la région inconnue où cet acte ignoble avait dû naître, comme aucun de ces hommes n'avait jamais approuvé devant lui les lettres anonymes et que tout ce qu'ils lui avaient dit impliquait qu'ils les réprouvaient, il ne vit pas de raisons pour relier cette infamie plutôt à la nature de l'un que de l'autre. Celle de M. de Charlus était un peu d'un détraqué [1], mais foncièrement bonne et tendre ; celle de M. des Laumes un peu sèche, mais saine et droite. Quant à M. d'Orsan, Swann n'avait jamais rencontré personne qui, dans les circonstances même les plus tristes, vînt à lui avec une parole plus sentie, un geste plus discret et plus juste. C'était au point qu'il ne pouvait comprendre le rôle peu délicat qu'on prêtait à M. d'Orsan dans la liaison qu'il avait avec une femme riche et que, chaque fois que Swann pensait à lui, il était obligé de laisser de côté cette mauvaise réputation inconciliable avec tant de témoignages certains de délicatesse. Un instant Swann sentit que son esprit s'obscurcissait et il pensa à autre chose pour retrouver un peu de lumière. Puis il eut le courage de revenir vers ces réflexions. Mais alors, après n'avoir pu soupçonner personne, il lui fallut soupçonner tout le monde. Après tout, M. de Charlus l'aimait, avait bon cœur. Mais c'était un névropathe, peut-être demain pleurerait-il de le savoir malade, et aujourd'hui par jalousie, par colère, sur quelque idée subite qui s'était emparée de lui, avait-il désiré lui faire du mal. Au fond, cette race d'hommes est la pire de toutes. Certes, le prince des Laumes était bien loin d'aimer Swann autant que M. de Charlus. Mais à cause

---

1. *Détraqué* : déséquilibré, fou, malade.

de cela même, il n'avait pas avec lui les mêmes susceptibilités ; et puis c'était une nature froide sans doute, mais aussi incapable de vilenies que de grandes actions ; Swann se repentait de ne s'être pas attaché dans la vie qu'à de tels êtres. Puis il songeait que ce qui empêche les hommes de faire du mal à leur prochain, c'est la bonté, qu'il ne pouvait au fond répondre que de natures analogues à la sienne, comme était, à l'égard du cœur, celle de M. de Charlus. La seule pensée de faire cette peine à Swann eût révolté celui-ci. Mais, avec un homme insensible, d'une autre humanité, comme était le prince des Laumes, comment prévoir à quels actes pouvaient le conduire des mobiles d'une essence différente ? Avoir du cœur, c'est tout, et M. de Charlus en avait. M. d'Orsan n'en manquait pas non plus, et ses relations, cordiales mais peu intimes, avec Swann, nées de l'agrément que, pensant de même sur tout, ils avaient à causer ensemble, étaient de plus de repos que l'affection exaltée de M. de Charlus, capable de se porter à des actes de passion, bons ou mauvais. S'il y avait quelqu'un par qui Swann s'était toujours senti compris et délicatement aimé, c'était par M. d'Orsan. Oui, mais cette vie peu honorable qu'il menait ? Swann regrettait de n'en avoir pas tenu compte, d'avoir souvent avoué en plaisantant qu'il n'avait jamais éprouvé si vivement des sentiments de sympathie et d'estime que dans la société d'une canaille. « Ce n'est pas pour rien, se disait-il maintenant, que depuis que les hommes jugent leur prochain, c'est sur ses actes. Il n'y a que cela qui signifie quelque chose, et nullement ce que nous disons, ce que nous pensons. Charlus et des Laumes peuvent avoir tels ou tels défauts, ce sont d'honnêtes gens. Orsan n'en a peut-être pas, mais ce n'est pas un honnête homme. Il a pu mal agir une fois de plus. » Puis Swann soupçonna Rémi qui, il est vrai, n'aurait pu qu'inspirer la lettre, mais cette piste lui parut un instant la bonne. D'abord Lorédan avait des raisons d'en vouloir à Odette. Et puis comment ne pas supposer que nos domestiques, vivant dans une situation inférieure à la nôtre, ajoutant à notre fortune et à nos défauts des richesses et des vices imaginaires pour lesquels ils nous envient et nous méprisent, se trouveront fatalement amenés à agir autrement que des gens de notre monde ? Il soupçonna aussi mon grand-père. Chaque fois que Swann lui avait demandé un service, ne le lui avait-il pas toujours refusé ? puis, avec ses idées bourgeoises, il avait pu croire agir pour le bien de Swann. Celui-ci soupçonna encore Bergotte[1], le peintre, les Verdurin, admira une fois de plus au passage la sagesse des gens du monde de ne pas vouloir frayer[2] avec ces milieux artistes où de telles choses sont possibles, peut-être même avouées sous le nom de bonnes farces ; mais il se rappelait des traits de droiture de ces bohèmes et les rapprocha de la vie d'expédients, presque d'escroqueries[3], où le manque d'argent, le besoin de luxe, la corruption des plaisirs conduisent souvent l'aristocratie. Bref, cette lettre anonyme prouvait qu'il connaissait un être capable de scélératesse, mais il ne voyait pas plus de raison pour que cette scélératesse fût cachée dans le tuf — inexploré d'autrui — du caractère de l'homme tendre que de l'homme froid, de l'artiste que du bourgeois, du grand seigneur que du valet. Quel critérium adopter pour juger les hommes ? au fond il n'y avait pas une

---

1. *Bergotte* : ici nommé pour la première fois, le grand écrivain de la *Recherche*, admiré par Marcel qui en fera son maître.

2. *Frayer avec quelqu'un* : fréquenter ; ici, à la forme négative, éviter de rencontrer, d'avoir affaire à.

3. *Escroquerie* (f.) : tromperie, friponnerie, abus de confiance.

seule des personnes qu'il connaissait qui ne pût être capable d'une infamie. Fallait-il cesser de les voir toutes ? Son esprit se voila ; il passa deux ou trois fois ses mains sur son front, essuya les verres de son lorgnon[1] avec son mouchoir et, songeant qu'après tout des gens qui le valaient fréquentaient M. de Charlus, le prince des Laumes et les autres, il se dit que cela signifiait, sinon qu'ils fussent incapables d'infamie, du moins que c'est une nécessité de la vie à laquelle chacun se soumet, de fréquenter des gens qui n'en sont peut-être pas incapables. Et il continua à serrer la main à tous ces amis qu'il avait soupçonnés, avec cette réserve de pur style qu'ils avaient peut-être cherché à le désespérer.

Quant au fond même de la lettre, il ne s'en inquiéta pas, car pas une des accusations formulées contre Odette n'avait l'ombre de vraisemblance. Swann comme beaucoup de gens avait l'esprit paresseux et manquait d'invention. Il savait bien comme une vérité générale que la vie des êtres est pleine de contrastes, mais, pour chaque être en particulier, il imaginait toute la partie de sa vie qu'il ne connaissait pas comme identique à la partie qu'il connaissait. Il imaginait ce qu'on lui taisait à l'aide de ce qu'on lui disait. Dans les moments où Odette était auprès de lui, s'ils parlaient ensemble d'une action indélicate commise ou d'un sentiment indélicat éprouvé par un autre, elle les flétrissait[2] en vertu des mêmes principes que Swann avait toujours entendu professer par ses parents et auxquels il était resté fidèle ; et puis elle arrangeait ses fleurs, elle buvait une tasse de thé, elle s'inquiétait des travaux de Swann. Donc

---

1. *Lorgnon* (m.) : pince-nez.
2. *Flétrir* : ici, avilir, déshonorer.

Swann étendait ces habitudes au reste de la vie d'Odette, il répétait ces gestes quand il voulait se représenter les moments où elle était loin de lui. Si on la lui avait dépeinte telle qu'elle était ou plutôt qu'elle avait été si longtemps avec lui, mais auprès d'un autre homme, il eût souffert, car cette image lui eût paru vraisemblable. Mais qu'elle allât chez des maquerelles, se livrât à des orgies avec des femmes, qu'elle menât la vie crapuleuse de créatures abjectes, quelle divagation insensée, à la réalisation de laquelle, Dieu merci, les chrysanthèmes imaginés, les thés successifs, les indignations vertueuses ne laissaient aucune place ! Seulement de temps à autre, il laissait entendre à Odette que, par méchanceté, on lui racontait tout ce qu'elle faisait ; et, se servant, à propos, d'un détail insignifiant mais vrai, qu'il avait appris par hasard, comme s'il était le seul petit bout qu'il laissât passer malgré lui, entre tant d'autres, d'une reconstitution complète de la vie d'Odette qu'il tenait cachée en lui, il l'amenait à supposer qu'il était renseigné sur des choses qu'en réalité il ne savait ni même ne soupçonnait, car si bien souvent il adjurait Odette de ne pas altérer la vérité, c'était seulement, qu'il s'en rendît compte ou non, pour qu'Odette lui dît tout ce qu'elle faisait. Sans doute, comme il le disait à Odette, il aimait la sincérité, mais il l'aimait comme une proxénète[1] pouvant le tenir au courant de la vie de sa maîtresse. Aussi son amour de la sincérité, n'étant pas désintéressé, ne l'avait pas rendu meilleur. La vérité qu'il chérissait, c'était celle que lui dirait Odette ; mais lui-même, pour obtenir cette vérité, ne craignait pas de recourir au mensonge, le mensonge qu'il ne cessait de peindre à Odette comme conduisant

---

1. *Proxénète :* personne qui s'entremet dans des intrigues galantes pour de l'argent.

à la dégradation toute créature humaine. En somme, il mentait autant qu'Odette parce que, plus malheureux qu'elle, il n'était pas moins égoïste. Et elle, entendant Swann lui raconter ainsi à elle-même des choses qu'elle avait faites, le regardait d'un air méfiant, et, à toute aventure, fâché, pour ne pas avoir l'air de s'humilier et de rougir de ses actes.

Un jour, étant dans la période de calme la plus longue qu'il eût encore pu traverser sans être repris d'accès de jalousie, il avait accepté d'aller le soir au théâtre avec la princesse des Laumes. Ayant ouvert le journal, pour chercher ce qu'on jouait, la vue du titre : *Les Filles de Marbre*[1] de Théodore Barrière le frappa si cruellement qu'il eut un mouvement de recul et détourna la tête. Éclairé comme par la lumière de la rampe, à la place nouvelle où il figurait, ce mot de « marbre » qu'il avait perdu la faculté de distinguer tant il avait l'habitude de l'avoir souvent sous les yeux, lui était soudain redevenu visible et l'avait aussitôt fait souvenir de cette histoire qu'Odette lui avait racontée autrefois, d'une visite qu'elle avait faite au Salon du Palais de l'Industrie[2] avec Mme Verdurin et où celle-ci lui avait dit : « Prends garde, je saurai bien te dégeler, tu n'es pas de marbre. » Odette lui avait affirmé que ce n'était qu'une plaisanterie, et il n'y avait attaché aucune importance. Mais il avait alors plus de confiance en elle qu'aujourd'hui. Et justement la lettre anonyme parlait d'amours de ce genre. Sans oser lever les yeux vers le

---

1. *Les Filles de Marbre* : drame en cinq actes de Théodore Barrière (1823-1877) et Lambert Thiboust (1827-1867).

2. *Le Salon du Palais de l'Industrie* : de 1855 à 1897 les Salons de sculpture et de peinture avaient lieu au Palais de l'Industrie ; en vue de l'Exposition de 1900 il a été démoli et substitué par le Grand Palais.

journal, il le déplia, tourna une feuille pour ne plus voir ce mot : *Les Filles de Marbre* et commença à lire machinalement les nouvelles des départements. Il y avait eu une tempête dans la Manche, on signalait des dégâts à Dieppe, à Cabourg, à Beuzeval. Aussitôt il fit un nouveau mouvement en arrière.

Le nom de Beuzeval l'avait fait penser à celui d'une autre localité de la région, Beuzeville, qui porte uni à celui-là par un trait d'union un autre nom, celui de Bréauté, qu'il avait vu souvent sur les cartes, mais dont pour la première fois il remarquait que c'était le même que celui de son ami M. de Bréauté, dont la lettre anonyme disait qu'il avait été l'amant d'Odette. Après tout, pour M. de Bréauté, l'accusation n'était pas invraisemblable ; mais en ce qui concernait Mme Verdurin,. il y avait impossibilité. De ce qu'Odette mentait quelquefois, on ne pouvait conclure qu'elle ne disait jamais la vérité et, dans ces propos qu'elle avait échangés avec Mme Verdurin et qu'elle avait racontés elle-même à Swann, il avait reconnu ces plaisanteries inutiles et dangereuses que, par inexpérience de la vie et ignorance du vice, tiennent des femmes dont ils révèlent l'innocence et qui — comme par exemple Odette — sont plus éloignées qu'aucune d'éprouver une tendresse exaltée pour une autre femme. Tandis qu'au contraire, l'indignation avec laquelle elle avait repoussé les soupçons qu'elle avait involontairement fait naître un instant en lui par son récit, cadrait avec tout ce qu'il savait des goûts, du tempérament de sa maîtresse. Mais à ce moment, par une de ces inspirations de jaloux, analogues à celle qui apporte au poète ou au savant, qui n'a encore qu'une rime ou qu'une observation, l'idée ou la loi qui leur donnera toute leur puissance, Swann se rappela pour la première fois une phrase qu'Odette lui avait dite, il y avait déjà deux ans : « Oh ! Mme Verdurin, en ce moment il n'y en a que pour moi, je suis un amour, elle m'embrasse, elle veut que je fasse des courses avec elle, elle veut que je la tutoie. » Loin de voir alors dans cette phrase un rapport quelconque avec les absurdes propos destinés à simuler le vice que lui avait racontés Odette, il l'avait accueillie comme la preuve d'une chaleureuse amitié. Maintenant voilà que le souvenir de cette tendresse de Mme Verdurin était venu brusquement rejoindre le souvenir de sa conversation de mauvais goût. Il ne pouvait plus les séparer dans son esprit et les vit mêlées aussi dans la réalité, la tendresse donnant quelque chose de sérieux et d'important à ces plaisanteries qui en retour lui faisaient perdre de son innocence. Il alla chez Odette. Il s'assit loin d'elle. Il n'osait l'embrasser, ne sachant si en elle, si en lui, c'était l'affection ou la colère qu'un baiser réveillerait. Il se taisait, il regardait mourir leur amour. Tout à coup il prit une résolution.

— Odette, lui dit-il, mon chéri, je sais bien que je suis odieux, mais il faut que je te demande des choses. Tu te souviens de l'idée que j'avais eue à propos de toi et de Mme Verdurin ? Dis-moi si c'était vrai, avec elle ou avec une autre.

Elle secoua la tête en fronçant[1] la bouche, signe fréquemment employé par les gens pour répondre qu'ils n'iront pas, que cela les ennuie, à quelqu'un qui leur a demandé : « Viendrez-vous voir passer la cavalcade, assisterez-vous à la Revue ? » Mais ce hochement de tête affecté ainsi d'habitude à un événement à venir, mêle à cause de cela de quelque incertitude la dénégation d'un événement passé. De

---

1. *Froncer* : plisser, rider.

plus il n'évoque que des raisons de convenance personnelle plutôt que la réprobation, qu'une impossibilité morale. En voyant Odette lui faire ainsi le signe que c'était faux, Swann comprit que c'était peut-être vrai.

— Je te l'ai dit, tu le sais bien, ajouta-t-elle d'un air irrité et malheureux.

— Oui, je sais, mais en es-tu sûre ? Ne me dis pas : « Tu le sais bien », dis-moi : « Je n'ai jamais fait ce genre de choses avec aucune femme. »

Elle répéta comme une leçon, sur un ton ironique, et comme si elle voulait se débarrasser de lui :

— Je n'ai jamais fait ce genre de choses avec aucune femme.

— Peux-tu me le jurer sur ta médaille de Notre-Dame de Laghet ?

Swann savait qu'Odette ne se parjurerait pas sur cette médaille- là.

— Oh ! que tu me rends malheureuse, s'écria-t-elle en se dérobant par un sursaut à l'étreinte de sa question. Mais as-tu bientôt fini ? Qu'est-ce que tu as aujourd'hui ? Tu as donc décidé qu'il fallait que je te déteste, que je t'exècre ? Voilà, je voulais reprendre avec toi le bon temps comme autrefois et voilà ton remerciement !

Mais, ne la lâchant pas, comme un chirurgien attend la fin du spasme qui interrompt son intervention, mais ne l'y fait pas renoncer :

— Tu as bien tort de te figurer que je t'en voudrais le moins du monde, Odette, lui dit-il avec une douceur persuasive et menteuse. Je ne te parle jamais que de ce que je sais, et j'en sais toujours bien plus long que je ne dis. Mais toi seule peux adoucir, par ton aveu, ce qui me fait te haïr, tant que cela ne m'a été dénoncé que par d'autres. Ma colère contre toi ne vient pas de tes actions, je te pardonne tout puisque je t'aime, mais de ta fausseté, de ta fausseté absurde qui te fait persévérer à nier des choses que je sais. Mais comment veux-tu que je puisse continuer à t'aimer, quand je te vois me soutenir, me jurer une chose que je sais fausse ? Odette, ne prolonge pas cet instant qui est une torture pour nous deux. Si tu le veux, ce sera fini dans une seconde, tu seras pour toujours délivrée. Dis-moi sur ta médaille, si oui ou non, tu as jamais fait ces choses.

— Mais je n'en sais rien, moi, s'écria-t-elle avec colère, peut-être il y a très longtemps, sans me rendre compte de ce que je faisais, peut-être deux ou trois fois.

Swann avait envisagé toutes les possibilités. La réalité est donc quelque chose qui n'a aucun rapport avec les possibilités, pas plus qu'un coup de couteau que nous recevons avec les légers mouvements des nuages au-dessus de notre tête, puisque ces mots « deux ou trois fois » marquèrent à vif une sorte de croix dans son cœur. Chose étrange que ces mots « deux ou trois fois », rien que des mots, des mots prononcés dans l'air, à distance, puissent ainsi déchirer le cœur comme s'ils le touchaient véritablement, puissent rendre malade, comme un poison qu'on absorberait. Involontairement Swann pensa à ce mot qu'il avait entendu chez Mme de Saint-Euverte : « C'est ce que j'ai vu de plus fort depuis les tables tournantes. » Cette souffrance qu'il ressentait ne ressemblait à rien de ce qu'il avait cru. Non pas seulement parce que dans ses heures de plus entière méfiance il avait rarement imaginé si loin dans le mal, mais parce que, même quand il imaginait cette chose, elle restait vague, incertaine, dénuée de cette horreur particulière qui s'était échappée des mots « peut-être deux ou trois fois », dépourvue de cette cruauté spécifique aussi différente de tout ce qu'il avait connu qu'une maladie dont on est atteint pour la première fois. Et pourtant cette Odette d'où lui venait tout ce mal ne lui était pas moins chère, bien au contraire plus précieuse, comme si au fur et à mesure que grandissait la souffrance, grandissait en même temps le prix du calmant, du contrepoison que seule cette femme possédait. Il voulait lui donner plus de soins comme à une maladie qu'on découvre soudain plus grave. Il voulait que la chose affreuse qu'elle lui avait dit avoir faite « deux ou trois fois » ne pût pas se renouveler. Pour cela il lui fallait veiller sur Odette. On dit souvent qu'en dénonçant à un ami les fautes de sa maîtresse, on ne réussit qu'à le rapprocher d'elle parce qu'il ne leur ajoute pas foi, mais combien davantage s'il leur ajoute foi ! « Mais, se disait Swann, comment réussir à la protéger ? » Il pouvait peut-être la préserver d'une certaine femme mais il y en avait des centaines d'autres, et il comprit quelle folie avait passé sur lui quand il avait, le soir où il n'avait pas trouvé Odette chez les Verdurin, commencé de désirer la possession, toujours impossible, d'un autre être. Heureusement pour Swann, sous les souffrances nouvelles qui venaient d'entrer dans son âme comme des hordes d'envahisseurs, il existait un fond de nature plus ancien, plus doux et silencieusement laborieux, comme les cellules d'un organe blessé qui se mettent aussitôt en mesure de refaire les tissus lésés, comme les muscles d'un membre paralysé qui tendent à reprendre leurs mouvements. Ces plus anciens, plus autochtones habitants de son âme, employèrent un instant toutes les forces de Swann à ce travail obscurément réparateur qui donne l'illusion du repos à un convalescent, à un opéré. Cette fois-ci, ce fut moins comme d'habitude dans le cerveau de Swann que se produisit cette détente par épuisement, ce fut plutôt dans son cœur. Mais toutes les choses de la vie qui ont existé une fois tendent à se recréer, et comme un animal expirant qu'agite de nouveau le sursaut d'une convulsion qui semblait finie, sur le cœur un instant épargné, de Swann, d'elle-même la même souffrance vint retracer la même croix. Il se rappela ces soirs de clair de lune où, allongé dans sa victoria qui le menait rue La Pérouse, il cultivait voluptueusement en lui les émotions de l'homme amoureux, sans savoir le fruit empoisonné qu'elles produiraient nécessairement. Mais toutes ces pensées ne durèrent que l'espace d'une seconde, le temps qu'il portât la main à son cœur, reprît sa respiration et parvînt à sourire pour dissimuler sa torture. Déjà il recommençait à poser ses questions. Car sa jalousie qui avait pris une peine qu'un ennemi ne se serait pas donnée pour arriver à lui faire assener ce coup, à lui faire faire la connaissance de la douleur la plus cruelle qu'il eût encore jamais connue, sa jalousie ne trouvait pas qu'il eût assez souffert et cherchait à lui faire recevoir une blessure plus profonde encore. Telle, comme une divinité méchante, sa jalousie inspirait Swann et le poussait à sa perte. Ce ne fut pas sa faute, mais celle d'Odette seulement, si d'abord son supplice ne s'aggrava pas.

— Ma chérie, lui dit-il, c'est fini, était-ce avec une personne que je connais ?

— Mais non, je te jure, d'ailleurs je crois que j'ai exagéré, que je n'ai pas été jusque-là.

Il sourit et reprit :

— Que veux-tu ? cela ne fait rien, mais c'est malheureux que tu ne puisses pas me dire le nom. De pouvoir me représenter la personne, cela m'empêcherait de plus jamais y penser. Je le dis pour toi, parce que je ne t'ennuierais plus. C'est si calmant de se représenter les choses ! Ce qui est affreux, c'est ce qu'on ne peut pas imaginer. Mais tu as déjà été si gentille, je ne veux pas te fatiguer. Je te remercie de tout mon cœur de tout le bien que tu m'as fait. C'est fini. Seulement ce mot : « Il y a combien de temps ? »

— Oh ! Charles, mais tu ne vois pas que tu me tues ! c'est tout ce qu'il y a de plus ancien. Je n'y avais jamais repensé, on dirait que tu veux absolument me redonner ces idées- là. Tu seras bien avancé [1], dit-elle, avec une sottise inconsciente et une méchanceté voulue.

— Oh ! je voulais seulement savoir si c'est depuis que je te connais. Mais ce serait si naturel, est-ce que ça se passait ici ? tu ne peux pas me dire un certain soir, que je me représente ce que je faisais ce soir-là ; tu comprends bien qu'il n'est pas possible que tu ne te rappelles pas avec qui, Odette, mon amour.

— Mais je ne sais pas, moi, je crois que c'était au Bois un soir où tu es venu nous retrouver dans l'île. Tu avais dîné chez la princesse des Laumes, dit-elle, heureuse de fournir un détail précis qui attestait sa véracité. À une table voisine il y avait une femme que je n'avais pas vue depuis très longtemps. Elle m'a dit : « Venez donc derrière le petit rocher voir l'effet du clair de lune sur l'eau. » D'abord j'ai bâillé et j'ai répondu : « Non, je suis fatiguée et je suis bien ici. » Elle a assuré qu'il n'y avait jamais eu un clair de lune pareil. Je lui ai dit « Cette blague ! » ; je savais bien où elle voulait en venir.

Odette racontait cela presque en riant, soit que cela lui parût tout naturel, ou parce qu'elle croyait en atténuer ainsi l'importance, ou pour ne pas avoir l'air humilié. En voyant le visage de Swann, elle changea de ton :

— Tu es un misérable, tu te plais à me torturer, à me faire faire des mensonges que je dis afin que tu me

---

1. *Tu seras bien avancé* : (ironique) cela ne te servira à rien.

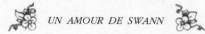
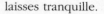

laisses tranquille.

Ce second coup porté à Swann était plus atroce encore que le premier. Jamais il n'avait supposé que ce fût une chose aussi récente, cachée à ses yeux, qui n'avaient pas su la découvrir, non dans un passé qu'il n'avait pas connu, mais dans des soirs qu'il se rappelait si bien, qu'il avait vécus avec Odette, qu'il avait crus connus si bien par lui et qui maintenant prenaient rétrospectivement quelque chose de fourbe et d'atroce ; au milieu d'eux, tout d'un coup, se creusait cette ouverture béante, ce moment dans l'île du Bois. Odette, sans être intelligente, avait le charme du naturel. Elle avait raconté, elle avait mimé cette scène avec tant de simplicité que Swann, haletant, voyait tout : le bâillement d'Odette, le petit rocher. Il l'entendait répondre — gaîment, hélas ! — : « Cette blague ! » Il sentait qu'elle ne dirait rien de plus ce soir, qu'il n'y avait aucune révélation nouvelle à attendre en ce moment ; il lui dit :

— Mon pauvre chéri, pardonne-moi, je sens que je te fais de la peine, c'est fini, je n'y pense plus.

Mais elle vit que ses yeux restaient fixés sur les choses qu'il ne savait pas et sur ce passé de leur amour, monotone et doux dans sa mémoire parce qu'il était vague et que déchirait maintenant comme une blessure cette minute dans l'île du Bois, au clair de lune, après le dîner chez la princesse des Laumes. Mais il avait tellement pris l'habitude de trouver la vie intéressante — d'admirer les curieuses découvertes qu'on peut y faire — que tout en souffrant au point de croire qu'il ne pourrait pas supporter longtemps une pareille douleur, il se disait : « La vie est vraiment étonnante et réserve de belles surprises ; en somme le vice est quelque chose de plus répandu qu'on ne croit. Voilà une femme en qui j'avais confiance, qui a l'air si simple, si honnête, en tous cas, si même elle était légère, qui semblait bien normale et saine dans ses goûts : sur une dénonciation invraisemblable, je l'interroge et le peu qu'elle m'avoue révèle bien plus que ce qu'on eût pu soupçonner. » Mais il ne pouvait pas se borner à ces remarques désintéressées. Il cherchait à apprécier exactement la valeur de ce qu'elle lui avait raconté, afin de savoir s'il devait conclure que ces choses, elle les avait faites souvent, qu'elles se renouvelleraient. Il se répétait ces mots qu'elle avait dits : « Je voyais bien où elle voulait en venir », « Deux ou trois fois », « Cette blague ! », mais ils ne reparaissaient pas désarmés dans la mémoire de Swann, chacun d'eux tenait son couteau et lui en portait un nouveau coup. Pendant bien longtemps, comme un malade ne peut s'empêcher d'essayer à toute minute de faire le mouvement qui lui est douloureux, il se redisait ces mots : « Je suis bien ici », « Cette blague ! », mais la souffrance était si forte qu'il était obligé de s'arrêter. Il s'émerveillait que des actes que toujours il avait jugés si légèrement, si gaîment, maintenant fussent devenus pour lui graves comme une maladie dont on peut mourir. Il connaissait bien des femmes à qui il eût pu demander de surveiller Odette. Mais comment espérer qu'elles se placeraient au même point de vue que lui et ne resteraient pas à celui qui avait été si longtemps le sien, qui avait toujours guidé sa vie voluptueuse, ne lui diraient pas en riant : « Vilain jaloux qui veut priver les autres d'un plaisir » ? Par quelle trappe[1] soudainement abaissée (lui qui n'avait eu autrefois de son amour pour Odette que des plaisirs délicats) avait-il été brusquement précipité dans ce nouveau cercle de l'enfer d'où il n'apercevait

---

1.   *Trappe* (f.) : piège pour prendre des bêtes.

pas comment il pourrait jamais sortir. Pauvre Odette ! il ne lui en voulait pas. Elle n'était qu'à demi coupable. Ne disait-on pas que c'était par sa propre mère qu'elle avait été livrée, presque enfant, à Nice, à un riche Anglais ? Mais quelle vérité douloureuse prenaient pour lui ces lignes du *Journal d'un Poète* d'Alfred de Vigny qu'il avait lues avec indifférence autrefois : « Quand on se sent pris d'amour pour une femme, on devrait se dire : Comment est-elle entourée ? Quelle a été sa vie ? Tout le bonheur de la vie est appuyé là-dessus. » Swann s'étonnait que de simples phrases épelées par sa pensée, comme « Cette blague ! », « Je voyais bien où elle voulait en venir » pussent lui faire si mal. Mais il comprenait que ce qu'il croyait de simples phrases n'était que les pièces de l'armature entre lesquelles tenait, pouvait lui être rendue, la souffrance qu'il avait éprouvée pendant le récit d'Odette. Car c'était bien cette souffrance-là qu'il éprouvait de nouveau. Il avait beau savoir maintenant — même il eut beau, le temps passant, avoir un peu oublié, avoir pardonné — , au moment où il se redisait ces mots, la souffrance ancienne le refaisait tel qu'il était avant qu'Odette ne parlât : ignorant, confiant ; sa cruelle jalousie le replaçait, pour le faire frapper par l'aveu d'Odette, dans la position de quelqu'un qui ne sait pas encore, et au bout de plusieurs mois cette vieille histoire le bouleversait toujours comme une révélation. Il admirait la terrible puissance recréatrice de sa mémoire. Ce n'est que de l'affaiblissement de cette génératrice dont la fécondité diminue avec l'âge qu'il pouvait espérer un apaisement à sa torture. Mais quand paraissait un peu épuisé le pouvoir qu'avait de le faire souffrir un des mots prononcés par Odette, alors un de ceux sur lesquels l'esprit de Swann s'était moins arrêté jusque-là, un mot presque nouveau venait relayer les autres[1] et le frappait avec une vigueur intacte. La mémoire du soir où il avait dîné chez la princesse des Laumes lui était douloureuse, mais ce n'était que le centre de son mal. Celui-ci irradiait confusément à l'entour dans tous les jours avoisinants. Et à quelque point d'elle qu'il voulût toucher dans ses souvenirs, c'est la saison tout entière où les Verdurin avaient si souvent dîné dans l'île du Bois qui lui faisait mal. Si mal que peu à peu les curiosités qu'excitait en lui sa jalousie furent neutralisées par la peur des tortures nouvelles qu'il s'infligerait en les satisfaisant. Il se rendait compte que toute la période de la vie d'Odette écoulée avant qu'elle le rencontrât, période qu'il n'avait jamais cherché à se représenter, n'était pas l'étendue abstraite qu'il voyait vaguement, mais avait été faite d'années particulières, remplies d'incidents concrets. Mais en les apprenant, il craignait que ce passé incolore, fluide et supportable, ne prît un corps tangible et immonde, un visage individuel et diabolique. Et il continuait à ne pas chercher à le concevoir, non plus par paresse de penser, mais par peur de souffrir. Il espérait qu'un jour il finirait par pouvoir entendre le nom de l'île du Bois, de la princesse des Laumes, sans ressentir le déchirement ancien, et trouvait imprudent de provoquer Odette à lui fournir de nouvelles paroles, le nom d'endroits, de circonstances différentes qui, son mal à peine calmé, le feraient renaître sous une autre forme.

Mais souvent les choses qu'il ne connaissait pas, qu'il redoutait maintenant de connaître, c'est Odette

---

1. *Un mot venait relayer les autres* : un mot en remplaçait un autre.

elle-même qui les lui révélait spontanément, et sans s'en rendre compte ; en effet l'écart que le vice mettait entre la vie réelle d'Odette et la vie relativement innocente que Swann avait cru, et bien souvent croyait encore, que menait sa maîtresse, cet écart, Odette en ignorait l'étendue : un être vicieux, affectant toujours la même vertu devant les êtres de qui il ne veut pas que soient soupçonnés ses vices, n'a pas de contrôle pour se rendre compte combien ceux-ci, dont la croissance continue est insensible pour lui-même, l'entraînent peu à peu loin des façons de vivre normales. Dans leur cohabitation, au sein de l'esprit d'Odette, avec le souvenir des actions qu'elle cachait à Swann, d'autres peu à peu en recevaient le reflet, étaient contagionnées par elles, sans qu'elle pût leur trouver rien d'étrange, sans qu'elles détonnassent dans le milieu particulier où elle les faisait vivre en elle ; mais si elle les racontait à Swann, il était épouvanté par la révélation de l'ambiance qu'elles trahissaient. Un jour il cherchait, sans blesser Odette, à lui demander si elle n'avait jamais été chez des entremetteuses. À vrai dire, il était convaincu que non ; la lecture de la lettre anonyme en avait introduit la supposition dans son intelligence, mais d'une façon mécanique ; elle n'y avait rencontré aucune créance, mais en fait y était restée, et Swann, pour être débarrassé de la présence purement matérielle mais pourtant gênante du soupçon, souhaitait qu'Odette l'extirpât. « Oh ! non ! Ce n'est pas que je ne sois pas persécutée pour cela, ajouta-t-elle, en dévoilant dans un sourire une satisfaction de vanité qu'elle ne s'apercevait plus ne pas pouvoir paraître légitime à Swann. Il y en a une qui est encore restée plus de deux heures hier à m'attendre, elle me proposait n'importe quel prix. Il paraît qu'il y a un ambassadeur qui lui a dit « Je me tue si vous ne me l'amenez pas ». On lui a dit que j'étais sortie, j'ai fini par aller moi-même lui parler pour qu'elle s'en aille. J'aurais voulu que tu voies comme je l'ai reçue, ma femme de chambre qui m'entendait de la pièce voisine m'a dit que je criais à tue-tête : « Mais puisque je vous dis que je ne veux pas ! C'est une idée comme ça, ça ne me plaît pas. Je pense que je suis libre de faire ce que je veux, tout de même ! Si j'avais besoin d'argent, je comprends... » Le concierge a ordre de ne plus la laisser entrer, il dira que je suis à la campagne. Ah ! j'aurais voulu que tu sois caché quelque part. Je crois que tu aurais été content, mon chéri. Elle a du bon, tout de même, tu vois, ta petite Odette, quoiqu'on la trouve si détestable. »

D'ailleurs ses aveux même, quand elle lui en faisait, de fautes qu'elle le supposait avoir découvertes, servaient plutôt pour Swann de point de départ à de nouveaux doutes qu'ils ne mettaient un terme aux anciens. Car ils n'étaient jamais exactement proportionnés à ceux-ci. Odette avait eu beau retrancher[1] de sa confession tout l'essentiel, il restait dans l'accessoire quelque chose que Swann n'avait jamais imaginé, qui l'accablait de sa nouveauté et allait lui permettre de changer les termes du problème de sa jalousie. Et ces aveux, il ne pouvait plus les oublier. Son âme les charriait, les rejetait, les berçait, comme des cadavres. Et elle en était empoisonnée.

Une fois elle lui parla d'une visite que Forcheville lui avait faite le jour de la fête de Paris-Murcie. « Comment, tu le connaissais déjà ? Ah ! oui, c'est vrai », dit-il, en se

---

1. *Retrancher* : tailler de nouveau, enlever d'un tout une partie, éliminer.

reprenant pour ne pas paraître l'avoir ignoré. Et tout d'un coup il se mit à trembler à la pensée que le jour de cette fête de Paris-Murcie où il avait reçu d'elle la lettre qu'il avait si précieusement gardée, elle déjeunait peut-être avec Forcheville à la Maison d'Or. Elle lui jura que non. « Pourtant la Maison d'Or me rappelle je ne sais quoi que j'ai su ne pas être vrai », lui dit-il pour l'effrayer. « Oui, que je n'y étais pas allée le soir où je t'ai dit que j'en sortais quand tu m'avais cherchée chez Prévost », lui répondit-elle (croyant à son air qu'il le savait), avec une décision où il y avait, beaucoup plutôt que du cynisme, de la timidité, une peur de contrarier Swann et que par amour-propre elle voulait cacher, puis le désir de lui montrer qu'elle pouvait être franche. Aussi frappa-t-elle avec une netteté et une vigueur de bourreau et qui étaient exemptes de cruauté, car Odette n'avait pas conscience du mal qu'elle faisait à Swann ; et même elle se mit à rire, peut-être, il est vrai, surtout pour ne pas avoir l'air humilié, confus. « C'est vrai que je n'avais pas été à la Maison Dorée, que je sortais de chez Forcheville. J'avais vraiment été chez Prévost, ça c'était pas de la blague, il m'y avait rencontrée et m'avait demandé d'entrer regarder ses gravures. Mais il était venu quelqu'un pour le voir. Je t'ai dit que je venais de la Maison d'Or, parce que j'avais peur que cela ne t'ennuie. Tu vois, c'était plutôt gentil de ma part. Mettons que j'aie eu tort, au moins je te le dis carrément. Quel intérêt aurai-je à ne pas te dire aussi bien que j'avais déjeuné avec lui le jour de la fête Paris-Murcie, si c'était vrai ? D'autant plus qu'à ce moment-là on ne se connaissait pas encore beaucoup tous les deux, dis, chéri. » Il lui sourit avec la lâcheté soudaine de l'être sans forces qu'avaient fait de lui ces accablantes paroles. Ainsi, même dans les mois auxquels il n'avait jamais plus osé repenser parce qu'ils avaient été trop heureux,

dans ces mois où elle l'avait aimé, elle lui mentait déjà !
Aussi bien que ce moment (le premier soir qu'ils avaient
« fait catleya ») où elle lui avait dit sortir de la Maison
Dorée, combien devait-il y en avoir eu d'autres,
receleurs eux aussi d'un mensonge que Swann n'avait
pas soupçonné. Il se rappela qu'elle lui avait dit un
jour : « Je n'aurais qu'à dire à Mme Verdurin que ma
robe n'a pas été prête, que mon cab est venu en retard.
Il y a toujours moyen de s'arranger. » À lui aussi
probablement, bien des fois où elle lui avait glissé de
ces mots qui expliquent un retard, justifient un
changement d'heure dans un rendez-vous, ils avaient
dû cacher, sans qu'il s'en fût douté alors, quelque chose
qu'elle avait à faire avec un autre, avec un autre à qui
elle avait dit : « Je n'aurai qu'à dire à Swann que ma
robe n'a pas été prête, que mon cab est arrivé en retard,
il y a toujours moyen de s'arranger. » Et sous tous les
souvenirs les plus doux de Swann, sous les paroles les
plus simples que lui avait dites autrefois Odette, qu'il
avait crues comme paroles d'évangile, sous les actions
quotidiennes qu'elle lui avait racontées, sous les lieux
les plus accoutumés, la maison de sa couturière,
l'avenue du Bois, l'Hippodrome, il sentait, dissimulée à
la faveur de cet excédent de temps qui dans les
journées les plus détaillées laisse encore du jeu, de la
place, et peut servir de cachette à certaines actions, il
sentait s'insinuer la présence possible et souterraine de
mensonges qui lui rendaient ignoble tout ce qui lui était
resté le plus cher (ses meilleurs soirs, la rue La Pérouse
elle-même qu'Odette avait toujours dû quitter à d'autres
heures que celles qu'elle lui avait dites) faisant circuler
partout un peu de la ténébreuse horreur qu'il avait
ressentie en entendant l'aveu relatif à la Maison Dorée,

et, comme les bêtes immondes dans la Désolation de Ninive[1], ébranlant pierre à pierre tout son passé. Si maintenant il se détournait chaque fois que sa mémoire lui disait le nom cruel de la Maison Dorée, ce n'était plus, comme tout récemment encore à la soirée de Mme de Saint-Euverte, parce qu'il lui rappelait un bonheur qu'il avait perdu depuis longtemps, mais un malheur qu'il venait seulement d'apprendre. Puis il en fut du nom de la Maison Dorée comme de celui de l'île du Bois, il cessa peu à peu de faire souffrir Swann. Car ce que nous croyons notre amour, notre jalousie, n'est pas une même passion continue, indivisible. Ils se composent d'une infinité d'amours successifs, de jalousies différentes et qui sont éphémères, mais par leur multitude ininterrompue donnent l'impression de la continuité, l'illusion de l'unité. La vie de l'amour de Swann, la fidélité de sa jalousie, étaient faites de la mort, de l'infidélité, d'innombrables désirs, d'innombrables doutes, qui avaient tous Odette pour objet. S'il était resté longtemps sans la voir, ceux qui mouraient n'auraient pas été remplacés par d'autres. Mais la présence d'Odette continuait d'ensemencer le cœur de Swann de tendresses et de soupçons alternés.

Certains soirs elle redevenait tout d'un coup avec lui d'une gentillesse dont elle l'avertissait durement qu'il devait profiter tout de suite, sous peine de ne pas la voir se renouveler avant des années ; il fallait rentrer immédiatement chez elle « faire catleya », et ce désir qu'elle prétendait avoir de lui était si soudain, si

---

1. *Les bêtes immondes dans la Désolation de Ninive* : les images symboliques des prophéties étaient sculptées dans un des bas-reliefs du portail occidental de la cathédrale d'Amiens. Proust les décrit dans sa préface à la traduction de *La Bible d'Amiens* de John Ruskin.

inexplicable, si impérieux, les caresses qu'elle lui prodiguait ensuite si démonstratives et si insolites, que cette tendresse brutale et sans vraisemblance faisait autant de chagrin à Swann qu'un mensonge et qu'une méchanceté. Un soir qu'il était ainsi, sur l'ordre qu'elle lui en avait donné, rentré avec elle, et qu'elle entremêlait ses baisers de paroles passionnées qui contrastaient avec sa sécheresse ordinaire, il crut tout d'un coup entendre du bruit ; il se leva, chercha partout, ne trouva personne, mais n'eut pas le courage de reprendre sa place auprès d'elle qui alors, au comble de la rage, brisa un vase et dit à Swann : « On ne peut jamais rien faire avec toi ! » Et il resta incertain si elle n'avait pas caché quelqu'un dont elle avait voulu faire souffrir la jalousie ou allumer les sens.

Quelquefois il allait dans des maisons de rendez-vous, espérant apprendre quelque chose d'elle, sans oser la nommer cependant. « J'ai une petite qui va vous plaire », disait l'entremetteuse. Et il restait une heure à causer tristement avec quelque pauvre fille étonnée qu'il ne fît rien de plus. Une toute jeune et ravissante lui dit un jour : « Ce que je voudrais, c'est trouver un ami, alors il pourrait être sûr, je n'irais plus jamais avec personne. — Vraiment, crois-tu que ce soit possible qu'une femme soit touchée qu'on l'aime, ne vous trompe jamais ? lui demanda Swann anxieusement. — Pour sûr ! ça dépend des caractères ! » Swann ne pouvait s'empêcher de dire à ces filles les mêmes choses qui auraient plu à la princesse des Laumes. À celle qui cherchait un ami, il dit en souriant : « C'est gentil, tu as mis des yeux bleus de la couleur de ta ceinture. — Vous aussi, vous avez des manchettes bleues. — Comme nous avons une belle conversation, pour un endroit de ce genre ! Je ne t'ennuie pas ? tu as

peut-être à faire ? — Non, j'ai tout mon temps. Si vous
m'auriez ennuyée, je vous l'aurais dit. Au contraire,
j'aime bien vous entendre causer. — Je suis très flatté.
N'est-ce pas que nous causons gentiment ? dit-il à
l'entremetteuse qui venait d'entrer. — Mais oui, c'est
justement ce que je me disais. Comme ils sont sages !
Voilà ! on vient maintenant pour causer chez moi. Le
Prince le disait, l'autre jour, c'est bien mieux ici que
chez sa femme. Il paraît que maintenant dans le monde
elles ont toutes un genre, c'est un vrai scandale ! Je vous
quitte, je suis discrète. » Et elle laissa Swann avec la fille
qui avait les yeux bleus. Mais bientôt il se leva et lui
dit adieu, elle lui était indifférente, elle ne connaissait
pas Odette.

Le peintre ayant été malade, le docteur Cottard lui
conseilla un voyage en mer ; plusieurs fidèles parlèrent
de partir avec lui ; les Verdurin ne purent se résoudre
à rester seuls, louèrent un yacht, puis s'en rendirent
acquéreurs, et ainsi Odette fit de fréquentes croisières.
Chaque fois qu'elle était partie depuis un peu de temps,
Swann sentait qu'il commençait à se détacher d'elle,
mais comme si cette distance morale était
proportionnée à la distance matérielle, dès qu'il savait
Odette de retour, il ne pouvait pas rester sans la voir.
Une fois, partis pour un mois seulement, croyaient-ils,
soit qu'ils eussent été tentés en route, soit que
M. Verdurin eût sournoisement arrangé les choses
d'avance pour faire plaisir à sa femme et n'eût averti
les fidèles qu'au fur et à mesure, d'Alger ils allèrent à
Tunis, puis en Italie, puis en Grèce, à Constantinople,
en Asie Mineure. Le voyage durait depuis près d'un an.
Swann se sentait absolument tranquille, presque
heureux. Bien que Mme Verdurin eût cherché à
persuader au pianiste et au docteur Cottard que la tante
de l'un et les malades de l'autre n'avaient aucun besoin

d'eux et qu'en tous cas il était imprudent de laisser Mme Cottard rentrer à Paris que M. Verdurin assurait être en révolution[1], elle fut obligée de leur rendre leur liberté à Constantinople. Et le peintre partit avec eux. Un jour, peu après le retour de ces trois voyageurs, Swann voyant passer un omnibus pour le Luxembourg où il avait à faire, avait sauté dedans, et s'y était trouvé assis en face de Mme Cottard qui faisait sa tournée de visites « de jours », en grande tenue, plumet au chapeau, robe de soie, manchon, en-tout-cas[2], porte-cartes, et gants blancs nettoyés. Revêtue de ces insignes, quand il faisait sec elle allait à pied d'une maison à l'autre, dans un même quartier, mais pour passer ensuite dans un quartier différent usait de l'omnibus avec correspondance. Pendant les premiers instants, avant que la gentillesse native de la femme eût pu percer l'empesé[3] de la petite bourgeoise, et ne sachant trop d'ailleurs si elle devait parler des Verdurin à Swann, elle tint tout naturellement, de sa voix lente, gauche et douce que par moments l'omnibus couvrait complètement de son tonnerre, des propos choisis parmi ceux qu'elle entendait et répétait dans les vingt-cinq maisons dont elle montait les étages dans une journée :

— Je ne vous demande pas, Monsieur, si un homme

---

1. *Paris que M. Verdurin assurait être en révolution* : la révolution que M. Verdurin semble pressentir est peut-être le coup d'État qui en 1889 menaçait la ville de Paris, mené par le général Georges Boulanger (1837-1891), représentant de la « revanche » restauratrice. Cela permet de dater l'épisode d'*Un amour de Swann* dans les années 1880, et la phase la plus aiguë de la crise de Swann vers 1885.

2. *En-tous-cas* (m.) : parapluie.

3. *L'empesé* : ce qui a été apprêté avec de l'empois ; fig.: raide, compassé, dépourvu de naturel.

dans le mouvement comme vous a vu, aux Mirlitons[1], le portrait de Machard[2] qui fait courir tout Paris. Eh bien, qu'en dites-vous ? Êtes-vous dans le camp de ceux qui approuvent ou dans le camp de ceux qui blâment ? Dans tous les salons on ne parle que du portrait de Machard ; on n'est pas chic, on n'est pas pur, on n'est pas dans le train, si on ne donne pas son opinion sur le portrait de Machard.

Swann ayant répondu qu'il n'avait pas vu ce portrait, Mme Cottard eut peur de l'avoir blessé en l'obligeant à le confesser.

— Ah ! c'est très bien, au moins vous l'avouez franchement, vous ne vous croyez pas déshonoré parce que vous n'avez pas vu le portrait de Machard. Je trouve cela très beau de votre part. Hé bien, moi je l'ai vu, les avis sont partagés, il y en a qui trouvent que c'est un peu léché, un peu crème fouettée, moi, je le trouve idéal. Évidemment elle ne ressemble pas aux femmes bleues et jaunes de notre ami Biche. Mais je dois vous l'avouer franchement, vous ne me trouverez pas très fin de siècle, mais je le dis comme je le pense, je ne comprends pas. Mon Dieu, je reconnais les qualités qu'il y a dans le portrait de mon mari, c'est moins étrange que ce qu'il fait d'habitude, mais il a fallu qu'il lui fasse des moustaches bleues. Tandis que Machard ! Tenez, justement le mari de l'amie chez qui je vais en ce moment (ce qui me donne le très grand plaisir de faire route avec vous) lui a promis, s'il est nommé à l'Académie (c'est un des collègues du docteur), de lui

1 . *Mirlitons* : cercle artistique qui en 1888 se lia au Cercle Impérial et forma le Cercle de l'Union artistique (« l'Épatant »). Il était au n. 5, rue Boissy-d'Anglas, entre la place de la Concorde et le boulevard Malesherbes.

2 . *Jules-Louis Machard* (1839-1900) : portraitiste très apprécié.

faire faire son portrait par Machard. Évidemment c'est un beau rêve ! J'ai une autre amie qui prétend qu'elle aime mieux Leloir[1]. Je ne suis qu'une pauvre profane et Leloir est peut-être encore supérieur comme science. Mais je trouve que la première qualité d'un portrait, surtout quand il coûte dix mille francs, est d'être ressemblant et d'une ressemblance agréable.

Ayant tenu ces propos que lui inspiraient la hauteur de son aigrette, le chiffre de son porte-cartes, le petit numéro tracé à l'encre dans ses gants par le teinturier et l'embarras de parler à Swann des Verdurin, Mme Cottard, voyant qu'on était encore loin du coin de la rue Bonaparte où le conducteur devait l'arrêter, écouta son cœur qui lui conseillait d'autres paroles.

— Les oreilles ont dû vous tinter, Monsieur, lui dit-elle, pendant le voyage que nous avons fait avec Mme Verdurin. On ne parlait que de vous.

Swann fut bien étonné, il supposait que son nom n'était jamais proféré devant les Verdurin.

— D'ailleurs, ajouta Mme Cottard, Mme de Crécy était là, et c'est tout dire. Quand Odette est quelque part, elle ne peut jamais rester bien longtemps sans parler de vous. Et vous pensez que ce n'est pas en mal. Comment ! vous en doutez ? dit-elle, en voyant un geste sceptique de Swann.

Et emportée par la sincérité de sa conviction, ne mettant d'ailleurs aucune mauvaise pensée sous ce mot qu'elle prenait seulement dans le sens où on l'emploie pour parler de l'affection qui unit des amis :

— Mais elle vous adore ! Ah ! je crois qu'il ne faudrait pas dire ça de vous devant elle ! On serait bien arrangé ! À propos de tout, si on voyait un tableau par exemple

---

1. *Leloir* : il s'agit des deux frères Alexandre (1843-1884) et Maurice (1853-1940) Leloir.

elle disait : « Ah ! s'il était là, c'est lui qui saurait vous dire si c'est authentique ou non. Il n'y a personne comme lui pour ça. » Et à tout moment elle demandait : « Qu'est- ce qu'il peut faire en ce moment ? Si seulement il travaillait un peu ! C'est malheureux, un garçon si doué, qu'il soit si paresseux. (Vous me pardonnez, n'est-ce pas ?) En ce moment je le vois, il pense à nous, il se demande où nous sommes. » Elle a même eu un mot que j'ai trouvé bien joli : M. Verdurin lui disait : Mais comment pouvez-vous voir ce qu'il fait en ce moment puisque vous êtes à huit cents lieues de lui ? » Alors Odette lui a répondu : « Rien n'est impossible à l'œil d'une amie. » Non je vous jure, je ne vous dis pas cela pour vous flatter, vous avez là une vraie amie comme on n'en a pas beaucoup. Je vous dirai du reste que si vous ne le savez pas, vous êtes le seul. Mme Verdurin me le disait encore le dernier jour (vous savez, les veilles de départ on cause mieux) : « Je ne dis pas qu'Odette ne nous aime pas, mais tout ce que nous lui disons ne pèserait pas lourd auprès de ce que lui dirait M. Swann. » Oh ! mon Dieu, voilà que le conducteur m'arrête, en bavardant avec vous j'allais laisser passer la rue Bonaparte... me rendriez-vous le service de me dire si mon aigrette est droite ?

Et Mme Cottard sortit de son manchon pour la tendre à Swann sa main gantée de blanc d'où s'échappa, avec une correspondance, une vision de haute vie qui remplit l'omnibus, mêlée à l'odeur du teinturier. Et Swann se sentit déborder de tendresse pour elle, autant que pour Mme Verdurin (et presque autant que pour Odette, car le sentiment qu'il éprouvait pour cette dernière, n'étant plus mêlé de douleur, n'était plus guère de l'amour), tandis que de la plate-forme il la suivait de ses yeux attendris, qui enfilait courageusement la rue Bonaparte, l'aigrette haute, d'une main relevant sa jupe, de l'autre tenant son en-tout-cas et son porte-cartes dont elle laissait voir le chiffre, laissant baller devant elle son manchon.

Pour faire concurrence aux sentiments maladifs que Swann avait pour Odette, Mme Cottard, meilleur thérapeute que n'eût été son mari, avait greffé à côté d'eux d'autres sentiments, normaux ceux-là, de gratitude, d'amitié, des sentiments qui dans l'esprit de Swann rendraient Odette plus humaine (plus semblable aux autres femmes, parce que d'autres femmes aussi pouvaient les lui inspirer), hâteraient sa transformation définitive en cette Odette aimée d'affection paisible, qui l'avait ramené un soir, après une fête chez le peintre, boire un verre d'orangeade avec Forcheville et près de qui Swann avait entrevu qu'il pourrait vivre heureux.

Jadis ayant souvent pensé avec terreur qu'un jour il cesserait d'être épris d'Odette, il s'était promis d'être vigilant et, dès qu'il sentirait que son amour commencerait à le quitter, de s'accrocher à lui, de le retenir. Mais voici qu'à l'affaiblissement de son amour correspondait simultanément un affaiblissement du désir de rester amoureux. Car on ne peut pas changer, c'est-à-dire devenir une autre personne, tout en continuant à obéir aux sentiments de celle qu'on n'est plus. Parfois le nom, aperçu dans un journal, d'un des hommes qu'il supposait avoir pu être les amants d'Odette, lui redonnait de la jalousie. Mais elle était bien légère et comme elle lui prouvait qu'il n'était pas encore complètement sorti de ce temps où il avait tant souffert — mais aussi où il avait connu une manière de sentir si voluptueuse — et que les hasards de la route lui permettraient peut-être d'en apercevoir encore furtivement et de loin les beautés, cette jalousie lui procurait plutôt une excitation agréable comme au morne Parisien qui quitte Venise pour retrouver la France, un dernier moustique prouve que l'Italie et l'été ne sont pas encore bien loin. Mais le plus souvent, le temps si particulier de sa vie d'où il sortait, quand il faisait effort, sinon pour y rester, du moins pour en avoir une vision claire pendant qu'il le pouvait encore, il s'apercevait qu'il ne le pouvait déjà plus ; il aurait voulu apercevoir, comme un paysage qui allait disparaître, cet amour qu'il venait de quitter ; mais il est si difficile d'être double et de se donner le spectacle véridique d'un sentiment qu'on a cessé de posséder, que bientôt, l'obscurité se faisant dans son cerveau, il ne voyait plus rien, renonçait à regarder, retirait son lorgnon, en essuyait les verres ; et il se disait qu'il valait mieux se reposer un peu, qu'il serait encore temps tout à l'heure, et se rencognait[1], avec l'incuriosité, dans l'engourdissement[2] du voyageur ensommeillé qui rabat son chapeau sur ses yeux pour dormir dans le wagon qu'il sent l'entraîner de plus en plus vite, loin du pays où il a si longtemps vécu et qu'il s'était promis de ne pas laisser fuir sans lui donner un dernier adieu. Même, comme ce voyageur s'il se réveille seulement en France, quand Swann ramassa par hasard près de lui la preuve que Forcheville avait été l'amant d'Odette, il s'aperçut qu'il n'en ressentait aucune douleur, que l'amour était loin maintenant, et regretta de n'avoir pas été averti du moment où il le quittait pour toujours. Et de même qu'avant d'embrasser Odette pour la première fois il avait cherché à imprimer dans sa mémoire le visage

---

1. *Se rencogner* : se blottir, s'installer dans un coin.
2. *Engourdissement* (m.) : torpeur, raideur.

qu'elle avait eu si longtemps pour lui et qu'allait transformer le souvenir de ce baiser, de même il eût voulu, en pensée au moins, avoir pu faire ses adieux, pendant qu'elle existait encore, à cette Odette lui inspirant de l'amour, de la jalousie, à cette Odette lui causant des souffrances et que maintenant il ne reverrait jamais.

Il se trompait. Il devait la revoir une fois encore, quelques semaines plus tard. Ce fut en dormant, dans le crépuscule d'un rêve [1]. Il se promenait avec Mme Verdurin, le docteur Cottard, un jeune homme en fez qu'il ne pouvait identifier, le peintre, Odette, Napoléon III et mon grand-père, sur un chemin qui suivait la mer et la surplombait à pic tantôt de très haut, tantôt de quelques mètres seulement, de sorte qu'on montait et redescendait constamment ; ceux des promeneurs qui redescendaient déjà n'étaient plus visibles à ceux qui montaient encore, le peu de jour qui restât faiblissait et il semblait alors qu'une nuit noire allait s'étendre immédiatement. Par moments les vagues sautaient jusqu'au bord, et Swann sentait sur sa joue des éclaboussures [2] glacées. Odette lui disait de les essuyer, il ne pouvait pas et en était confus vis-à-vis d'elle, ainsi que d'être en chemise de nuit. Il espérait qu'à cause de l'obscurité on ne s'en rendait pas compte, mais cependant Mme Verdurin le fixa d'un regard étonné durant un long moment pendant lequel il vit sa figure se déformer, son nez s'allonger et qu'elle avait de grandes moustaches. Il se détourna pour regarder

---

1. *Ce fut [...] d'un rêve* : c'est le dernier rêve de Swann, celui qui marque la fin de son amour pour Odette, et la mort d'un de ses « moi », celui qui croyait être amoureux de la femme.

2. *Éclaboussure* (f.) : tache, goutte d'un liquide salissant qui a rejailli.

Odette, ses joues étaient pâles, avec des petits points rouges, ses traits tirés, cernés, mais elle le regardait avec des yeux pleins de tendresse prêts à se détacher comme des larmes pour tomber sur lui, et il se sentait l'aimer tellement qu'il aurait voulu l'emmener tout de suite. Tout d'un coup Odette tourna son poignet, regarda une petite montre et dit : « Il faut que je m'en aille », elle prenait congé de tout le monde de la même façon, sans prendre à part Swann, sans lui dire où elle le reverrait le soir ou un autre jour. Il n'osa pas le lui demander, il aurait voulu la suivre et était obligé, sans se retourner vers elle, de répondre en souriant à une question de Mme Verdurin, mais son cœur battait horriblement, il éprouvait de la haine pour Odette, il aurait voulu crever ses yeux qu'il aimait tant tout à l'heure, écraser ses joues sans fraîcheur. Il continuait à monter avec Mme Verdurin, c'est-à-dire à s'éloigner à chaque pas d'Odette, qui descendait en sens inverse. Au bout d'une seconde il y eut beaucoup d'heures qu'elle était partie. Le peintre fit remarquer à Swann que Napoléon III s'était éclipsé un instant après elle. « C'était certainement entendu entre eux, ajouta-t-il, ils ont dû se rejoindre en bas de la côte, mais n'ont pas voulu dire adieu ensemble à cause des convenances. Elle est sa maîtresse. » Le jeune homme inconnu se mit à pleurer. Swann essaya de le consoler. « Après tout elle a raison, lui dit-il en lui essuyant les yeux et en lui ôtant son fez pour qu'il fût plus à son aise. Je le lui ai conseillé dix fois. Pourquoi en être triste ? C'était bien l'homme qui pouvait la comprendre. » Ainsi Swann se parlait-il à lui-même, car le jeune homme qu'il n'avait pu identifier d'abord était aussi lui ; comme certains romanciers, il avait distribué sa personnalité à deux personnages, celui qui faisait le rêve, et un qu'il voyait devant lui coiffé d'un fez.

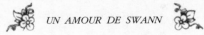

Quant à Napoléon III, c'est à Forcheville que quelque vague association d'idées, puis une certaine modification dans la physionomie habituelle du baron, enfin le grand cordon de la Légion d'honneur en sautoir[1], lui avaient fait donner ce nom ; mais en réalité, et pour tout ce que le personnage présent dans le rêve lui représentait et lui rappelait, c'était bien Forcheville. Car, d'images incomplètes et changeantes, Swann endormi tirait des déductions fausses, ayant d'ailleurs momentanément un tel pouvoir créateur qu'il se reproduisait par simple division comme certains organismes inférieurs ; avec la chaleur sentie de sa propre paume il modelait le creux d'une main étrangère qu'il croyait serrer, et de sentiments et d'impressions dont il n'avait pas conscience encore, faisait naître comme des péripéties qui, par leur enchaînement logique, amèneraient à point nommé dans le sommeil de Swann le personnage nécessaire pour recevoir son amour ou provoquer son réveil. Une nuit noire se fit tout d'un coup, un tocsin sonna, des habitants passèrent en courant, se sauvant des maisons en flammes ; Swann entendait le bruit des vagues qui sautaient et son cœur qui, avec la même violence, battait d'anxiété dans sa poitrine. Tout d'un coup ses palpitations de cœur redoublèrent de vitesse, il éprouva une souffrance, une nausée inexplicable ; un paysan couvert de brûlures lui jetait en passant : « Venez demander à Charlus où Odette est allée finir la soirée avec son camarade, il a été avec elle autrefois et elle lui dit tout. C'est eux qui ont mis le feu. » C'était son valet de chambre qui venait l'éveiller et lui disait :

— Monsieur, il est huit heures et le coiffeur est là, je lui ai dit de repasser dans une heure.

---

1. *Cordon en sautoir* : porté autour du cou, en collier, sur la poitrine ; par ext. : longue chaîne.

Mais ces paroles, en pénétrant dans les ondes du sommeil où Swann était plongé, n'étaient arrivées jusqu'à sa conscience qu'en subissant cette déviation qui fait qu'au fond de l'eau un rayon paraît un soleil, de même qu'un moment auparavant le bruit de la sonnette, prenant au fond de ces abîmes une sonorité de tocsin, avait enfanté l'épisode de l'incendie. Cependant le décor qu'il avait sous les yeux vola en poussière, il ouvrit les yeux, entendit une dernière fois le bruit d'une des vagues de la mer qui s'éloignait. Il toucha sa joue. Elle était sèche. Et pourtant il se rappelait la sensation de l'eau froide et le goût du sel. Il se leva, s'habilla. Il avait fait venir le coiffeur de bonne heure parce qu'il avait écrit la veille à mon grand-père qu'il irait dans l'après-midi à Combray, ayant appris que Mme de Cambremer — Mlle Legrandin — devait y passer quelques jours. Associant dans son souvenir au charme de ce jeune visage celui d'une campagne où il n'était pas allé depuis si longtemps, ils lui offraient ensemble un attrait qui l'avait décidé à quitter enfin Paris pour quelques jours. Comme les différents hasards qui nous mettent en présence de certaines personnes ne coïncident pas avec le temps où nous les aimons, mais, le dépassant, peuvent se produire avant qu'il commence et se répéter après qu'il a fini, les premières apparitions que fait dans notre vie un être destiné plus tard à nous plaire, prennent rétrospectivement à nos yeux une valeur d'avertissement, de présage. C'est de cette façon que Swann s'était souvent reporté à l'image d'Odette rencontrée au théâtre, ce premier soir où il ne songeait pas à la revoir jamais — et qu'il se rappelait maintenant la soirée de Mme de Saint-Euverte où il avait présenté le général de Froberville à Mme de Cambremer. Les intérêts de notre vie sont si multiples qu'il n'est pas rare que dans une même circonstance les jalons[1] d'un bonheur qui n'existe pas encore soient posés à côté de l'aggravation d'un chagrin dont nous souffrons. Et sans doute cela aurait pu arriver à Swann ailleurs que chez Mme de Saint-Euverte. Qui sait même, dans le cas où, ce soir-là, il se fût trouvé ailleurs, si d'autres bonheurs, d'autres chagrins ne lui seraient pas arrivés, et qui ensuite lui eussent paru avoir été inévitables ? Mais ce qui lui semblait l'avoir été, c'était ce qui avait eu lieu, et il n'était pas loin de voir quelque chose de providentiel dans ce fait qu'il se fût décidé à aller à la soirée de Mme de Saint-Euverte, parce que son esprit désireux d'admirer la richesse d'invention de la vie et incapable de se poser longtemps une question difficile, comme de savoir ce qui eût été le plus à souhaiter, considérait dans les souffrances qu'il avait éprouvées ce soir-là et les plaisirs encore insoupçonnés qui germaient déjà — et entre lesquels la balance était trop difficile à établir — une sorte d'enchaînement nécessaire.

Mais tandis que, une heure après son réveil, il donnait des indications au coiffeur pour que sa brosse ne se dérangeât pas en wagon, il repensa à son rêve, il revit, comme il les avait sentis tout près de lui, le teint pâle d'Odette, les joues trop maigres, les traits tirés, les yeux battus, tout ce que — au cours des tendresses successives qui avaient fait de son durable amour pour Odette un long oubli de l'image première qu'il avait reçue d'elle — il avait cessé de remarquer depuis les premiers temps de leur liaison dans lesquels sans doute, pendant qu'il dormait, sa mémoire en avait été chercher la sensation exacte. Et avec cette muflerie[2] intermittente

---

1. *Jalon* (m.) : marque, repère.
2. *Muflerie* (f.) : goujaterie, indélicatesse, grossièreté.

qui reparaissait chez lui dès qu'il n'était plus
malheureux et que baissait du même coup le niveau
de sa moralité, il s'écria en lui-même : « Dire que j'ai
gâché des années de ma vie, que j'ai voulu mourir, que
j'ai eu mon plus grand amour, pour une femme qui ne
me plaisait pas, qui n'était pas mon genre ! »

Troisième partie
(pages 161 à 292)

Lectures

1. Espaces réels et espaces imaginaires : quels sont les lieux où se développe le récit de cette troisième et dernière partie du roman ?

2. Quels sont les points de repère chronologiques dans cette troisième partie du texte ?

3. Temps du récit : quelles sont les étapes de l'évolution de l'amour de Swann ?

4. Décrivez et analysez le développement de la passion de Swann *avant* la soirée chez la marquise de Saint-Euverte. Quels sont les sentiments qui s'alternent dans l'âme du protagoniste, et comment y réagit-il ?

5. Swann n'arrive pas à mesurer la profondeur du changement des attitudes d'Odette à son égard. Quelle en est la raison, et dans quel sens le narrateur nous dit que « sa si précautionneuse prudence fut déjouée un soir qu'il était allé dans le monde » ?

6. *Après* la soirée musicale, et donc à la suite de l'audition de la « petite phrase » de Vinteuil, Swann semble se détacher d'Odette. Suivez le chemin de son amour dans cette dernière partie du récit.

7. Dernière audition de la *Sonate* et sa disparition : quel est son dernier message ? Comment est-elle interprétée par Swann ?

8. Artistes et œuvres d'art : quels sont les peintres et les architectes rappelés au cours de la narration et quelle est leur fonction ?

9. Quels sont les musiciens, excepté l'auteur fictif de la *Sonate*, cités dans cette troisième partie du roman ?

10. Quels sont les auteurs littéraires nommés au cours de la narration ?

11. Expliquez ce qu'est la « Carte du Tendre », et dites à quoi elle renvoie dans le contexte d'_Un amour de Swann_.

12. Les sentiments de Swann évoluent à la suite de la réception de la lettre anonyme qui devrait l'éclaircir sur la réelle personnalité d'Odette. Dites quelle est la fonction de cette lettre dans le contexte narratif, ce qu'elle annonce et ce qu'elle fait comprendre, sinon à Swann, du moins au lecteur.

13. Pour trouver « un apaisement à la torture de sa cruelle jalousie », Swann n'a qu'un dernier espoir : lequel ?

Personnages

1. Identifiez les nouveaux personnages apparaissant dans cette partie du roman pendant la soirée chez Madame de Saint-Euverte.

2. Quels personnages ayant réellement vécu sont rappelés au cours de la narration et des dialogues ?

3. Qui est l'oncle Adolphe et quel rôle joue-t-il dans le contexte de l'amour de Swann ?

4. Le baron de Charlus : comment apparaît-il aux yeux de Swann ? Quels sont ses traits caractéristiques et quelle fonction a-t-il dans cette partie du roman ?

5. Qui est Bergotte, ici nommé pour la première fois ?

6. Chez la marquise de Saint-Euverte Swann a l'impression d'assister à un double spectacle : d'abord celui des domestiques, ensuite celui des invités. C'est sa distance à leur égard qui les lui fait voir comme des « personnages dans un tableau ». Quel est le détail qui, ressenti d'abord comme un signe d'« individualité », deviendra ensuite l'objet qui assimile Swann aussi à la « collection de ceux qu'il avait distingués » parmi les invités ?

7. Quelles sont les attitudes de la marquise de Cambremer et de la vicomtesse de Franquetot pendant l'exécution musicale chez la marquise de Saint-Euverte ?

8. Portrait de Mme de Gallardon : décrivez son attitude à l'égard de la musique.

9. Swann, qui souffre de l'absence d'Odette chez la marquise de Saint-Euverte, au milieu des invités ressent encore plus profondément sa solitude et le caractère presque irréel de son amour. Commentez ses réflexions, interrompues par l'apparition soudaine de la « petite phrase » de Vinteuil.

10. « Les refrains oubliés du bonheur » restituent à Swann la perception du temps révolu, et évoquent en même temps le « malheureux » qu'il est devenu. Quels sont les sentiments qu'il éprouve dans ce nouveau contexte ?

11. Miroir du changement des sentiments de Swann envers elle, Odette dans cette dernière partie du récit semble enlaidir : suivez son changement physique tout au long de la narration.

12. Les confessions d'Odette dévoilent plus de vérité dans l'« accessoire » que dans l'« essentiel ». Analysez, à l'aide des réflexions de Swann, l'attitude d'Odette envers le mensonge et la vérité.

13. Premier rêve de Swann : cherchez sa signification dans le déroulement du récit.

14. Dernier rêve de Swann : quels sont les personnages qui y apparaissent ? Quelle est sa signification symbolique par rapport à l'histoire racontée ?

15. Commentez cette maxime qui achève les réflexions de Swann au sujet de son dernier rêve : « il se dit qu'on ne connaît pas son malheur, qu'on n'est jamais si heureux qu'on croit ».

16. Les derniers mots de Swann sont les derniers mots du texte : analysez-les.

Style

1. La voix du narrateur, qui apparaît tout au long de la narration, ne cesse d'intervenir en commentant son récit : repérez quelques exemples de sa présence.

2. Rythme ternaire des adjectifs, des locutions adverbiales et des verbes : donnez des exemples.

3. Quels sont les mots ou les expressions qui soulignent le caractère de « maladie » de l'amour de Swann ?

4. Swann accepte de participer à la soirée musicale que donne la Marquise de Saint-Euverte malgré sa tristesse pour l'éloignement d'Odette. Identifiez la structure de ce long passage du roman qui correspond à la représentation de deux spectacles : celui des domestiques et celui des invités.

5. Le narrateur peint les personnages à travers leur langage mais aussi à travers leurs attitudes, leurs « gestes » : analysez ceux de la duchesse de Guermantes en soulignant son snobisme face à la soirée à laquelle elle participe.

6. Pourriez-vous établir une correspondance entre le « milieu » des Verdurin et la « coterie » des Guermantes par rapport à Odette d'un côté et à Swann de l'autre ?

7. À quoi renvoie l'image des « tables tournantes » évoquée par la comtesse de Monteriender et ensuite par Swann ?

8. Expliquez pourquoi Swann est frappé à la vue du titre « Les Filles de marbre » dans le journal qu'il est en train de lire. Quel lien y a-t-il avec sa propre vie ?

9. Quelle image d'Odette est donnée à Swann par Mme Cottard d'abord, par lui-même ensuite, avant de quitter Paris pour rejoindre Mme de Cambremer à Combray ?

Langue

1. Quelle est la signification de l'expression « partir en campagne » ?

2. Swann aime établir des correspondances entre les êtres vivants et les portraits des musées : pourriez-vous analyser celles que l'on trouve au cours de la soirée chez Madame de Saint-Euverte ?

3. Le snobisme de Mme de Gallardon se lit dans son langage : dites quelle est son attitude pendant la soirée en soulignant l'analyse que le narrateur fait de son langage.

4. La duchesse de Guermantes est l'expression de l'« esprit des Guermantes » : en quoi consiste-t-il et dans quelle scène est-il évoqué ?

5. Swann et Oriane ne se comprennent pas au niveau de leurs idées, mais ils parlent le même langage : commentez la scène dans laquelle Swann, qui a « parlé par métaphore », ne peut être compris que par Oriane.

6. Quelles sont les images associées à Odette « être de fuite » ?

7. Cherchez des exemples de phrases à rythme ternaire avec des verbes ou des adjectifs.

8. Analysez la structure de la phrase décrivant la musique de Chopin : pourquoi pour L. Spitzer est-elle un exemple de phrase « à détonation » ?

9. Décrivez l'accident de la « bobèche » : contexte, personnages, signification.

10. Quels sont les traits du langage de la duchesse des Laumes, Oriane de Guermantes ?

11. *La Toilette de Diane* est un tableau de Vermeer : pourquoi a-t-il été attribué à Nicolas Maes ?

12. Qu'est-ce qu'un « landau » ?

13. Quelle sorte de chapeau est le « gibus » ?

14. Qu'est-ce qu'une « trappe » ? Et la « Trappe » ?

15. « Engourdissement » et « évanouissement » sont-ils des synonymes ?

16. Qu'est-ce qu'une « éclaboussure » ?

Sujets de dissertation

1. Apparition inattendue de la *Sonate* et de sa « petite phrase » à la soirée de Mme de Saint-Euverte : elle dit l'amour passé de Swann. Quelle est la relation qui s'établit entre Swann et Vinteuil, entre amour, souffrance et salut par l'art ?

2. Cette partie du roman abonde en références picturales et artistiques. Commentez-les en soulignant leur rôle, thématique et stylistique, au niveau de la description.

3. Le rêve de Swann pourrait être assimilé aux interprétations les plus différentes : essayez de retrouver ses contenus « manifestes » et « latents » et son rôle dramatique en tant qu'anticipation prophétique sur le dénouement du récit.

Recherches sur l'ensemble du roman

1. Toute relation amoureuse, chez Proust, consiste en une sorte de « poétique du déchiffrement ». L'amour de Swann pour Odette, qui dès sa « cristallisation », et à travers la jalousie, revient à l'indifférence initiale, semble finir à cause de son caractère tout à fait subjectif, donc incapable de comprendre l'essence foncièrement « autre » de l'être aimé. Retracez les étapes de cet « amour de Swann », en soulignant le chemin qui, d'une façon progressive, éloigne le protagoniste de l'objet désiré.

2. En créant Charles Swann, l'auteur de la *Recherche* peint un personnage qui contribue à nous faire lire dans sa conception de la littérature, donc de l'art, moins « un simple jeu de l'esprit destiné à être éliminé de plus en plus dans l'avenir », que l'instrument d'une « recherche » dont la découverte nous permet d'explorer, donc d'éclaircir, notre « vraie vie ». Commentez cette observation en n'oubliant pas de situer l'auteur dans le contexte littéraire auquel il appartient.

3. La connaissance de soi ne peut se passer de la « connaissance de la douleur ». Partagez-vous cette réflexion qui semble bien synthétiser le « savoir » dernier du protagoniste de l'histoire que Proust nous a racontée ?

4. L'emploi de la *métaphore* dans l'écriture de ce roman est essentiel à la vision proustienne du monde : le style est, pour l'écrivain, moins une question de technique que de vision. Aussi, l'imagination proustienne nous introduit-elle à tous les niveaux du réel. Confirmez cette observation par l'analyse de quelques-unes des métaphores ou des comparaisons utilisées par l'auteur dans son œuvre.

5. L'idée de Proust est que tout événement est compris dans un autre, que tout fait mineur renvoie à un autre plus grand, que tout se correspond et participe d'une loi plus générale et éternelle. Essayez de commenter cette remarque à la lumière de la structure du roman, des thèmes et des images.

6. Le langage des personnages est différent de celui de l'auteur qui, par ailleurs, ne se limite pas à transcrire les mots de ses personnages mais les enveloppe de leur son et des gestes de ceux qui parlent. Tout discours est en relation avec le personnage qui le prononce, si bien que le mot s'avère être le « résumé biologique d'une personnalité ». Analysez le texte de ce point de vue.

7. Milieu bourgeois des Verdurin, et milieu aristocratique des Guermantes : redessinez les portraits les plus significatifs et relevez les éléments descriptifs qui révèlent les différences.

SÉLECTION BIBLIOGRAPHIQUE

Cette bibliographie se propose de signaler les éditions, les études, les ouvrages indispensables à la lecture et à la connaissance de l'œuvre proustienne. Pour une information plus exhaustive on se reportera à la bibliographie générale indiquée ci-dessous.

I. Bibliographie générale

ALDEN (D.W.) : *Marcel Proust and his French Critics*, Los Angeles, Lymanhouse, 1940.

BONNET (H.) : *Marcel Proust de 1907 à 1914, avec une bibliographie générale*, Paris, Nizet, 1971, 1976 2 vol.

DE AGOSTINI (D.) : « Bibliografia proustiana », dans *Proust oggi,* édition de L. De Maria, Milano, Fondazione Arnoldo et Alberto Mondadori, 1990.

GRAHAM (V.E.) : *Bibliographie des études sur Marcel Proust et son œuvre*, Genève, Droz, 1976.

PISTORIUS (G.) : *Marcel Proust und Deutschland. Eine Bibliographie*, Heidelberg, Carl Winter, 1981.

II. *Un amour de Swann*

Différentes éditions :

Gallimard, « Folio », 1990 (reprend le texte de la « Pléiade » établi par P. Clarac et A. Ferré, Paris, 1954).

Imprimerie Nationale, 1987 (présenté et annoté par M. Raimond, avec des illustrations d'André Brasilier).

Éditions italiennes :

Milano, Bompiani, 1948 (traduction de Giacomo Debenedetti) (réd. : Milano, Curcio, 1978 ; Novara, De Agostini, 1982).

Milano, Garzanti, 1965, 1982, 1989 (traduction d'Oreste del Buono).

Milano, Mondadori, 1981 (traduction de Giovanni Raboni).

Adaptations :

Un amour de Swann « mise en ondes » radiophonique. Production : P. Galbeau. Adaptation : P. Liegibel. Réalisation : J. Taroni. Avec Fanny Ardant (Odette), Edwige Feuillière (Mme Verdurin), Sami Frey (le Narrateur), François Périer (Swann). Diffusion : France Inter, juin 1982.

Un amour de Swann, film de Volker Schlondorff, 1984. Production franco-allemande. Avec Ornella Muti (Odette), Jeremy Irons (Swann), Alain Delon (Charlus), Marie-Christine Barrault (Mme Verdurin), Fanny Ardant (Mme de Guermantes).

Études sur *Un amour de Swann* :

DOUBROWSKY (S.) : « Faire catleya », suivi de G. GENETTE, « Écrire catleya », *Poétique*, n° 37, 1980, p. 113-128.

HACHEZ (W.) : « La chronologie d'*À la recherche du temps perdu* et les faits historiques indiscutables », *Bulletin des Amis de Marcel Proust*, n° 35, 1985, p. 363-374.

LAGET (T.) : *Un amour de Swann de Marcel Proust*, Gallimard, Paris, « Foliothèque », 1991.

OTTAVI (A.) : « Swann et l'investissement iconique », *Europe*, février-mars 1971, n 502-503, p. 56-61.

SARADAYAR (A. C.) : « Un premier état d'*Un amour de Swann* », *Bulletin d'Informations proustiennes*, n° 14, 1983, p. 21-28.

SARADAYAR (A.C.) : « Proust disciple de Stendhal. Les avant-textes d'*Un amour de Swann* dans *Jean Santeuil* », *Archives des Lettres modernes*, n° 191, 1980.

III. Œuvres de Proust

Les Plaisirs et les jours, Paris, Calmann-Lévy, 1986.

RUSKIN (John) : *La Bible d'Amiens*, traduction, note et préface par M. Proust, Paris, Mercure de France, 1904.

RUSKIN (John) : *Sésame et les lys. Des trésors des rois. Des jardins des reines*, traduction, notes et préface par M. Proust, Paris, Mercure de France, 1906.

À la recherche du temps perdu, texte établi et présenté par Pierre Clarac et André Ferré, Paris, Gallimard, « Bibliothèque de la Pléiade », 1954, 3 vol.

Contre Sainte-Beuve, suivi de *nouveaux mélanges*, préface de Bernard de Fallois, Paris, Gallimard, 1954.

Les Pastiches de Marcel Proust, édition critique et commentée par Jean Milly, Paris, Colin, 1970.

Jean Santeuil, précédé de *Les plaisirs et les jours*, édition établie par Pierre Clarac et Yves Sandre, Paris, Gallimard, « Bibliothèque de la Pléiade », 1971.

Contre Sainte-Beuve, précédé de *Pastiches et mélanges* et suivi de *Essais et articles*, édition établie par Pierre Clarac et Yves Sandre, Paris, Gallimard, « Bibliothèque de la Pléiade », 1971.

Matinée chez la princesse de Guermantes, édition établie par Henri Bonnet et Bernard Brun, Paris, Gallimard, 1982.

À la recherche du temps perdu, édition établie sous la direction de Jean Milly, Paris, Garnier-Flammarion, 1984-1986, 10 vol.

À la recherche du temps perdu, édition établie sous la direction de Jean-Yves Tadié, Paris, Gallimard, « Bibliothèque de la Pléiade », 1987-1989, 4 vol.

Du côté de chez Swann, édition présentée et annotée par Antoine Compagnon, Paris, Gallimard, « Folio », 1988.

Écrits de jeunesse 1887-1895, textes rassemblés, établis, présentés et annotés par Anne Borel, Illiers-Combray, Institut Marcel Proust International, 1991.

IV. Traductions italiennes

Alla ricerca del tempo perduto, édition établie par Mariolina Bongiovanni Bertini (traduction de N. Ginzburg, F. Calamandrei, N. Neri, M. Bonfantini, E. Giolitti, P. Serini, F. Fortini, G. Caproni), Torino, Einaudi, 1978, 7 vol.

Alla ricerca del tempo perduto, édition établie sous la direction de Luciano De Maria, annotée par Alberto Beretta Anguissola et Daria Galateria (traduction de Giovanni Raboni, préface de Carlo Bo), Milano, Mondadori, « I Meridiani », 1983-1990 (4 vol.) ; et Oscar Narrativa, 1987-1989 (7 vol.).

Alla ricerca del tempo perduto, édition établie par Giovanni Bogliolo (traduction de Maria Teresa Nessi Somaini), Milano, Rizzoli, BUR, 1985-1993, 7 vol.

I piaceri e i giorni, édition établie par Mariolina Bongiovanni Bertini, annotée et commentée par Luzius Keller (traduction et introduction de M. Bongiovanni Bertini), Torino, Bollati Boringhieri, 1988 (traductions précédentes : Milano 1946, 1968, 1975).

Commento e note a John Ruskin, « La Bibbia d'Amiens », traduction de Salvatore Quasimodo, Milano, Bompiani, 1946 (et Mondadori, 1975 ; Studio Editoriale, 1988).

Jean Santeuil, édition établie par M. Bongiovanni Bertini (traduction et introduction de Franco Fortini), Torino, Einaudi, 1978.

Contro Sainte-Beuve, traduction de Paolo Serini et M. Bongiovanni Bertini, introduction de Francesco Orlando, Torino, Einaudi, 1974.

Commento a « Sesamo e i gigli » di John Ruskin, édition établie par Barbara Piqué, préface de Giovanni Macchia, Milano, Editoriale Nuova, 1982.

Pastiches, traduction et introduction de Giuseppe Merlino, Venezia, Marsilio, 1991.

Poesie, traduction de Franco Fortini, Torino, Einaudi, 1983.

Scritti mondani e letterari, traduction de Paolo Serini et M. Bongiovanni Bertini, Torino, Einaudi, 1984.

V. Correspondance

Correspondance de Marcel Proust, 1880-1920, édition de Philip Kolb, Paris, Plon, 1970-1992, 20 vol.

VI. Œuvres critiques

ALBARET (C.) : *Monsieur Proust*, souvenirs recueillis par G. Belmont, Paris, Laffont, 1973 (trad. it., Milano, Rizzoli, 1974).

BARDECHE (M.) : *Marcel Proust romancier*, Paris, Les Sept Couleurs, 1971.

BECKETT (S.) : *Proust*, Milano, Sugar, 1962.

BELLELI (M.L.) : *Invito alla lettura di Proust*, Milano, Mursia, 1976.

BERETTA ANGUISSOLA (A.) : *Proust inattuale*, Roma, Bulzoni, 1976.

BONGIOVANNI BERTINI (M.) : *Introduzione a Proust*, Bari, Laterza, 1991.

BRUNET (E.) : *Le vocabulaire de Proust*, Genève, Slatkine, 1983, 3 vol.

CURTIUS (E. R.) : « Proust », dans *Franzosischer Geist im neuen Europa*, Stuttgart, 1925 (trad. it., Bologna, Il Mulino, 1985).

DEBENEDETTI (G.) : *Rileggere Proust e altri saggi proustiani*, Milano, Mondadori, 1982.

DELEUZE (G.) : *Marcel Proust et les signes*, Paris, PUF, 1964 (trad. it. Torino, Einaudi, 1986).

DIESBACH (G. de) : *Proust*, Paris, Perrin, 1991.

FEUILLERAT (A.) : *Comment Marcel Proust a composé son roman*, New York, Yale University Press, 1934.

GENETTE (G.) : *Figure III*, Paris, Seuil, 1972 (trad. it., Torino, Einaudi, 1976).

HENRY (A.) : *Proust*, Paris, Balland, 1986.

MACCHIA (G.) : *L'angelo della notte*, Milano, Rizzoli, 1978.

MAGNANI (L.) : *La musica in Proust*, Torino, Einaudi, 1978.

MARANINI (L.) : *Proust, arte e conoscenza*, Firenze, Novissima, 1933.

MAUROIS (A.) : *À la recherche de Marcel Proust*, Paris, Hachette, 1949 (trad. it., Milano, Mondadori, 1956).

MAGNY (C. E.) : *Histoire du roman français depuis 1918*, Paris, Seuil, 1950.

MAURIAC (Cl.) : *Proust par lui-même*, Paris, Seuil, 1953 (trad. it., Milano, Mondadori, 1962).

MILLY (J.) : *Proust et le style*, Paris, Minard, 1970.

NATOLI (G.) : *Marcel Proust e altri saggi*, Napoli, ESI, 1968.

NEWMAN (P.) : *Dictionnaire des idées dans l'Œuvre de M. Proust*, Mouton, Den Haag, 1968.

PAINTER (G.D.) : *Marcel Proust*, London, Chatto & Windus, 1959, 1965, 2 vol. (trad. it., Milano, Feltrinelli, 1965).

PIERRE-QUINT (L.) : *Marcel Proust, sa vie, son œuvre*, Paris, Kra, 1925 (trad. it., Roma, Casini, 1961).

PLACELLA (P.) : *Proust e i movimenti d'avanguardia*, Roma, Bulzoni, 1982.

POULET (G.) : *L'espace proustien*, Paris, Gallimard, 1963 (trad. it., Napoli, Guida, 1972).

RAIMOND (M.) : *Marcel Proust romancier*, Paris, Sedes, 1984.

RICHARD (J.-P.) : *Proust et le monde sensible*, Paris, Seuil, 1974 (trad. it., Milano, Garzanti, 1976).

SPITZER (L.) : *Marcel Proust e altri saggi di letteratura francese moderna*, Torino, Einaudi, 1959.

TADIÉ (J.-Y.) : *Proust*, Paris, Belfond, 1983 (trad. it., Milano, Il Saggiatore, 1985).

ZIMA (P.V.) : *Le désir du mythe*, Paris, Nizet, 1973.

TABLE DES MATIÈRES